Altersvorsorge für Selbstständige

STIFTUNG WARENTEST

verbraucherzentrale Nordrhein-Westfalen

Isabell Pohlmann

Die Deutsche Nationalbibliothek verzeichnet diese Publikation in der Deutschen Nationalbibliografie; detaillierte bibliografische Daten sind im Internet über http://dnb.d-nb.de abrufbar.

Stiftung Warentest
ISBN 978-3-937880-80-8

Verbraucherzentrale Nordrhein-Westfalen
ISBN 978-3-938174-81-4

Zu diesem Buch

Knapp 4,5 Millionen Männer und Frauen arbeiten in Deutschland als ihr eigener Chef – Tendenz steigend! Für viele kann es die Erfüllung eines Traums sein: unabhängig arbeiten und selbst Entscheidungen treffen. Für andere bietet die Selbstständigkeit die beste Chance, um beruflich und finanziell erfolgreich zu sein. Vielleicht ist der Sprung in die Selbstständigkeit aber auch ein Ausweg, um der Arbeitslosigkeit zu entgehen.

Für alle gilt: Sein eigener Chef zu werden und zu bleiben, bindet viel Kraft und Zeit. Dabei rücken Gedanken an die Altersvorsorge oftmals in weite Ferne. Doch auch wenn sich Ihr Unternehmen noch etablieren muss, Kredite zu tilgen sind und Sie am liebsten jeden Euro in den Betrieb investieren würden: Warten Sie mit dem Sparen nicht zu lang! Steigen Sie zumindest mit kleinen Beträgen ein. Je später Sie beginnen, desto aufwendiger wird es für Sie, das notwendige Kapital für Ihren Ruhestand anzusammeln. Gerade diejenigen, die gar nichts oder kaum etwas aus einem gesetzlichen Alterssicherungssystem zu erwarten haben, sollten sich frühzeitig Gedanken über ihre Zeit als „Rentner" machen.

Der Weg, den Selbstständige in der Altersvorsorge einschlagen, kann in ganz unterschiedliche Richtungen führen. Dieser Ratgeber möchte insbesondere für Existenzgründer und die Inhaber kleinerer Unternehmen ein Wegweiser durch die vielfältigen Vorsorgepfade sein. Auch erfahrene Unternehmer können mithilfe des Buches prüfen, ob sie in Sachen Altersvorsorge richtig liegen oder ob sich eine bessere Alternative bietet.

Der Ratgeber gibt Antworten auf Fragen wie:

- Unter welchen Voraussetzungen haben Selbstständige Ansprüche an ein gesetzliches Alterssicherungssystem, und für wen ist es sinnvoll, diese Ansprüche auch ohne Versicherungspflicht aufrechtzuerhalten?
- Welche Möglichkeiten bieten sich an, um diesen Schutz privat oder mit Unterstützung des Staates sinnvoll zu ergänzen oder zu ersetzen?
- Für wen eignen sich die einzelnen privaten Vorsorgeprodukte, und wie sind Renditechancen, Sicherheit und steuerliche Voraussetzungen zu bewerten?

7 Alterssicherung im Wandel:
Grundlagen der Vorsorge für Selbstständige

9 Unsicherheit: Wie stehe ich im Alter da?
10 Schutz auf mehrere Beine stellen
13 Neue Steuerregeln
14 Änderungen bei den Renten: Die Belastung im Alter steigt
16 Änderungen bei den Kapitaleinnahmen: Die neue Abgeltungsteuer

19 Schutz in der Gemeinschaft:
Gesetzlich verankerte Alterssicherungssysteme

20 Die gesetzliche Rentenversicherung
21 Unterschiede bei der Mitgliedschaft
24 Pflichtversichert per Gesetz
32 Die Beitragshöhe selbst wählen
33 Leistungen der gesetzlichen Rentenversicherung
40 Alterskasse: Besondere Leistungen für Landwirte
41 Die Künstlersozialkasse: Schutz zum halben Preis
45 Die berufsständischen Versorgungswerke
47 So funktionieren die Versorgungswerke
48 Leistungen der Versorgungswerke
51 Für den Notfall: Die Grundsicherung

53 Rechnung mit mehreren Unbekannten:
Welche Lücke Selbstständige schließen müssen

55 Wie viel mehr muss sein für die Zukunft?
59 Erst an heute und morgen denken, dann an übermorgen

67 Die Zukunft vor Augen: Vorsorgestrategien für Selbstständige

68 Allgemeine Voraussetzungen
70 Die Basisabsicherung muss stimmen
71 Investmentfonds, Anleihen und Sparanlagen als Ergänzung
74 Sonderfall: Immobilien
74 Vorsicht Verluste: Hände weg von unglaublichen Renditeversprechen!
75 Jeder braucht seine eigene Strategie
80 Selbstständige ohne gesetzliche Versicherungspflicht
80 Wenn bereits Rentenansprüche bestehen
85 Wenn noch keine Rentenansprüche bestehen
88 Besonderheiten: Von Kindererziehungszeiten bis Riester
91 Geförderte Existenzgründer
92 Selbstständig mit dem neuen Existenzgründungszuschuss
96 Ich-AGler entscheiden nach drei Jahren
99 Selbstständige mit gesetzlicher Versicherungspflicht
99 Selbstständige mit mehreren Auftraggebern
107 Selbstständige mit einem Auftraggeber
109 Handwerksmeister
110 Handwerker mit Versicherungspflicht
115 Handwerker mit Vorerkrankung
117 Selbstständige Künstler und Publizisten
123 Angehörige eines Kammerberufs
123 Pflichtmitglieder im Versorgungswerk
129 Angestellte Bauingenieure bleiben in der Pflicht
130 Im Nebenjob Selbstständige
131 Keine Zusatzbeiträge bei Geringfügigkeit
132 Bei höherem Verdienst entscheidet der Beruf
134 Freiberuflicher Künstler im Nebenjob

→

137 Selbst vorsorgen: Die geeigneten Produkte

141 Geförderte Altersvorsorge: Der Staat hilft beim Sparen
141 Rürup-Rente
147 Riester-Rente
152 Schutz für Geduldige: Versicherungen
153 Private Rentenversicherung
159 Fondsgebundene Rentenversicherung
160 Kapitallebensversicherung
162 Wie gehe ich mit einem bestehenden Vertrag um?
164 Früh beginnen: Renditechancen mit Fonds
164 Aktien und Aktienfonds
169 Anleihen und Rentenfonds
173 Mischfonds: Aktien und Renten in einem Topf
174 Offene Immobilienfonds
175 Wie bekomme ich den passenden Fonds?
177 Zertifikate: Eine Alternative zu Investmentfonds?
179 Sicher ist sicher: Sparangebote von Banken und vom Bund
180 Banksparpläne
183 Tages- und Festgeldkonto
186 Einmalanlagen ab einem Jahr
188 Wertpapiere des Bundes
191 Immobilien kaufen: Meist eine Entscheidung fürs Leben
192 Leben in den eigenen vier Wänden
198 Bausparvertrag: Für Bauherren geeignet
200 Die vermietete Immobilie

203 Finanzen im Alter: Auszahlpläne für Ihr Vermögen

206 Private Rentenversicherung: Die sichere Variante
207 Bankauszahlpläne
209 Fondsauszahlpläne: Etwas Risiko für Wohlhabende

211 Service

212 Literatur und Adressen
215 Glossar
220 Stichwortverzeichnis
224 Impressum

Alterssicherung im Wandel:

Grundlagen der Vorsorge für Selbstständige

Was bedeutet berufliche Selbstständigkeit? Auf diese Frage werden Selbstständige eine ganz individuelle Antwort haben: der eigene Chef sein, eigene Ideen umsetzen können, finanzielles und unternehmerisches Risiko eingehen, Aufträge in Eigenregie ausführen, Verantwortung für Angestellte übernehmen.

Selbstständigkeit erfordert viel Zeit, Geld und Kraft. Erstes Ziel der Unternehmer ist es, die Internetfirma, das Übersetzungsbüro oder die Dienstleistungsagentur in Schwung zu bringen und am Laufen zu halten. Sie müssen Kredite zurückzahlen, Aufträge an Land ziehen und so den Lebensunterhalt sichern. Da bleiben für Gedanken an die Zukunft und die Versorgung im Alter nicht immer Geld und Zeit übrig.

Doch es wäre fatal, die Altersvorsorge zu weit hintanzustellen. Denn Selbstständigkeit bedeutet auch ein enormes Maß an Eigenverantwortung. Während Angestellte sich darauf verlassen können, dass ihnen im Alter ein finanzieller Grundstock aus der gesetzlichen Rentenversicherung sicher ist, sieht das bei vielen Selbstständigen anders aus.

Die Leistung aus der gesetzlichen Alterssicherung kann deutlich geringer sein oder sogar komplett entfallen. Ist das bei Ihnen

TIPP

Der Einstieg will gut geplant sein

Der Tischlermeister mit drei Angestellten und eigener Werkstatt, die Webdesignerin, die sich in ihrer eigenen Wohnung ein kleines Büro eingerichtet hat, oder die junge Hochschulabsolventin, die mit Freunden ihre naturwissenschaftliche Entdeckung vermarktet: Die Selbstständigkeit kann ganz unterschiedliche Gesichter haben und damit auch mit vollkommen unterschiedlichen Rechten und Pflichten verbunden sein. Informieren Sie sich deshalb vor einer Existenzgründung genau, welche Vorkehrungen zu treffen sind.

- Müssen Sie ein Gewerbe anmelden oder sind Sie als Freiberufler grundsätzlich von der Gewerbesteuer befreit?
- Welche Vorteile beziehungsweise Nachteile haben Sie, wenn Sie sich für eine bestimmte Unternehmensform wie GmbH, GbR oder für ein Einzelunternehmen entscheiden?
- Wo können Sie Fördergelder beantragen und günstige Existenzgründerkredite bekommen?

Antworten erhalten Selbstständige zum Beispiel bei den Handwerkskammern und den Industrie- und Handelskammern. Ausführliche Informationen für Existenzgründer bieten außerdem die KfW-Mittelstandsbank unter **www.gruendungskatalog.de** sowie beim Bundeswirtschaftsministerium unter **www.existenzgruender.de**.

der Fall, sollten Sie Ihre Altersvorsorge noch mehr als ein Angestellter in die eigenen Hände nehmen.

Sowohl Jungunternehmer als auch erfahrene Selbstständige sollten sich deshalb regelmäßig die Frage stellen, ob sie finanziell ausreichend abgesichert sind, wenn sie sich zur Ruhe setzen möchten:

- Können Sie sich auch im Alter einen angemessenen Lebensstandard sichern?
- Wie geht es weiter, wenn Sie etwa aus gesundheitlichen Gründen ihren Beruf früher als gedacht nicht mehr ausüben können?

Fehlender oder eingeschränkter gesetzlicher Schutz mag auf den ersten Blick als Risiko erscheinen. Doch das ist er nicht, wenn Sie die fehlenden Leistungen aus dem gesetzlichen System privat ausgleichen und die vielfältigen Möglichkeiten, die sich für die Altersvorsorge bieten, geschickt nutzen.

Unsicherheit: Wie stehe ich im Alter da?

Die Frage nach der finanziellen Absicherung im Alter ist sowohl für Angestellte als auch für Selbstständige mit vielen Sorgen und Fragezeichen verbunden. Mehrere Rentenreformen haben in den vergangenen Jahren genauso zur Verunsicherung beigetragen wie Meldungen über schlechte oder sogar negative Renditen der gesetzlichen Rentenversicherung.

Zuletzt war es die Entscheidung über die „Rente mit 67", die bei vielen Versicherten das Vertrauen in eine gesicherte Altersvorsorge geschwächt hat. Die Bundesregierung hat beschlossen, dass das Renteneintrittsalter, das derzeit noch bei 65 Jahren liegt, ab 2012 *schrittweise* auf 67 Jahre angehoben wird. Das bedeutet, dass die Jahrgänge ab 1964 regulär zwei Jahre länger arbeiten müssen, wenn sie keine Abschläge bei der Rente in Kauf nehmen wollen.

Hinzu kommen die Erinnerungen an die Kursverluste an den Börsen vor einigen Jahren, die geplante Abgeltungsteuer auf Kapitalerträge und Meldungen über sinkende Renditen in der Kapitallebensversicherung, die auch in der privaten Altersvorsorge für Irritationen sorgen.

Stetiger Wandel in den vergangenen Jahren

Den aktuellen Reformen gingen in den vergangenen Jahren zahlreiche Neuerungen voraus: Zum einen haben vor allem steuerliche Änderungen der Altersvorsorge insgesamt ein neues Gesicht gegeben. Zum anderen hat sich das Angebot an Vorsorgemöglichkeiten enorm gewandelt und erweitert.

An erster Stelle sind hier die vom Staat geförderten Produkte Riester- und Rürup-Rente (auch: Basisrente) zu nennen, die erst vor wenigen Jahren eingeführt wurden und im Laufe der Zeit bei Vorsorgesparern immer beliebter geworden sind.

Schutz auf mehrere Beine stellen

Insgesamt umfasst die Altersvorsorge in Deutschland folgende Komponenten:

- **die gesetzlichen Alterssicherungssysteme:** Neben der gesetzlichen Rentenversicherung zählen dazu auch die berufsständischen Versorgungswerke und die landwirtschaftlichen Alterskassen,
- **die betriebliche Altersvorsorge,**
- **die staatlich geförderte private Vorsorge:** Riester- und Rürup-Verträge und
- **die private Altersvorsorge:** zum Beispiel in Form von Versicherungsverträgen oder Investmentfonds.

Auf der Basis dieses Vorsorgeangebots müssen alle Erwerbstätigen heute ihre individuelle Vorsorgestrategie entwickeln.

Die Leistungen aus der gesetzlichen Rentenversicherung sind dabei für den größten Teil der Bevölkerung in Deutschland die wichtigste Einnahmequelle im Alter: Rund 80 Prozent aller Erwerbstätigen haben Ansprüche an die Rentenkasse. Nach Angaben der Deutschen Rentenversicherung macht die gesetzliche Rente heutzutage durchschnittlich vier Fünftel des gesamten Einkommens der Rentnerhaushalte aus. Ansprüche erwerben unter anderem alle, die in einem angestellten Arbeitsverhältnis beschäftigt sind, pflegende Angehörige und Mütter oder Väter während der Elternzeit.

Selbstständige sind – abgesehen von bestimmten Ausnahmen – nicht verpflichtet, Beiträge in die gesetzliche Rentenversicherung zu zahlen. Dennoch ist auch für viele Freiberufler und Gewerbetreibende die gesetzliche Rente ein wichtiger Bestandteil ihrer Altersvorsorge. Denn viele von ihnen werden nicht gleich den Sprung in die Selbstständigkeit gewagt, sondern vorher als abhängig Beschäftigte Beiträge an die Rentenversicherung gezahlt haben und so oder beispielsweise während Kindererziehungszeiten Rentenansprüche erworben haben.

Derzeit zahlen nach Angaben der Deutschen Rentenversicherung mehr als 800 000 Selbstständige Beiträge in die Rentenkasse ein. Ein Teil von ihnen tut es, weil er per Gesetz dazu gezwungen ist. Andere möchten so freiwillig den Versicherungsschutz erhalten und ihre Rentenansprüche aufbessern, die sie vor ihrer Selbstständigkeit etwa als Angestellter aufgebaut haben.

In einer besonderen Situation unter den Selbstständigen sind Freiberufler wie Ärzte, Apotheker, Architekten, Steuerberater und Rechtsanwälte. Sie sind als Angehörige eines kammerfähigen Freien Berufs aufgrund landesgesetzlicher Regelungen verpflichtet, für das Alter vorzusorgen: Sie zahlen ihre Beiträge in ein berufsständisches Versorgungswerk.

Mehr tun: Gesetzlicher Schutz allein reicht nicht aus

Selbstständige, die Beiträge an die gesetzliche Rentenversicherung oder an ein berufsständisches Versorgungswerk zahlen, sichern sich den Anspruch auf regelmäßige Zahlungen im Alter. Gerade für die Selbstständigen, die in der gesetzlichen Rentenversicherung Mitglied waren oder weiterhin dort versichert sind, dürfte aber häufig allein diese Rentenleistung zu wenig sein, um davon ein angemessenes Leben im Alter finanzieren zu können.

Die aktuellen wirtschaftlichen und demografischen Entwicklungen gehen sowohl an der gesetzlichen Rentenversicherung als auch an den berufsständischen Versorgungswerken nicht spurlos vorüber. Die Rentenversicherungsträger weisen deshalb selbst darauf hin, dass das Sicherungsniveau der gesetzlichen Rente in Deutschland in den kommenden Jahrzehnten gesenkt werden muss: aufgrund der rückläufigen Geburtenrate und der steigenden allgemeinen Lebenserwartung.

Seit der Rentenreform 2004 werden diese Faktoren bei der Berechnung der Rentenhöhe in Form des sogenannten Nachhaltigkeitsfaktors berücksichtigt. Rentenanpassungen werden somit in Zukunft auch davon beeinflusst, wie sich das Verhältnis der Beitragszahler im Vergleich zur Zahl der Rentner entwickelt. Wenn die Zahl der Rentner weiter steigt, fallen die nächsten Rentenerhöhungen kleiner aus oder entfallen sogar ganz.

Rentenerhöhungen blieben aus

Die Rentner bekamen diese Änderung unter anderem zum 1. Juli 2004 zu spüren, als erstmals die zu diesem Zeitpunkt fällige Rentenerhöhung ausgesetzt wurde. Weitere Nullrunden folgten. 2007 hat es dann aber doch wieder eine Rentenerhöhung gegeben: Die Leistungen wurden allerdings nur um 0,54 Prozent angehoben.

Begleitet ist die Entwicklung von weiteren Einschnitten: Zum Beispiel werden ab 2009 Ausbildungszeiten nicht mehr als rentensteigernd angerechnet.

Auch die Mitglieder der berufsständischen Versorgungswerke müssen sich auf eine nur noch verhaltene Dynamik der Leistungen aus ihren Versorgungswerken einstellen. Grund hierfür ist, dass die Lebenserwartung der Freiberufler im Durchschnitt gestiegen ist und die Versorgungswerke daher mit einer höheren Rentenbezugsdauer rechnen müssen. Diese Verlängerung der Lebenserwartung muss von den Versorgungswerken zurzeit in einem niedrigen Zinsumfeld finanziert werden, sodass für künftige Rentenerhöhungen wenig Raum sein dürfte.

Betriebliche Altersvorsorge für Angestellte

Unter diesen Voraussetzungen werden in Zukunft sowohl Angestellte als auch Selbstständige kaum noch ohne freiwillige Beiträge zur Altersvorsorge auskommen. Wie die ergänzende Vorsorge aussehen kann, ist unter anderem von der Art der Erwerbstätigkeit abhängig. Denn hier zeigt sich einer der entscheidenden Unterschiede zwischen Angestellten und Selbstständigen: Die Angestellten haben mit der betrieblichen Altersvorsorge ein Vorsorgepotenzial, das Selbstständigen meist unerschlossen bleibt.

Die betriebliche Altersvorsorge ist für Angestellte eine wichtige Ergänzung zur gesetzlichen Rentenversicherung. Sie haben seit 2002 einen Rechtsanspruch auf Gehaltsumwandlung: Von ihrem Arbeitgeber können sie verlangen, dass Teile ihres Gehalts in eine Anlage der betrieblichen Altersversorgung eingezahlt werden. Mögliche Formen der betrieblichen Altersvorsorge sind unter anderem Direktversicherungen, Pensionsfonds und Pensionskassen.

Für die persönliche Absicherung eines Selbstständigen spielt die betriebliche Altersvorsorge hingegen keine oder kaum eine Rolle. Lediglich für diejenigen, die sich zum

TIPP

Weitere Informationen zur betrieblichen Altersvorsorge

Details zur betrieblichen Altersvorsorge, zu den Voraussetzungen und den Vorsorgeprodukten finden Sie unter anderem im Internet unter **www.finanztest.de**. Fragen Sie bei Ihrer berufsständischen Vertretung, bei der Industrie- und Handelskammer oder bei der Handwerkskammer nach, welche Möglichkeiten Sie als Arbeitgeber haben, um betriebliche Vorsorge für Ihre Angestellten anzubieten.

Beispiel als geschäftsführender Gesellschafter einer GmbH ein regelmäßiges Einkommen auf das Konto überweisen lassen, kann die betriebliche Altersvorsorge für die persönliche Absicherung interessant sein.

Viele Gesichter der privaten Vorsorge

Somit bleibt den meisten Selbstständigen nichts anderes übrig, als die Vorsorge zur Ergänzung des gesetzlichen Schutzes in die eigenen Hände zu nehmen. Die private Vorsorge kann ganz unterschiedliche Gesichter haben.

Möglich sind die vom Staat geförderten Vorsorgeprodukte Riester- und Rürup-Rente. Beide sind für Selbstständige attraktiv. Auf die Riester-Rente haben allerdings nicht alle Selbstständigen Anspruch. Neben diesen staatlich geförderten Produkten kommen auch klassische Versicherungsprodukte, Investmentfonds oder Immobilien infrage.

Doch auch in der privaten Vorsorge haben Reformen der vergangenen Jahre für immense Verschiebungen gesorgt. Deutlich wird das am Beispiel der Kapitallebensversicherung, die in Deutschland über Jahre hinweg das wohl beliebteste Vorsorgeinstrument gewesen ist – auch wenn sie nur geringe Renditen garantiert. Durch steuerliche Änderungen hat sie seit Anfang 2005 stark an Attraktivität verloren. Denn während es bei Altverträgen, die vor 2005 geschlossen wurden, möglich war, die Erträge steuerfrei zu erhalten, ist bei jüngeren Verträgen zumindest die Hälfte der Erträge steuerpflichtig.

Neue Steuerregeln

Ausschlaggebend nicht nur für die Änderungen bei der Kapitallebensversicherung war das Alterseinkünftegesetz, das 2005 in Kraft getreten ist und die Besteuerung von Alterseinkünften generell auf den Kopf gestellt hat.

Die Steueränderungen betreffen alle, die für das Alter vorsorgen: gesetzlich Versicherte, Mitglieder in berufsständischen Versorgungswerken oder der landwirtschaftlichen Alterskasse und privat vorsorgende Menschen. Sie alle müssen seither sowohl in der Phase, in der sie für das Alter sparen, als auch später im Rentenalter neue Steuerregeln beachten.

Änderungen bei den Renten: Die Belastung im Alter steigt

Seit der Gesetzesänderung lassen sich folgende Rentenarten unterscheiden:

- **nachgelagert besteuerte Renten,** zum Beispiel Renten aus der gesetzlichen Rentenversicherung, aus berufsständischen Versorgungswerken, aus der Alterssicherung für Landwirte (AdL) und aus der Rürup-Rente.
- **Renten, die mit ihrem günstigen Ertragsanteil steuerpflichtig sind,** zum Beispiel Renten aus einer privaten Rentenversicherung.
- **Renten, die komplett steuerpflichtig sind,** zum Beispiel Riester-Renten oder Renten aus betrieblicher Altersvorsorge, wenn Lohn und Betriebskapital steuerfrei eingezahlt wurden.
- **Renten, die in voller Höhe steuerfrei sind,** zum Beispiel Renten aus der gesetzlichen Unfallversicherung.

Die wohl wichtigste Neuerung durch das Alterseinkünftegesetz ist, dass für Renten aus der gesetzlichen Rentenversicherung, einem berufsständischen Versorgungswerk und der Alterssicherung der Landwirte nun die „nachgelagerte Besteuerung" gilt. Das heißt, dass diese Renten oder große Teile davon bei Auszahlung steuerpflichtig werden. Das betrifft nicht nur lebenslange Auszahlungen, sondern auch zeitlich begrenzte Renten und einmalig ausgezahlte Leistungen. Vor der Gesetzesänderung wurden die gesetzlichen Renten nur mit einem geringeren Ertragsanteil steuerlich berücksichtigt.

Das Gesetz vor dem Kadi

Die aktuelle Gesetzgebung nach dem Alterseinkünftegesetz ist Streitpunkt in verschiedenen Prozessen vor den Finanzgerichten. Die Richter müssen prüfen, ob die Besteuerung der Renten, die auf Pflichtbeiträgen beruhen, rechtmäßig ist. Die Zeitschrift Finanztest informiert regelmäßig über den Stand der aktuellen Verfahren.

Steuerpflichtiger Anteil steigt

Ob künftige Rentner im Alter ihre komplette Rente versteuern müssen oder nur einen Teil davon, hängt davon ab, wann der Versicherte das Rentenalter erreicht. Für diejenigen, die 2005 oder früher in Rente gegangen sind, ist ein Anteil von 50 Prozent ihrer monatlichen Rentenleistung steuerpflichtig. Die restlichen 50 Prozent ihrer Monatsrente sind steuerfrei.

Für die nachfolgenden Jahrgänge steigt der steuerpflichtige Anteil der Rente. Neurentner aus 2006 müssen schon 52 Prozent ihrer Einnahmen mit dem Finanzamt abrechnen. Junge Selbst-

So groß ist der zu versteuernde Anteil bei der gesetzlichen Rente [1)]

Jahr des Rentenbeginns	Steuerpflichtiger Anteil in Prozent
2005 oder früher	50
2006	52
2007	54
2008	56
2009	58
2010	60
2011	62
2012	64
2013	66
2014	68
2015	70
2016	72
2017	74
2018	76
2019	78
2020	80
2021	81
2022	82
2023	83
2024	84
2025	85
2026	86
2027	87
2028	88
2029	89
2030	90
2031	91
2032	92
2033	93
2034	94
2035	95
2036	96
2037	97
2038	98
2039	99
2040	100

1) und bei allen anderen Renten, die nachgelagert besteuert werden (→ Seite 14).

ständige, die erst 2040 oder später das Ruhestandsalter erreichen, müssen ihre Renten aus dem Versorgungswerk oder von der Deutschen Rentenversicherung zu 100 Prozent versteuern. Rentenbeginn ist jeweils der Tag, ab dem die Rente tatsächlich bewilligt wird.

Das heißt: Wer ab 2040 in Rente geht, hat keinen Freibetrag mehr für die Rente. Für diejenigen, die bis dahin Rentner werden, ermittelt das Finanzamt einen persönlichen Steuerfreibetrag, der in der Regel während des gesamten Rentnerlebens bestehen bleibt. Der Freibetrag errechnet sich dann folgendermaßen: Ein gesetzlich Versicherter wie beispielsweise ein selbstständiger Handwerksmeister, der 2008 das Rentenalter erreicht, muss 56 Prozent seiner gesetzlichen Rente beim Finanzamt abrechnen. Bei einer monatlichen Rente von 1500 Euro wären das 840 Euro. Die restlichen 660 Euro bleiben steuerfrei. Anhand dieses monatlichen Freibetrags errechnet das Finanzamt im Jahr nach Rentenbeginn den persönlichen Rentenfreibetrag des Handwerkers, der sein ganzes Rentnerleben über bestehen bleibt. Für den ehemaligen Selbstständigen ergibt sich ein Steuerfreibetrag von 7920 Euro (660 Euro × 12). Gibt es 2009 eine Rentenerhöhung, wird das Finanzamt diese noch berücksichtigen, wenn es den Freibetrag ermittelt. Spätere Rentenerhöhungen bleiben allerdings ohne Wirkung auf den persönlichen Freibetrag.

Diese neue Regelung gilt sowohl für die Renten aus der gesetzlichen Rentenversicherung als auch für die Renten aus einem berufsständischen Versorgungswerks und der landwirtschaftlichen Alterskasse sowie für die Rürup-Rente.

Im Gegenzug können die Erwerbstätigen von heute einen jährlich steigenden Anteil ihrer Altersvorsorgeaufwendungen als Sonderausgaben in der Steuererklärung geltend machen. Wie der Sonderausgabenabzug für einen Selbstständigen aussehen kann, zeigt der Kasten ab Seite 16.

Keine Unterschiede bei der Besteuerung gibt es zwischen den einzelnen Altersrenten der gesetzlichen Versicherung wie Regelaltersrente oder Rente für langjährig Versicherte. Auch für Erwerbsminderungsrenten, die früher nur mit einem Ertragsanteil und damit eher günstig versteuert wurden, gilt heute, dass mindestens 50 Prozent steuerpflichtig sind. Verglichen damit ist beispielsweise der steuerpflichtige Anteil einer Rente aus einer *privaten* Rentenversicherung deutlich geringer. Nach derzeitigem Stand sind nur 18 Prozent der Rente steuerpflichtig, wenn der Versicherte die erste Zahlung im Alter von 65 Jahren bekommt.

Diese Versicherungsbeiträge lassen sich als Sonderausgaben absetzen

Durch das Alterseinkünftegesetz hat sich auch beim Abzug für gesetzliche und private Versicherungsbeiträge als Sonderausgaben viel verändert. Seit 2005 wird unterschieden zwischen „Altersvorsorgeaufwendungen“ und „anderen Vorsorgeaufwendungen“.

Zur Gruppe der **Altersvorsorgeaufwendungen** zählen die Beiträge zur gesetzlichen Rentenversicherung, Beiträge für ein berufsständisches Versorgungswerk oder eine Rürup-Rente. Selbstständige können bis zu 20 000 Euro als Altersvorsorgeaufwendungen beim Finanzamt abrechnen (Ehepaare: 40 000 Euro). Diese Summe berücksichtigt das Finanzamt derzeit allerdings noch nicht komplett: Im Jahr 2007 erkennt es 64 Prozent der Altersvorsorgeaufwendungen als Sonderausgaben an – maximal 12 800 Euro, für Ehepaare 25 600 Euro –, 2008 werden es dann 66 Prozent sein.

Zur zweiten Gruppe – den **anderen Vorsorgeaufwendungen** – zählen zum Beispiel Beiträge zur Kranken-, zur Haftpflicht- und zur Risikolebensversicherung. Alleinstehende Selbstständige dürfen für diese Beiträge bis zu 2 400 Euro im Jahr abrechnen.

Bis 2004 gab es diese Unterscheidung nicht. Bis dahin konnten Selbstständige für Vorsorgeaufwendungen insgesamt maximal 5 069 Euro im Jahr absetzen.

Es kann sein, dass Selbstständige mit dieser alten Rechnung besser dran waren als nach neuem Recht. Um niemanden zu benachteiligen, prüft das Finanzamt deshalb bei Abgabe der Steuererklärung, ob für den Steuerzahler das bis 2004 geltende Recht günstiger ist oder das neue Recht (Günstigerprüfung). Diese Übergangsregelung gilt bis 2019. In dieser Zeit werden die nach altem Recht abzugsfähigen Beiträge schrittweise reduziert.

Beispiel:
Als selbstständiger Apotheker hat Heinz Hoffmann 2006 Vorsorgeaufwendungen von insgesamt 26 000 Euro geleistet. Wie das Finanzamt rechnet, zeigt der Vergleich rechts.

Änderungen bei den Kapitaleinnahmen: Die neue Abgeltungsteuer

Ab 2009 wird auch die Besteuerung von Kapitaleinnahmen ein anderes Gesicht bekommen. Im Zuge der Unternehmenssteuerreform wurde die Abgeltungsteuer beschlossen. Durch die Reform werden unter anderem für Verkaufsgewinne aus Aktien und Fonds sowie Kapitalerträge wie Zinsen und Dividenden pauschal 25 Prozent Steuer zuzüglich Solidaritätszuschlag und Kirchensteuer fällig. Diese Steuer sollen die Banken direkt an das Finanzamt überweisen. Steuerfrei bleiben für Anleger im Jahr Zinsen, Dividenden

Beiträge an das berufsständische Versorgungswerk		12 000 Euro
Beiträge für eine Rürup-Rente		6 000 Euro
Beiträge für Krankenversicherung sowie zum Beispiel für Haftpflicht- und Unfallversicherung		8 000 Euro
Nach neuem Recht ergäbe sich folgende Rechnung:		
Summe der Beiträge an berufsständischer Versorgung und für Rürup-Rente: 12 000 Euro + 6 000 Euro = 18 000 Euro		
davon berücksichtigt vom Finanzamt: (62 Prozent)		11 160 Euro
+ sonstige Vorsorgeaufwendungen (8 000 Euro gezahlt, vom Finanzamt maximal 2 400 Euro anerkannt)	+	2 400 Euro
Abzug nach **neuem** Recht:		**13 560 Euro**
Diesen Wert vergleichen die Sachbearbeiter im Finanzamt mit dem, was Hoffmann nach altem Recht hätte absetzen können. Für seine Beiträge an das Versorgungswerk und für sonstige Versicherungen würde das Finanzamt den Vorsorgehöchstbetrag ansetzen. Hinzu kommen die Beiträge zur Rürup-Rente:		
Beiträge an berufsständisches Versorgungswerk und sonstige Versicherungen: 12 000 Euro + 8 000 Euro = 20 000 Euro		
davon berücksichtigt das Finanzamt		5 069 Euro
+ Erhöhungsbetrag für Rürup-Rente (62 Prozent von 6 000 Euro)	+	3 720 Euro
Abzug nach **altem** Recht:		**8 789 Euro**

Fazit: *Heinz Hoffmann kann nach neuem Recht deutlich mehr Sonderausgaben absetzen. Für 2006 würde das Finanzamt 13 560 Euro berücksichtigen.*

und Kursgewinne bis 801/1 602 Euro (Alleinstehende/Ehepaare). Dieser Sparerpauschbetrag deckt auch Werbungskosten wie Depotgebühren ab. Es wird nicht mehr möglich sein, höhere Werbungskosten geltend zu machen.

Von der Abgeltungsteuer werden Zinssparer profitieren, deren persönlicher Steuersatz über 25 Prozent liegt. Der Steuersatz von Alleinstehenden/Ehepaaren ist dann höher, wenn ihr zu versteuerndes Jahreseinkommen 15 000/30 000 Euro übersteigt. Diese Sparer zahlen für die Kapitalerträge ab 2009 weniger Steuern als bisher, denn derzeit werden Zinsen oberhalb des Sparerfreibetrags nach dem persönlichen Steuersatz abgerechnet. Für sie kann es sich lohnen, Zinseinkünfte in die Zeit nach 2008 zu verschieben: Wenn sie sich jetzt beispielsweise für Bundesschatzbriefe Typ B (→ Seite 188) entscheiden, werden ihnen die Zinsen erst in mehreren Jahren gutgeschrieben, wenn es die Abgeltungsteuer längst gibt.

Sparer mit einem persönlichen Steuersatz unter 25 Prozent müssen sich aber auch keine Sorgen machen: Sie können sich die vorab zu viel gezahlte Steuer über die Steuererklärung zurückholen.

Ein Minus bringt die Abgeltungsteuer allerdings denjenigen, die beispielsweise mit Aktienfonds auf Kursgewinne setzen. Derzeit sind die Gewinne steuerfrei, wenn die Papiere mindestens ein Jahr im Depot lagen. Ab 2009 gehören sie dagegen unabhängig von der Haltedauer zu den Kapitaleinnahmen, für die Anleger bis zu 25 Prozent Steuern zahlen müssen. Dadurch sinkt die Nachsteuerrendite. Das gilt allerdings erst für Papiere, die ab 2009 gekauft werden. Wer bis Ende 2008 investiert, kann die Verkaufsgewinne auch nach 2009 noch steuerfrei kassieren, sofern er die Spekulationsfrist von einem Jahr einhält.

Eine Ausnahmeregel gibt es für Zertifikate: Anleger, die nach dem 14. März 2007 Zertifikate angeschafft haben, müssten diese nicht nur mindestens ein Jahr halten, sondern auch bis zum 30. Juni 2009 wieder abstoßen, wenn sie für spätere Kursgewinne beim Verkauf keine Steuern zahlen möchten.

Auch wenn Aktienfondssparpläne, die über 2008 hinausgehen oder erst nach 2008 gestartet werden, durch die Abgeltungsteuer ein wenig an Attraktivität verlieren, werden sie dennoch höhere Renditechancen bieten als andere Geldanlagen. Gerade für junge Leute, die noch viel Zeit bis zum Rentenalter haben und damit die Risiken eines Fondsinvestments ausgleichen können, bleiben Fonds eine geeignete Anlageform. Anleger sollten aber berücksichtigen, dass der Vorsprung der Fonds gegenüber anderen Produkten durch die Abgeltungsteuer abnehmen kann.

Riester- und Rürup-Verträge nicht betroffen

Die neue Abgeltungsteuer wird hingegen für Riester- und Rürup-Verträge nichts ändern. Auch private Rentenversicherungen, Eigenheime und vermietete Immobilien bleiben bei den Steueränderungen außen vor. Für Kapitallebensversicherungen gilt: Nur für Policen, die vor Ende der Laufzeit verkauft oder gekündigt werden, ist die Abgeltungsteuer relevant. Für Gewinne aus vor 2005 geschlossenen Verträgen zahlen Versicherte Abgeltungsteuer, wenn die Laufzeit kürzer als zwölf Jahre war. Für Policen ab 2005 ist sie nur fällig, wenn Kunden bei der Kündigung oder beim Verkauf keine 60 Jahre sind oder der Vertrag keine zwölf Jahre lief. Sonst gilt weiterhin das jetzige Recht.

Ausnahmen von der Versicherungspflicht sind möglich, zum Beispiel wenn der Selbstständige einen Angestellten beschäftigt. Mehr zu diesen speziellen Situationen lesen Sie auf den folgenden Seiten dieses Kapitels.

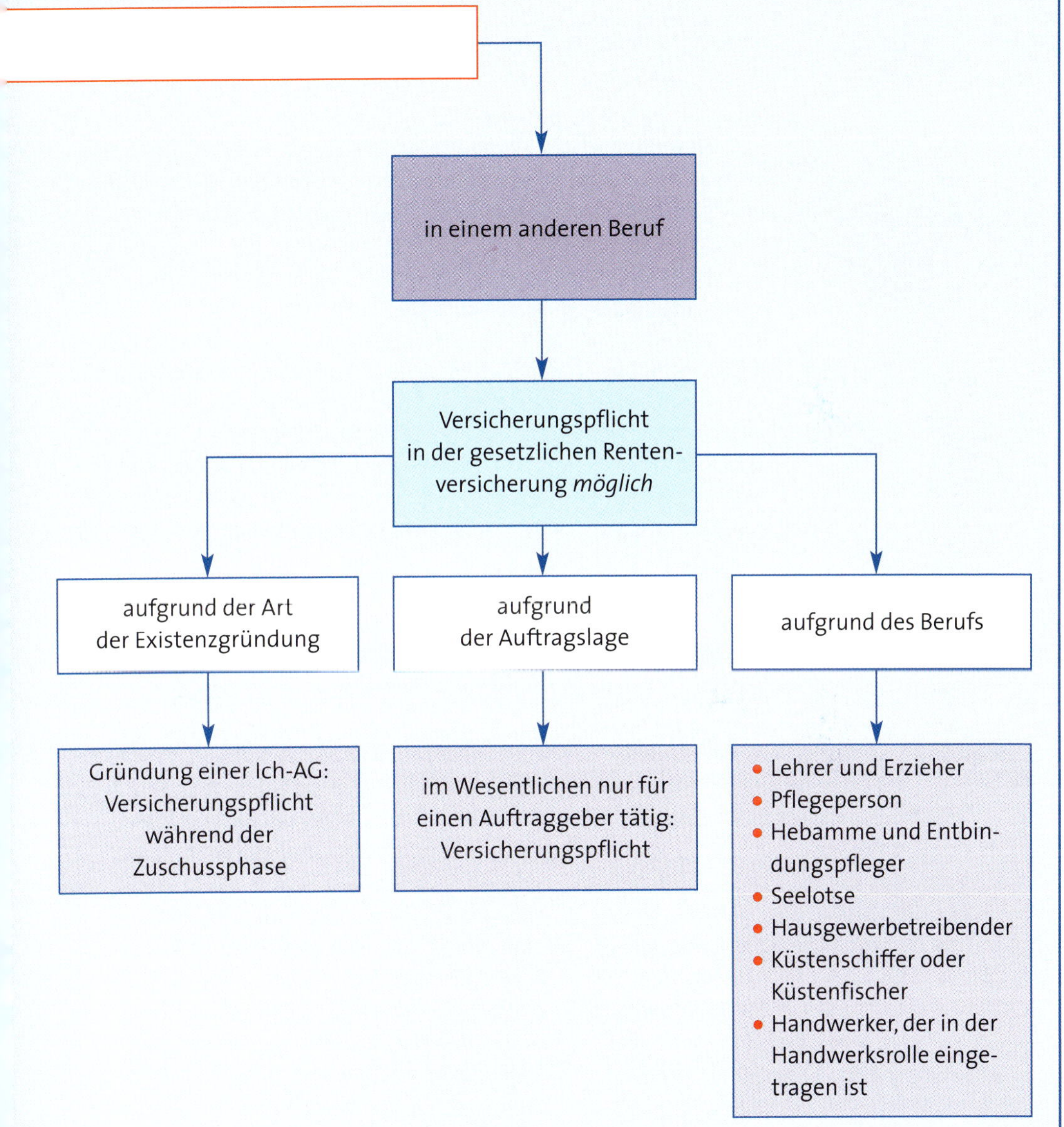

Pflichtversichert per Gesetz

Eine große Gruppe unter den versicherungspflichtigen Selbstständigen bilden traditionell die selbstständigen **Handwerksmeister**. Gewerbetreibende, die in die Handwerksrolle eingetragen sind und selbstständig arbeiten, müssen per Gesetz in die Rentenversicherung einzahlen. Sie bleiben jedoch nicht ihr ganzes Arbeitsleben versicherungspflichtig: Wenn sie 18 Jahre lang Pflichtbeiträge an die Rentenkasse geleistet haben, dürfen sie die Mitgliedschaft beenden, ohne ihre bis dahin erworbenen Ansprüche auf eine Altersrente zu verlieren.

Sie haben dann die Wahl: Sie können die Versicherungspflicht fortführen wie bisher, sie können das gesetzliche System verlassen oder in Zukunft freiwillige Beiträge zahlen, um beispielsweise ihre gesetzliche Altersrente zu erhöhen.

Weniger pflichtversicherte Handwerksmeister

Doch nicht alle selbstständigen Handwerker sind versicherungspflichtig. Schon immer gab es unter den Handwerkern eine Zweiteilung: die zulassungsfreien und die zulassungspflichtigen Handwerke. Wer in einem zulassungspflichtigen Handwerk – zum Beispiel als Augenoptiker – einen eigenen Betrieb eröffnen will, benötigt einen Meisterbrief und muss in die Handwerksrolle der Handwerkskammer eingetragen werden. Diese Handwerker sind auch in der gesetzlichen Rentenversicherung pflichtversichert.

Als selbstständiger Handwerksmeister versicherungspflichtig?

Zulassungspflichtig und damit versicherungspflichtig sind nach der Handwerksordnung folgende Handwerke:
Augenoptiker, Bäcker, Boots- und Schiffbauer, Brunnenbauer, Büchsenmacher, Chirurgiemechaniker, Dachdecker, Elektromaschinenbauer, Elektrotechniker, Feinwerkmechaniker, Fleischer, Friseur, Gerüstbauer, Glasbläser und Glasapparatebauer, Glaser, Hörgeräteakustiker, Informationstechniker, Installateur und Heizungsbauer, Kälteanlagenbauer, Karosserie- und Fahrzeugbauer, Klempner, Konditor, Kraftfahrzeugtechniker, Landmaschinenmechaniker, Maler und Lackierer, Maurer und Betonbauer, Metallbauer, Ofen- und Luftheizungsbauer, Orthopädieschuhmacher, Orthopädietechniker, Schornsteinfeger, Seiler, Steinmetz und Bildhauer, Straßenbauer, Stuckateur, Tischler, Vulkaniseur und Reifenmechaniker, Wärme-, Kälte- und Schallschutzisolierer, Zahntechniker, Zimmerer, Zweiradmechaniker.

Anders ist die Situation derjenigen, die in einem zulassungsfreien Handwerk selbstständig werden wollen. Eine Kosmetikerin benötigt keinen Meisterbrief, um ihr eigenes Geschäft zu eröffnen. Deshalb muss sie auch keine Pflichtbeiträge in die Rentenversicherung zahlen.

Seit dem 1. Januar 2004 ist für zahlreiche Handwerke der Meisterzwang weggefallen. Beispielsweise benötigen seither auch Raumausstatter oder Fliesenleger keinen Meisterbrief mehr, um sich selbstständig zu machen. Dementsprechend entfällt auch für Existenzgründer in diesen Berufen die Rentenversicherungspflicht.

Diese Änderung gilt jedoch nur für Unternehmens*neu*gründungen: Wer bereits vor dem 1. Januar 2004 als selbstständiger Fliesenleger tätig war, unterliegt weiterhin für mindestens 18 Beitragsjahre der Versicherungspflicht.

Die Handwerkskammern melden alle zulassungspflichtigen Betriebe an die Rentenversicherung. Nicht gemeldet werden handwerkliche Nebenbetriebe. Wenn etwa ein selbstständiger Automechaniker nur einen Bruchteil seines Einkommens mit der Reparatur von Fahrzeugen erzielt und das Hauptgeschäft durch den Handel mit Autozubehör macht, ist er nicht versicherungspflichtig.

Sonderregel für Künstler und Publizisten

Auch freiberufliche Journalisten, Fotografen und Schauspieler zählen zu den Pflichtversicherten in der gesetzlichen Rentenversicherung. Doch für sie gilt eine Sonderregel: Nach dem Künstlersozialversicherungsgesetz müssen sich freiberufliche Künstler und Publizisten über die Künstlersozialkasse (KSK) versichern. Als spezielle Einrichtung der gesetzlichen Sozialversicherung wird sie ab Seite 41 vorgestellt.

Lehrer und Erzieher in der Pflicht

Zu den versicherungspflichtigen Selbstständigen zählen nach dem Sozialgesetzbuch VI auch selbstständige Lehrer und Erzieher. Als Erzieher gilt, wer bei Kindern und Jugendlichen den Charakter schult und die Persönlichkeitsbildung fördert. Somit fallen unter anderem auch selbstständige Tagesmütter unter die gesetzliche Versicherungspflicht.

Als Lehrtätigkeit gilt grundsätzlich das Übermitteln von Wissen, Können und Fertigkeiten – auch in Form von Kleingruppen und Einzelunterricht. Dementsprechend können Lehrer unter anderem an Schulen, Universitäten oder sonstigen Bildungseinrichtungen unterrichten. Ebenso zählt jemand, der zu Hause Nachhilfeunterricht erteilt, zu den Versicherungspflichtigen. Versicherungspflichtig sind zum Beispiel auch selbstständige Tennis- oder Aerobictrainer.

Dagegen haben Freiberufler, die Unterricht in einem künstlerischen Fach erteilen, womöglich die Chance, sich über die Künstlersozialkasse zu versichern und so einen Teil der Rentenversicherungsbeiträge erstattet zu bekommen (→ Seite 41). In diesen Genuss können zum Beispiel Ballett- oder Gesangsausbilder kommen, ebenso wie freie Dozenten, die journalistische Kenntnisse vermitteln. Ausgenommen von der Versicherungspflicht sind Atem-, Sprach- und Stimmlehrer, die eher therapeutisch als unterrichtend tätig sind.

Versicherungspflicht für Heil- und Pflegeberufe

Eine weitere große Gruppe der rentenversicherungspflichtigen Selbstständigen bilden diejenigen, die in Heil- und Pflegeberufen tätig sind. Sie müssen Pflichtbeiträge zahlen, wenn sie in der Kranken-, Wochen-, Säuglings- oder Kinderpflege arbeiten und überwiegend auf ärztliche Anordnung handeln. In der Praxis bedeutet das, dass zum Beispiel Masseure oder selbstständige Krankenschwestern, die ihre Patienten von Medizinern überwiesen bekommen, versicherungspflichtig sind. Selbstständige Logopäden oder Heilpädagogen gehören hingegen nicht zum Kreis der Versicherungspflichtigen, weil sie aufgrund eigener Diagnosen und eines eigenen Therapieplans handeln.

Selbstständig ohne versicherungspflichtigen Angestellten

Pflegepersonen und Lehrer unterliegen der Versicherungspflicht, solange sie allein arbeiten und keinen pflichtversicherten Angestellten beschäftigen. Stellen sie jemanden ein, dessen Verdienst über der Geringfügigkeitsgrenze von 400 Euro pro Monat liegt,

TIPP

Bin ich versicherungspflichtig?

Wenn Sie unsicher sind, ob Sie versicherungspflichtig sind, sollten Sie dies gleich zu Beginn der Selbstständigkeit vom Rentenversicherer prüfen lassen. Spätestens bei einer Betriebsprüfung wird es sowieso herauskommen. Stellt sich heraus, dass Sie versicherungspflichtig waren und nicht gezahlt haben, werden Sie die Beiträge nachzahlen und womöglich sogar ein Bußgeld leisten müssen. Sie können sich vorab auch selbst im Internet informieren. Unter **www.ihre-vorsorge.de** (Suchwort: Rente für Selbstständige) bieten die Rentenversicherer eine Berufsdatenbank an. Mit ihr können Selbstständige vorab prüfen, ob sie in ihrem Beruf versicherungspflichtig sind.

Angestellter entscheidet über Versicherungspflicht

Die folgenden Kriterien entscheiden über die Versicherungspflicht, wenn Selbstständige Angestellte beschäftigen. Im Beispiel eröffnet ein Masseur seine Praxis und zahlt Pflichtbeiträge an die Rentenversicherung.

- **Tätigkeit des Mitarbeiters:** Versicherungsfrei in der gesetzlichen Rentenversicherung wird der Masseur nicht, wenn er für seine Wohnung eine Reinigungskraft als geringfügig beschäftigt einstellt. Handelt es sich jedoch um eine Bürokraft, die sich für mehr als 400 Euro im Monat in der Praxis unter anderem um seine Abrechnungen und die Terminvereinbarungen kümmert, muss er keine Pflichtbeiträge mehr zahlen. Er kann aber auf Antrag die Pflichtmitgliedschaft fortführen oder freiwillige Beiträge in die Rentenversicherung einzahlen.

- **Vorübergehender Engpass:** Verschlechtert sich die wirtschaftliche Situation des Masseurs, sodass er seiner Bürohilfe kündigen muss, wird er wieder versicherungspflichtig – es sei denn, es handelt sich um einen kurzfristigen Engpass und er stellt nach zwei Monaten wieder jemanden ein.

- **Gemeinschaftspraxis:** Hat sich der Masseur mit einigen Kollegen zu einer Praxisgemeinschaft zusammengeschlossen, hängt die Frage der Versicherungspflicht davon ab, ob rein rechnerisch jedes Mitglied der Gemeinschaft eine Person mehr als geringfügig beschäftigt. Haben drei Kollegen zusammen eine Bürokraft engagiert, die pro Monat 1400 Euro verdient, hat rein rechnerisch jeder von ihnen einen mehr als geringfügig beschäftigten Angestellten.

müssen sie keine Pflichtbeiträge mehr in die gesetzliche Rentenversicherung einzahlen.

Voraussetzung ist jedoch, dass die Aufgaben des Angestellten auch im Zusammenhang mit der selbstständigen Tätigkeit stehen. Wenn ein ordentliches Arbeitsverhältnis vorliegt, kann auch ein Familienmitglied die Stelle übernehmen. Stellt ein selbstständiger Pfleger zwei Personen ein, die zwar jeweils nicht mehr als 400 Euro verdienen, aber zusammen die Geringfügigkeitsgrenze überschreiten, ist die Befreiung von der Versicherungspflicht ebenfalls möglich.

Besondere Regeln für Hebammen, Küstenfischer und Seelotsen

Die Regelung, dass die Beschäftigung eines Angestellten die Versicherungspflicht beendet, gilt nicht für selbstständige Hebammen. Niedergelassene Hebammen und Entbindungspfleger sowie freiberuflich tätige Beleghebammen in Krankenhäusern sind per Gesetz Pflichtmitglieder der Rentenversicherung und bleiben dies selbst dann, wenn sie Angestellte haben.

Selbstständige Küstenschiffer und Küstenfischer bleiben versicherungspflichtig, solange sie regelmäßig nicht mehr als vier versicherungspflichtige Arbeitnehmer beschäftigen. Beiträge zur gesetzlichen Rentenversicherung müssen zudem freiberufliche Seelotsen zahlen, die im öffentlichen Auftrag tätig sind. Ausgenommen sind Binnenlotsen, die Travelotsen und die Lotsen der Flensburger Förde.

Hausgewerbetreibende

Auch Hausgewerbetreibende sind pflichtversichert: Zu dieser Gruppe gehören Selbstständige, die in einer eigenen Arbeitsstätte im Auftrag und auf Rechnung von Gewerbetreibenden, gemeinnützigen Unternehmen oder öffentlich-rechtlichen Körperschaften gewerblich tätig sind. Sie unterliegen keiner Weisungsbefugnis und können sogar Arbeitnehmer beschäftigen, sind aber wirtschaftlich von ihrem Auftraggeber abhängig, der auch das Geschäftsrisiko trägt und den Unternehmergewinn erhält.

Selbstständige mit einem Auftraggeber zahlen ein

Arbeitet ein Selbstständiger regelmäßig und im Wesentlichen nur für *einen* Auftraggeber, wird er – ganz gleich welchen Beruf er ausübt – versicherungspflichtig.

Als Richtwert gilt: Ein Selbstständiger muss Pflichtbeiträge in die Rentenversicherung einzahlen, wenn er mindestens fünf Sechstel seiner Betriebseinnahmen aus der Tätigkeit für einen Auftraggeber erzielt und keinen versicherungspflichtigen Arbeitnehmer – also jemanden, der mehr als 400 Euro im Monat verdient – beschäftigt. Der Selbstständige zahlt den Beitragssatz von 19,9 Prozent seines Einkommens aus eigener Tasche in die Rentenversicherung ein. Auf Antrag kann er sich aber zumindest in den ersten drei Jahren der Selbstständigkeit von der Versicherungspflicht befreien lassen.

Selbstständig oder scheinselbstständig?

Gerade bei den Selbstständigen mit einem Auftraggeber ist die Frage nicht immer leicht zu beantworten, ob jemand, der dem Anschein und seinem persönlichen Empfinden nach beruflich unabhängig ist, auch wirklich ein Selbstständiger ist. Bei denjenigen, die besonders stark mit ihrem Hauptauftraggeber verbunden sind, besteht die Gefahr der Scheinselbstständigkeit.

Anhand der folgenden Aspekte können Selbstständige Anhaltspunkte für ihren Status finden. Für eine selbstständige Tätigkeit spricht unter anderem, wenn der- oder diejenige …

- eigenes Kapital in das Unternehmen einbringt und auch das Unternehmerrisiko trägt,
- die Aufträge unabhängig von Weisungen erledigt,
- eigene Geschäftsräume und Betriebsmittel (Büro, Fahrzeuge etc.) unterhält,
- frei über den Einsatz und den Kauf von Betriebsmitteln entscheiden kann,
- selbst bestimmen kann, wann und wie viel er arbeitet,
- die Preise seiner Waren oder Dienstleistungen selbst kalkuliert,
- die Geschäftsbücher selbst führt,
- neue Kunden werben darf und muss,
- für Schäden haftet, die dem Kunden bei der Erledigung des Auftrags entstehen,
- nicht fest in den Arbeitsablauf und die Organisation von Auftraggebern integriert ist,
- auf Dauer für mehr als nur einen Auftraggeber tätig ist,
- mindestens einen Arbeitnehmer mehr als nur geringfügig beschäftigt.

Das Statusfeststellungsverfahren – angestellt oder selbstständig?

Bei Unsicherheit hinsichtlich des Status – angestellt oder selbstständig – können Versicherte beim Rentenversicherungsträger ein sogenanntes Statusfeststellungsverfahren einleiten. Stellt sich heraus, dass der auf den ersten Blick Selbstständige gar nicht selbstständig ist, sondern in Wirklichkeit den Status eines abhängig Beschäftigten hat und den Entscheidungsbefugnissen des Auftraggebers unterliegt, muss dieser die Hälfte der Beiträge zur Renten-, Kranken-, Pflege- und Arbeitslosenversicherung übernehmen. Im Zweifelsfall muss das Gericht über die Zahlungsregelungen und die arbeitsrechtlichen Folgen entscheiden.

Wichtig für mitarbeitende Familienangehörige

Auch wer als Familienangehöriger im Betrieb eines Selbstständigen mitarbeitet, sollte die Möglichkeit nutzen, die Clearingstelle der Deutschen Rentenversicherung anzurufen, um seinen Status klären zu lassen. Sonst steht er oder sie bei einer Firmenpleite oder bei Erwerbsunfähigkeit womöglich unverhofft mit leeren Händen da.

Den Status checken

Nähere Informationen zum Statusfeststellungsverfahren erhalten Sie bei Ihrem regionalen Rentenversicherungsträger oder unter **www.deutsche-rentenversicherung-bund.de**. Hier können Sie auch das Antragsformular für das Feststellungsverfahren herunterladen (unter Publikationen, Formulare, Versicherung).

Beispiel: *Nehmen wir an, Susanne Sieber, eine gelernte Bürokauffrau, kümmert sich in der Autowerkstatt ihres Ehemanns um die Buchführung, Lohnabrechnungen und Terminabsprachen. Ihr Mann zahlt ihr ein kleines Gehalt und sie geht davon aus, als Angestellte im Betrieb mitzuarbeiten. Deshalb entrichtet sie monatlich unter anderem die fälligen Sozialabgaben an die Arbeitslosen- und Rentenversicherung. Kann ihr die Arbeitsagentur bei einer Pleite des Unternehmens jedoch nachweisen, dass sie nicht weisungsgebunden handelte, sondern als Mitunternehmerin, hat sie keinen Anspruch auf Arbeitslosengeld.*

Gleiches gilt hinsichtlich der Rentenansprüche: Als Mitunternehmerin hat sie, ohne es zu wissen, nur freiwillige Beiträge geleistet und keine Pflichtbeiträge an die Rentenversicherung. Im Fall der Erwerbsunfähigkeit könnte ihr deshalb die Rente versagt werden. Frau Sieber könnte allenfalls versuchen, ihre geleisteten Beiträge zurückzubekommen. Hätte sie vorher gewusst, dass sie als Mitunternehmerin eingestuft wird, hätte sie besser privat vorsorgen können.

Unternehmer mit Familienbetrieb sollten mit ihren Ehepartnern oder Kindern einen branchenüblichen Arbeitsvertrag abschließen – unter anderem mit angemessenem Gehalt und Urlaubsanspruch. Der Vertrag ist eine Voraussetzung, um als Arbeitnehmer eingestuft zu werden.

Existenzgründer benötigen Schutz

Versicherungspflichtig sind auch diejenigen, die eine Ich-AG gegründet haben. Sie zahlen Beiträge während der Phase, in der sie von der Bundesagentur für Arbeit den Existenzgründerzuschuss beziehen.

Allerdings handelt es sich bei der Ich-AG um ein Auslaufmodell, denn nur bis zum 30. Juni 2006 konnten Arbeitslose diesen Zuschuss beantragen, mit dem die Gründung eines eigenen Unternehmens aus der Arbeitslosigkeit heraus gefördert wurde. Der Gründungszuschuss wurde zunächst für ein Jahr bewilligt. Maximal dauert die Förderung drei Jahre, sodass spätestens Ende Juni 2009 die letzten Fördergelder gezahlt werden.

Im ersten Jahr hat der Selbstständige monatlich 600 Euro Zuschuss erhalten, im zweiten Jahr 360 Euro, im dritten noch 240 Euro im Monat. Das Geld bekommt er aber nur, wenn sein Arbeitseinkommen im Jahr unter 25 000 Euro liegt und er keinen versicherungspflichtigen Angestellten beschäftigt.

Ganz gleich, in welchem Berufszweig sich jemand mit einer Ich-AG selbstständig gemacht hat: Während der Zuschussphase ist er rentenversicherungspflichtig. Die allermeisten Ich-AGler zahlen ihre Beiträge an die gesetzliche Rentenversicherung. Diejenigen, die sich mithilfe der Arbeitsagentur in einem Beruf selbstständig gemacht haben, durch den sie zur Mitgliedschaft in einer berufsständischen Kammer verpflichtet sind – zum Beispiel als Rechtsanwalt –, sind über das berufsständische Versorgungswerk ihrer Kammer abgesichert.

Zahlt die Bundesagentur für Arbeit dem Existenzgründer keinen Zuschuss mehr, entfällt für viele auch die Versicherungspflicht. Nur die Existenzgründer, die in einem versicherungspflichtigen Beruf beispielsweise als selbstständige Lehrer oder zulassungspflichtige Handwerksmeister weiter tätig sind, zahlen auch in Zukunft Pflichtbeiträge.

Neuer Gründungszuschuss für Arbeitslose

Neben der Förderung über die Ich-AG hatten Arbeitslose seit 2003 die Möglichkeit, mithilfe des sogenannten Überbrückungsgeldes, das die Arbeitsagentur für sechs Monate gezahlt hat, bei der Existenzgründung finanzielle Unterstützung zu erlangen. Doch auch dieses Förderinstrument ist im Sommer 2006 ausgelaufen. Seit dem 1. August 2006 bietet die Bundesagentur für Arbeit nun einen neuen Gründungszuschuss an, der Arbeitslosen den Weg in die Selbstständigkeit erleichtert.

Diejenigen, die noch mindestens 90 Tage Anspruch auf Arbeitslosengeld I haben, können für die ersten neun Monate ihrer Selbstständigkeit das Arbeitslosengeld I weiter beziehen und bekommen jeden Monat einen zusätzlichen Zuschuss von 300 Euro. Dieses zusätzliche Geld soll dazu dienen, dass sich der Selbstständige freiwillig in der Sozialversicherung versichern kann. Denn anders als während der Arbeitslosigkeit muss sich der Existenzgründer nun selbst um seine soziale Absicherung kümmern.

Handelt es sich um ein erfolgversprechendes Unternehmen, kann die Arbeitsagentur den Extrazuschuss von 300 Euro nach den ersten neun Monaten noch einmal für sechs weitere Monate verlängern.

Vorteile des neuen Zuschusses

Von dem neuen Modell profitieren insbesondere Existenzgründer mit einem vergleichsweise hohen Arbeitslosengeld. Wer Anspruch auf 1300 Euro Arbeitslosengeld I hat, kann als Existenzgründer neun Monate lang 1600 Euro erhalten – insgesamt 14400 Euro. Bewährt sich das Geschäftsmodell, zahlt die Agentur für Arbeit noch einmal 1800 Euro nach (300 Euro × 6 Monate). Der Gründer bekommt also insgesamt 16200 Euro. Für die Ich-AG hätte er maximal 14400 Euro erhalten.

Das Arbeitslosengeld bekommt der Existenzgründer dann aber nicht mehr.

Damit die Arbeitsagentur den Zuschuss bewilligt, müssen die Existenzgründer vorab ein schlüssiges Unternehmenskonzept vorlegen, das von einer zugelassenen Stelle wie etwa einer Industrie- und Handelskammer oder Existenzgründerberatung überprüft wurde. Ohne diese Prüfung haben die Gründer keine Chance auf die finanzielle Unterstützung.

Die Beitragshöhe selbst wählen

Viele Selbstständige, die in die gesetzliche Rentenversicherung einzahlen, dürfen entscheiden, wie viel Beitrag sie leisten wollen oder können. Möglich ist, den sogenannten Regelbeitrag zu zahlen. Dieser Durchschnittsbeitrag, der unabhängig vom tatsächlichen Einkommen eingezogen wird, errechnet sich aus einem fiktiven Arbeitseinkommen in Höhe der sogenannten Bezugsgröße. Sie liegt im Jahr 2007 in den alten Bundesländern bei 2450 Euro pro Monat, in den neuen Bundesländern bei 2100 Euro.

Legt man den derzeitigen Beitragssatz von 19,9 Prozent zugrunde, ergibt sich ein Regelbeitrag von 487,55 Euro in den alten und 417,90 Euro in den neuen Bundesländern. In den ersten drei Jahren nach der Existenzgründung haben Selbstständige die Möglichkeit, anstatt des kompletten Beitrags nur den halben Regelbeitrag, also 243,78 Euro beziehungsweise 208,95 Euro im Monat, zu zahlen.

Rentenversicherungspflichtige Selbstständige können aber auch auf Antrag einen einkommensgerechten Beitrag (19,9 Prozent ihres Einkommens) leisten. Das hat den Vorteil, dass sie auch nach der Gründungsphase noch in Zeiten, in denen die Geschäfte mäßig bis schlecht laufen, nicht durch einen für ihre finanziellen Möglichkeiten zu hohen Rentenversicherungsbeitrag belastet werden. Stattdessen können sie einen Beitrag zahlen, der zu ihrem Arbeitseinkommen passt.

Entscheidend für den Rentenbeitrag ist die Einkommenshöhe vor Steuern: Sie ergibt sich, wenn von den Betriebseinnahmen die Betriebsausgaben wie Büromiete, Dienstfahrten oder Anschaffungskosten für neue Geräte abgezogen werden. Um die Höhe ihres Arbeitseinkommens vorab zu ermitteln,

TIPP

Wechsel der Beitragsberechnung

Der Wechsel vom Regelbeitrag auf den einkommensgerechten Beitrag ist jederzeit zum Beginn des nächsten Monats möglich. Sie müssen den Wechsel nur beim Rentenversicherungsträger beantragen. Geht der Antrag beispielsweise am 19. eines Monats ein, ändert sich der Rentenbeitrag zum Ersten des nächsten Monats.

können sich die Selbstständigen an ihrem Einkommenssteuerbescheid des Vorjahres orientieren. Liegt noch kein Steuerbescheid vor, müssen sie ihr Einkommen für das kommende Jahr schätzen.

In der Anfangsphase des Unternehmerdaseins kommt es häufig vor, dass Selbstständige Verluste machen, weil ihre Ausgaben höher sind als die Einnahmen. Selbst in dieser Situation muss ein versicherungspflichtiger Selbstständiger einen Mindestbeitrag von 79,60 Euro im Monat (19,9 Prozent von 400 Euro) in die gesetzliche Rentenversicherung einzahlen.

Leistungen der gesetzlichen Rentenversicherung

Für ihre Versicherten übernimmt die gesetzliche Rentenversicherung im Ernstfall die Kosten von Rehabilitationsmaßnahmen, zahlt Alters- und Erwerbsminderungsrenten sowie Witwen- und Waisenrenten. Um Anspruch auf diese Leistungen zu haben, müssen Versicherte jedoch bestimmte Wartezeiten, sogenannte Anwartschaften, erfüllen. Das heißt, sie müssen mindestens eine bestimmte Zeit versichert gewesen sein.

Altersrenten auch für Selbstständige

Anspruch auf eine Regelaltersrente hat derzeit jeder Versicherte, wenn er das 65. Lebensjahr vollendet und eine Mindestversicherungszeit erfüllt hat. Versicherte müssen nach heutigem Gesetz mindestens fünf Jahre in die Rentenkasse eingezahlt haben, um

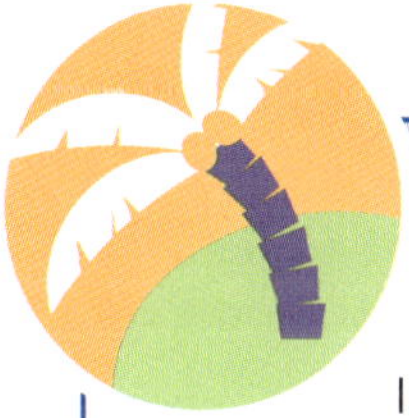

Deutschland ade! Rente ade?

Wer wieder in sein Herkunftsland zurückkehren oder als Deutscher seinen Lebensabend im Ausland genießen möchte, sollte sich rechtzeitig über seine gesetzlichen Rentenansprüche sowie die unterschiedlichen Auszahlungsweisen (und mögliche Beitragserstattungen) informieren. Anlaufstelle ist die Deutsche Rentenversicherung. Unter **www.deutsche-rentenversicherung-bund.de**, Stichwort: „Ausland und Rente", finden Sie erste Informationen: von „Grundlagen" über „Beitragserstattung" bis zum „Versorgungsausgleich". Unverzichtbar ist das persönliche Beratungsgespräch.

Deutsche Rentenversicherung Bund

Servicetelefon: 08 00/10 00 48 70
(kostenfrei)

Montag bis Donnerstag: 7.30 bis 19.30 Uhr
Freitag: 7.30 bis 15.30 Uhr

im Alter regelmäßige Zahlungen zu bekommen. Es spielt keine Rolle, wann Versicherte zum letzten Mal Beiträge geleistet haben: Auch wenn ein Selbstständiger im Alter von 35 Jahren zum letzten Mal Beiträge entrichtet hat, kann er 30 Jahre später die Rente bekommen.

Allerdings wird ab 2012 die Grenze für die Regelaltersrente stufenweise von 65 auf 67 Jahre angehoben.

Für den Rentenanspruch und die Höhe der Rente sind nicht nur Monate mit Pflichtbeiträgen von Bedeutung. Es zählen auch die Monate, in denen der Versicherte freiwillige Beiträge in die Rentenversicherung gezahlt hat. Auch Ersatzzeiten, Wehr- und Zivildienst sowie Kindererziehungszeiten werden angerechnet. Unter anderem bekommt die Mutter oder auf Antrag der Vater für die ersten drei Jahre nach der Geburt des Kindes Beiträge gutgeschrieben. Mitglieder eines berufsständischen Versorgungswerks bekommen die Zeiten allerdings in der Regel nicht angerechnet.

Auch Zeiten der Arbeitslosigkeit zählen

Wird ein Rentenversicherter arbeitslos, überweist die Arbeitsagentur für ihn Beiträge an die Rentenversicherung – allerdings nur, solange der Versicherte auch Leistungen von der Agentur bezieht. Die Rentenbeiträge ergeben sich in so einem Fall auf der Basis von 80 Prozent des früheren Bruttogehalts. So hat eine kurzzeitige Arbeitslosigkeit kaum negative Auswirkungen auf die Höhe der Rente.

Diese Voraussetzung kann auch für Selbstständige interessant werden, wenn sie ihren Betrieb aufgeben und sich bei der Arbeitsagentur arbeitssuchend melden. Sollten sie beispielsweise aufgrund einer früheren angestellten Beschäftigung noch Anspruch auf Arbeitslosengeld I haben, gehen Beiträge an die Rentenversicherung ein. Sollten sie kein Arbeitslosengeld bekommen, wird ihnen die Zeit der Arbeitssuche zumindest auf die Wartezeit für die einzelnen Renten angerechnet, sofern sie während der Selbstständigkeit Pflichtbeiträge entrichtet haben.

Rente nur auf Antrag

Eine Altersrente wird nur auf Antrag ausgezahlt. Dieser muss spätestens drei Monate, nachdem die Anspruchsvoraussetzungen für die Rente erfüllt sind, beim Rentenversicherungsträger eingehen. Dann zahlt die Rentenkasse auch rückwirkend bis zu dem Tag, seit dem der Anspruch erfüllt ist. Geht der Antrag erst später ein, bekommt der Versicherte erst ab dem Monat, in dem der Antrag eingegangen ist, eine Rente ausgezahlt.

Wie sich Kindererziehung auszahlt

Kindererziehungszeiten: Für jedes ab 1992 geborene Kind schreibt der Rentenversicherungsträger in der Regel der Mutter – auf Antrag dem Vater – in den drei Jahren nach der Geburt einen Entgeltpunkt (→ Seite 36) auf dem Rentenkonto gut. Anspruch darauf haben Selbstständige auch dann, wenn sie keine Pflichtbeiträge in die gesetzliche Rentenversicherung zahlen. Es sei denn, sie haben sich von der Versicherungspflicht befreien lassen. Diese Möglichkeit haben zum Beispiel Selbstständige mit einem Auftraggeber während der ersten drei Jahre ihrer Selbstständigkeit.

Freiberufler, die Mitglied eines berufsständischen Versorgungswerks sind, sind von der Anerkennung der Kindererziehungszeiten ausgeschlossen. Unter Umständen können sie die Zeiten aber doch anerkannt bekommen: wenn sie nie von der Versicherungspflicht in der gesetzlichen Rentenversicherung befreit wurden. Das gilt zum Beispiel, wenn sich eine junge Juristin direkt nach dem Referendariat als Rechtsanwältin selbstständig macht und somit nie als angestellte Anwältin arbeitet. Bekommt sie ein Kind, kann sie die Kindererziehungszeiten angerechnet bekommen. Würde sie vor der Selbstständigkeit jedoch noch als Angestellte arbeiten, hätte sie nach jetzigem Stand keinen Anspruch auf die Anerkennung der Kindererziehungszeiten. Ob dieser Ausschluss zulässig ist, müssen die Gerichte klären. Das Bundessozialgericht hat im Oktober 2005 im Fall einer Anwältin entschieden, dass der Ausschluss nur dann gerechtfertigt ist, wenn es eine annähernd gleichwertige Einrichtung wie die der Kindererziehungszeiten auch im berufsständischen Versorgungswerk gibt (B 4 RA 6/05 R). Dies musste das Landessozialgericht Hessen prüfen. Ergebnis: Weil es keine entsprechende Leistung im Versorgungswerk der Rechtsanwälte in Hessen gibt, muss die gesetzliche Rentenversicherung der Anwältin die vollen drei Jahre Kindererziehungszeit anerkennen, obwohl sie sich vor Ablauf dieser Frist von der Rentenversicherungspflicht hat befreien lassen (L 2 R 366/05 ZVW). Bei Redaktionsschluss war das Urteil allerdings noch nicht rechtskräftig.

Kinderberücksichtigungszeiten: Pflichtmitglieder der gesetzlichen Rentenversicherung haben außerdem Anspruch darauf, dass ihnen die zehn Jahre nach der Geburt des Kindes als Kinderberücksichtigungszeiten gutgeschrieben werden. Diese Zeiten können den Rentenanspruch erhöhen und zählen für die Wartezeiten für bestimmte Rentenansprüche mit.
Bei mehreren Kindern beginnt die Kinderberücksichtigungszeit bei der Geburt des ersten Kindes und endet zehn Jahre nach der Geburt des jüngsten Kindes. Selbstständige, die keine Pflichtbeiträge an die Gesetzliche Rentenversicherung zahlen, bekommen die Berücksichtigungszeiten nicht gutgeschrieben.

Langjährig Versicherte können bereits vor Vollendung des 65. Lebensjahres (ab 2012 stufenweiser Anstieg auf 67 Jahre) in Rente gehen, wenn sie mindestens 35 Jahre an rentenrechtlichen Zeiten zurückgelegt haben. Spezielle Altersrenten gibt es für Frauen und für langjährig unter Tage beschäftigte Bergleute. Besonders langjährig Versicherte bleiben von der Anhebung der Altersgrenze auf 67 verschont; sie erhalten ihre Altersrente mit 65, wenn sie mindestens 45 Jahre lang Pflichtbeiträge in die gesetzliche Rentenversicherung eingezahlt haben.

Mehrere Faktoren bestimmen die Rentenhöhe

Errechnet werden die Leistungen im Alter anhand der sogenannten Rentenformel (→ Kasten, Seite 37). Entscheidend für die Höhe der persönlichen Rente ist, wie lange und wie viel der Versicherte in die Rentenkasse eingezahlt hat. Keine Rolle spielt dabei, ob es sich um Pflichtbeiträge oder um freiwillige Beiträge handelt.

Auf Basis ihrer Beiträge können Versicherte sogenannte Entgeltpunkte erwerben, die dann unter anderem mit dem jeweils aktuellen Rentenwert (derzeit 26,27 Euro in den alten Bundesländern und 23,09 Euro in den neuen Bundesländern) multipliziert werden. Wer vor seinem 65. Geburtstag (ab 2012 stufenweiser Anstieg auf 67 Jahre, Ausnahme: besonders langjährig Versicherte) in Rente geht, muss Abschläge bei den monatlichen Bezügen in Kauf nehmen.

Strenge Regeln für Erwerbsminderungsschutz

Was ist, wenn ein Selbstständiger aufgrund einer Erkrankung oder einer Verletzung seinen Beruf nicht mehr so ausüben kann wie früher? Die Höhe der Leistung der gesetzlichen Rentenversicherung hängt in einem solchen Fall von Erwerbsminderung genau wie bei der Altersrente insbesondere von der Höhe der geleisteten Versicherungsbeiträge und den so erworbenen Entgeltpunkten ab.

Die Renten wegen voller oder teilweiser Erwerbsminderung sind 2001 an die Stelle der gesetzlichen Renten wegen Berufsunfähigkeit getreten. Für jüngere Versicherte hat sich seither der staatliche Schutz für den Fall der Invalidität erheblich verschlechtert. Eine Rente wegen voller Erwerbsminderung bekommen diejenigen, die nach dem 1. Januar 1961 geboren sind, heute nur noch, wenn sie nicht in der Lage sind, mindestens drei Stunden täglich in irgendeiner Form erwerbstätig zu sein. Eine Rente wegen teilweiser Erwerbsminderung erhalten Versicherte, die keine sechs Stunden am Tag erwerbstätig sein können.

Früher war das anders. Bis zur Gesetzesänderung war für alle Versicherten entscheidend, ob sie ihren erlernten oder einen damit vergleichbaren Beruf ausüben konnten oder nicht. Heute spielt der erlernte Beruf für den Rentenanspruch nur noch eine Rolle, wenn der Versicherte vor dem 2. Januar 1961 geboren wurde. Ältere Versicherte genießen einen gewissen Vertrauensschutz und kön-

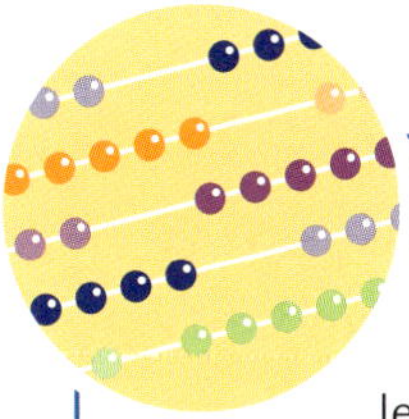

Die Rentenformel

Anhand folgender Kennzahlen wird die Höhe einer Rente berechnet:

Entgeltpunkte
× **Zugangsfaktor**
× **Rentenartfaktor**
× **aktueller Rentenwert**

= **Monatsrente**

Aufgeschlüsselt bedeutet dies:
Entgeltpunkte: Sie ergeben sich aufgrund der Höhe der Beiträge des Versicherten. Sein Verdienst wird ins Verhältnis zum durchschnittlichen Arbeitseinkommen gesetzt, das 2007 bei 29 488 Euro liegt. Wer diese Summe verdient und entsprechende Beiträge gezahlt hat, erhält 1 Entgeltpunkt. Blieb das eigene Gehalt um 20 Prozent unter dieser Summe, werden 0,8 Rentenpunkte für dieses Jahr gutgeschrieben. So wird auch für Selbstständige gerechnet, die einkommensgerechte Beiträge zahlen. Selbstständige, die unabhängig vom Einkommen den Regelbeitrag in die gesetzliche Rentenversicherung entrichten, erreichen in etwa 1 Entgeltpunkt pro Jahr.

Zugangsfaktor: Wenn der Versicherte mit 65 (ab 2012 stufenweiser Anstieg auf 67) in Rente geht, beträgt der Zugangsfaktor 1,0. Arbeiten Versicherte länger, erhöht sich der Faktor. Scheiden sie früher aus dem Berufsleben aus, müssen sie Abschläge hinnehmen: Pro Jahr sinkt der Faktor um 3,6 Prozent. Geht jemand mit 64 in Rente, beträgt der Zugangsfaktor derzeit 0,964.

Rentenartfaktor: Je mehr eine Rente zur Sicherung des Lebensunterhalts beitragen soll, desto höher ist der Rentenartfaktor. Bei der Altersrente beträgt der Faktor 1,0, bei der Rente wegen teilweiser Erwerbsminderung beträgt der Faktor 0,5.

Aktueller Rentenwert: Dies ist der monatliche Rentenbetrag, der für 1 Entgeltpunkt gezahlt wird. Derzeit liegt er bei 26,27 Euro in den alten und 23,09 Euro in den neuen Bundesländern.

Beispielrechnung: Ein Versicherter aus den alten Bundesländern, der 45 Jahre gearbeitet hat, mit 65 Jahren in Rente geht und regelmäßig das Durchschnittseinkommen verdient hat, erhält somit nach derzeitigem Stand im Monat als Altersrente:
45 Entgeltpunkte × 1 × 1 × 26,27 Euro = 1 182,15 Euro.
Geht er bereits mit 63 Jahren in Rente und hat 43 Jahre lang im Schnitt 120 Prozent vom Durchschnittseinkommen erzielt, erhält er 1 257,93 Euro im Monat (51,6 Entgeltpunkte × 0,928 × 1 × 26,27 Euro).

Für den Lebensunterhalt zu wenig

Gesetzlich Versicherte sollten sich darüber klar sein, dass der gesetzliche Erwerbs- beziehungsweise Berufsunfähigkeitsschutz kaum für den Lebensunterhalt ausreicht. Nach Statistiken der Deutschen Rentenversicherung lag die durchschnittliche Rente wegen voller Erwerbsminderung 2005 für Männer bei 817 Euro und für Frauen bei 658 Euro im Monat. Aufgrund teilweiser Erwerbsminderung zahlte die Rentenversicherung im Schnitt 576 Euro an Männer und 402 Euro an Frauen. Eine zusätzliche Absicherung in Form einer privaten Berufsunfähigkeitsversicherung ist deshalb unbedingt zu empfehlen (→ Seite 62).

nen eine Rente wegen teilweiser Erwerbsminderung bei Berufsunfähigkeit bekommen. Das bedeutet: Wenn jemand nicht mehr in der Lage ist, sechs Stunden täglich in seinem Hauptberuf oder in einem zumutbaren, vergleichbaren Beruf zu arbeiten, erhält er Geld.

Meist sind Pflichtbeiträge notwendig

Voraussetzung für den Anspruch auf eine Erwerbsminderungsrente ist in der Regel, dass der Versicherte in den fünf Jahren vor Eintritt der Erwerbsminderung drei Jahre lang Pflichtbeiträge in die Rentenkasse eingezahlt hat. Es gibt jedoch eine Ausnahmeregelung für ältere Versicherte. Sie können ihren Anspruch auf Erwerbsminderungsrente auch mit freiwilligen Beiträgen zur Rentenversicherung aufrecht halten,

- wenn bereits bis zum 1. Januar 1984 fünf Jahre an Versicherungszeiten in der gesetzlichen Rentenversicherung vorlagen und damit die „allgemeine Wartezeit" erfüllt wurde. Als Versicherungszeiten gelten sowohl Monate mit Pflichtbeiträgen – zum Beispiel während einer Beschäftigung als Angestellter, Kindererziehungszeiten oder Wehrdienst – als auch Monate mit freiwilligen Beiträgen. Außerdem werden in Kombination mit Beitragszahlungen auch Ersatzzeiten anerkannt – zum Beispiel für ehemalige DDR-Bürger, die wegen Haft nicht erwerbstätig sein konnten;
- und wenn die Selbstständigen seither jeden Monat mit Rentenversicherungszeiten (zum Beispiel Monate mit Pflichtbeiträgen, freiwilligen Beiträgen oder Krankheitszeiten) belegen können.

Diese Regelung kann beispielsweise für einen älteren Handwerksmeister interessant sein, der die Wahl hat, entweder weiter versicherungspflichtig zu bleiben oder stattdessen nur noch deutlich geringere, freiwillige Beiträge in die gesetzliche Rentenversicherung zu zahlen. So kann er mit geringem finanziellen Aufwand seinen Erwerbsminderungsschutz wahren und die gesparten Pflichtbeiträge in eine private Geldanlage investieren (→ Seite 137).

Die Renten wegen Erwerbsminderung werden zunächst zeitlich befristet ausgezahlt, in der Regel maximal drei Jahre ab Rentenbeginn. Nach ihrem Ablauf kann die Frist allerdings erneuert werden. Die Befristung entfällt, wenn nicht wahrscheinlich ist, dass sich die Situation des Betroffenen noch zum Positiven ändert. Davon gehen die Rentenversicherungsträger nach neun Jahren aus.

Rehabilitation vor Rente

Bevor jemand, der eine körperliche, geistige oder seelische Behinderung erleidet, frühzeitig in Rente geschickt wird, gilt in der gesetzlichen Versicherung die Vorgabe „Rehabilitation vor Rente".

Der Rentenversicherungsträger übernimmt die Kosten von Behandlungen in Reha-Kliniken. Außerdem unterstützt er den Erkrankten beispielsweise bei Umschulungen, um ihm eine dauerhafte berufliche Wiedereingliederung zu ermöglichen. Anspruch auf diese Leistungen haben unter anderem Versicherte, die 15 Jahre mit Versicherungszeiten vorweisen. Auch hier reichen freiwillige Beiträge aus. Ein Selbstständiger, der in früheren Jahren etwa als Angestellter Pflichtbeiträge in die Rentenkasse eingezahlt hat, könnte somit durch freiwillige Beiträge seine Ansprüche auf Rehabilitation wahren.

Rente für Hinterbliebene

Über die gesetzliche Rentenversicherung ist nicht nur der Versicherte selbst, sondern auch dessen Familie abgesichert. Stirbt der Versicherte, hat der Ehepartner Anspruch auf Witwen- beziehungsweise Witwerrente. Die Witwenrente beträgt maximal 60 Prozent der dem Verstorbenen zustehenden Altersrente.

Kinder, die ein oder beide Elternteile verloren haben, können bis zur Vollendung des 18. Lebensjahres eine Waisenrente bekommen. Solange sie sich noch in der Ausbildung befinden, kann die Rente maximal bis zum 27. Geburtstag gezahlt werden.

Ergänzen sollten Sie diesen Schutz der Familie mit einer Risikolebensversicherung (→ Seite 60).

Alterskasse: Besondere Leistungen für Landwirte

Anspruch auf Alters- und Hinterbliebenenrenten erwerben auch selbstständige Land- und Forstwirte. Allerdings gibt es für diese Berufsgruppen ein gesondertes System: die landwirtschaftliche Alterskasse.

Unternehmer der Land- und Forstwirtschaft, zu denen zum Beispiel auch Obstbauern oder Teichwirte gehören, zahlen unabhängig von ihrem Einkommen einen monatlichen Beitrag von derzeit 204 Euro in den alten Bundesländern und 176 Euro in den neuen Bundesländern an die landwirtschaftliche Alterskasse (Stand 2007).

Auch der Ehepartner des Landwirts ist pflichtversichert und muss diesen Beitrag leisten – selbst wenn er nicht im Betrieb mitarbeitet oder nicht am Gewinn des Unternehmens beteiligt ist. Er kann sich aber befreien lassen, wenn er beispielsweise Einkünfte aus einer angestellten Beschäftigung erzielt. Für andere mitarbeitende Familienangehörige fällt der halbe Versicherungsbeitrag an.

Kann ein Landwirt für seine Beiträge nicht allein aufkommen, unterstützt ihn die Alterskasse. Sie übernimmt beispielsweise in den alten Bundesländern bis zu 122 Euro der monatlichen Beiträge, wenn ein alleinstehender Landwirt ein Jahreseinkommen von 15 500 Euro (verheirateter Landwirt: 31 000 Euro) nicht erreicht. Er könnte also knapp 60 Prozent der Beiträge ersetzt bekommen. Gerade für Landwirte, die wirtschaftlich zu kämpfen haben, sind die Zuschüsse eine besondere Sicherheit.

Anspruch auf die Leistungen der landwirtschaftlichen Alterskassen haben auch nebenberufliche Landwirte. Entscheidend für die Aufnahme in die Alterskasse ist die Größe des landwirtschaftlichen Betriebs.

Ab welcher Größe er von den landwirtschaftlichen Sozialversicherungen anerkannt wird, kann sich regional unterscheiden. In Niedersachsen und Bremen müssen Landwirte beispielsweise 6 Hektar landwirtschaftlich bewirtschaftete Flächen vorweisen oder zwei Hektar für den Obstanbau.

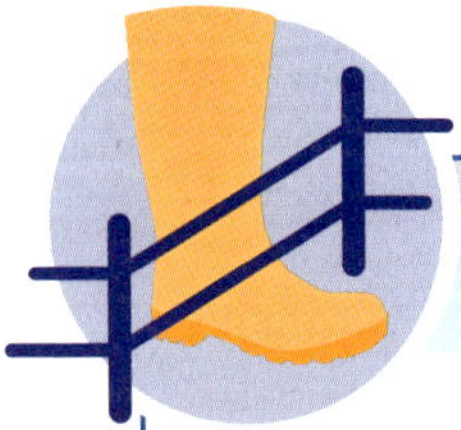

Mindestgrößen für den Betrieb

Die exakten Mindestgrößen für die Aufnahme in eine landwirtschaftliche Alterskasse können Sie bei den regional zuständigen Landwirtschaftlichen Sozialversicherungen (LSV) erfragen. Welche Institution für Sie zuständig ist, erfahren Sie unter anderem im Internet unter **www.lsv.de**.

Eine vollständige Absicherung im Alter bieten die Renten der Alterskassen der Landwirte jedoch nicht. Nach Berechnungen der Landwirtschaftlichen Sozialversicherungen bekommt ein Landwirt, der 2006 nach etwas mehr als 36 Beitragsjahren in Rente gegangen ist, eine monatliche Rente von gut 440 Euro. Zum Leben reicht diese Summe allein nicht aus.

Dafür bieten die landwirtschaftlichen Alterskassen Leistungen, die Landwirten gerade während der Phase der Erwerbstätigkeit eine große Hilfe sein können. Denn die Alterskasse trägt zum Beispiel die Kosten für eine Betriebs- oder Haushaltshilfe, um den Betrieb fortzuführen, wenn der Landwirt oder Ehegatte durch eine Kur oder längere Krankheit ausfällt.

Die Künstlersozialkasse: Schutz zum halben Preis

Unter den versicherungspflichtigen Selbstständigen nehmen die Künstler und Publizisten eine besondere Position ein. Ihren Versicherungsschutz regelt das Künstlersozialversicherungsgesetz.

Danach sind auch sie verpflichtet, Beiträge in die gesetzliche Rentenversicherung zu zahlen. Doch gegenüber anderen versicherungspflichtigen Selbstständigen haben freiberufliche Künstler einen entscheidenden Vorteil: Anders als selbstständige Hebammen oder Lehrer müssen sie den Sozialversicherungsbeitrag nicht komplett aus eigener Tasche zahlen. Sie sind über die Künstlersozialkasse (KSK) mit Sitz in Wilhelmshaven versichert und entrichten sowohl für die Kranken- und Pflege- als auch für die Rentenversicherung nur den halben Beitrag. Die Künstlersozialkasse leitet die Beiträge dann an die jeweils zuständige Kranken- beziehungsweise Pflegekasse sowie an die Rentenversicherung weiter.

Die anderen 50 Prozent des jeweiligen Sozialversicherungsbeitrags sind aufgeteilt: Für 30 Prozent kommen die sogenannten Medienverwerter auf, also zum Beispiel Zeitungs- und Buchverlage, Radio- und Fernsehsender, Theater sowie Galerien, Museen oder auch Musikverlage. Die restlichen 20 Prozent übernimmt der Staat.

Wer ist überhaupt Künstler?

Als Künstler gelten die Angehörigen der folgenden Berufsgruppen:

Bereich Musik: Alleinunterhalter, Arrangeur, Chorleiter, Chorsänger in der „ernsten Musik“, Dirigent, Instrumentalsolist oder Orchestermusiker in der „ernsten Musik“, Jazz- und Rockmusiker, Kapellmeister, Komponist, Künstlerisch-technischer Mitarbeiter im Bereich Musik, Librettist, Lied- und Oratoriensänger, Musikbearbeiter, Opern-, Operetten- oder Musicalsänger, Pädagoge/Ausbilder im Bereich Musik, Sänger in Unterhaltungsmusik/ Show/Folklore, Tanz- und Popmusiker, Texter, Unterhaltungs- und Kurmusiker.

Bereich darstellende Kunst: Ballett-Meister, Ballett-Tänzer, Bühnen- oder Filmbildner, Choreograph, Conférencier, Dramaturg, Entertainer, Filmemacher, Kabarettist, Kostüm- oder Maskenbildner, Künstlerisch-technischer Mitarbeiter im Bereich darstellende Kunst, Marionetten- oder Figurenspieler, Moderator, Pädagoge/Ausbilder im Bereich darstellende Kunst, Puppenspieler, Quizmaster, Regieassistent, Regisseur, Rezitator, Schauspieler, Sprecher, Theaterpädagoge, Unterhaltungskünstler/Artist.

Bereich bildende Kunst: Bildhauer, Emailleur, Experimenteller Künstler, Fotodesigner, Genremaler, Glasgestalter, Gold- und Silberschmied, Graveur, Holzgestalter, Illustrator, Grafikdesigner, Industriedesigner, Karikaturist, Keramiker, künstlerischer Fotograf, künstlerischer Grafiker, Landschaftsmaler, Layouter, Lichtbildner, Maler, Metallgestalter, Mode- oder Textildesigner, Objektemacher, Pädagoge/Ausbilder im Bereich bildende Kunst/Design, Performance-/Aktionskünstler, Porträtmaler, Textilgestalter, Trick- und Comiczeichner, Videokünstler, Werbefotograf, Zeichner.

Bereich Wort: Autor für Bühne, Film, Funk und Fernsehen, Bildberichterstatter, Bildjournalist, Dichter, Fachmann/-frau für Öffentlichkeitsarbeit oder Werbung, Journalist, Kritiker, Lektor, Pädagoge/Ausbilder im Bereich Publizistik, Pressefotograf, Redakteur, Schriftsteller, Übersetzer/Bearbeiter, wissenschaftlicher Autor.

Quelle: Antragsformular der Künstlersozialkasse

Weitere Informationen zur Sozialversicherung für Künstler und Publizisten erhalten Sie unter **www. kuenstlersozialkasse.de**. Hier können Sie auch das Formular für den Aufnahmeantrag inklusive Ausfüllhilfen herunterladen.

Stetig steigende Mitgliederzahl

Derzeit sind rund 153 000 Freiberufler – beispielsweise Schauspieler, Journalisten, Schriftsteller und Musiker – in der Künstlersozialkasse versichert. Allein in der Zeit von 1996 bis Ende 2006 ist die Zahl der Versicherten um etwa 64 000 gestiegen. In die Künstlersozialkasse können per Gesetz diejenigen aufgenommen werden, die eine künstlerische oder publizistische Tätigkeit überwiegend im Inland erwerbsmäßig und nicht nur vorübergehend ausüben. Außerdem dürfen die Versicherten nicht mehr als einen pflichtversicherten Arbeitnehmer beschäftigen. Es sei denn, sie stellen zusätzlich einen Auszubildenden oder Minijobber mit einem Einkommen bis maximal 400 Euro im Monat ein.

Um über die Künstlersozialkasse versichert zu bleiben, müssen Künstler und Publizisten mindestens 3900 Euro im Jahr (325 Euro im Monat) verdienen. Nur diejenigen, die gerade erst ihre selbstständige Tätigkeit aufgenommen haben, dürfen unter dieser Geringfügigkeitsgrenze bleiben. Diese Sonderregel gilt für die ersten drei Jahre der Selbstständigkeit. Danach darf diese Einkommensgrenze innerhalb von sechs Jahren zweimal unterschritten werden, ohne dass sich an der Versichertensituation etwas ändert. Für gering verdienende Selbstständige bedeutet das eine zusätzliche Sicherheit.

Art der Tätigkeit ist entscheidend

Ob ein Antragsteller in die Künstlersozialkasse aufgenommen wird, hängt insbesondere von der Art seiner selbstständigen Tätigkeit ab. Im Antragsformular für die Aufnahme nennt die Künstlersozialkasse die Berufe, die infrage kommen. Selbstständige, die keinen dieser Berufe ausüben, können durch eine exakte Beschreibung ihrer Tätigkeit doch noch erreichen, in den Genuss dieser geförderten Sozialversicherung zu kommen. Bei der Anmeldung

Künstlersozialkasse und Krankenversicherung

Mitglieder der Künstlersozialkasse ohne einen anderen versicherungspflichtigen Job sind in der gesetzlichen Krankenversicherung pflichtversichert. Doch unter bestimmten Voraussetzungen können sie sich von dieser Versicherungspflicht befreien lassen:

- als Unternehmensgründer und
- sobald sie eine bestimmte Einkommensgrenze überschritten haben.

Informieren Sie sich direkt bei der Künstlersozialkasse, wenn Sie sich für die Befreiungsmöglichkeiten interessieren. Sie erreichen die KSK telefonisch unter 04421/75439.

Urteile zur Mitgliedschaft in der KSK

Nicht jeder, der sich für die Mitgliedschaft in der Künstlersozialkasse bewirbt, wird aufgenommen. Häufig werden Anträge abgelehnt, weil der Antragsteller nicht als künstlerisch oder publizistisch tätig eingestuft wird. In diesen Fällen muss dann oft das Bundessozialgericht über die Aufnahme in die Künstlersozialkasse entscheiden.

- Eine japanische Teemeisterin, die hierzulande Teezeremonien abhält, wurde nach einem Urteil des Bundessozialgerichts nicht in die Künstlersozialkasse aufgenommen (Az. B 3 KR 13/04 R). Das Gericht bewertete ihre Tätigkeit als exotisches Brauchtum, nicht als Kunst.
- Auch ein Gestalter von Ausstellungen zu ökologischen oder naturkundlichen Themen schaffte den Sprung in die Künstlersozialkasse nicht (Az. B3 KR 1/05 R). Obwohl er auch eigene Texte erarbeite, liege sein Tätigkeitsschwerpunkt in der Planung und Durchführung von Ausstellungen, nicht im künstlerischen Bereich.
- Erfolgreicher waren vor Gericht eine Webdesignerin (Az. B 3 KR 37/04 R) und eine Trauerrednerin (Az. B 3 KR 9/05 R). Ihnen sprach das Bundessozialgericht die künstlerische beziehungsweise publizistische Tätigkeit zu.
- Auch eine Visagistin hatte nach einem Urteil des Bundessozialgerichts das Recht, in die Künstlersozialkasse aufgenommen zu werden (Az. B 3 KR 39/04 R). Der Antrag der Frau war zunächst abgelehnt worden, da es sich beim Frisieren und Schminken um einen handwerklichen Beruf handle. Das Gericht sah das anders: Mit ihren Auftraggebern aus der Werbe- und Modebranche und als Teil eines Teams mit Fotografen, Models und Stylisten sei auch ihre Tätigkeit als künstlerisch einzuordnen.

müssen sie dann detaillierte Angaben zu ihrer selbstständigen Tätigkeit machen, anhand deren die Künstlersozialkasse über die Mitgliedschaft entscheidet.

Wenn jemand abgelehnt wurde, kann er sich erneut bewerben. Allerdings muss er dann auch deutlich machen, dass sich im Vergleich zur ersten Bewerbung der Tätigkeitsschwerpunkt verändert hat.

Künstler mit Nebenjob

Bei Künstlern, die nebenbei noch einen anderen Job haben, rechnet die Künstlersozialkasse genau nach, ob sie aufgenommen werden oder nicht. Verdient der Künstler durch einen Minijob oder eine weitere geringfügige selbstständige Nebentätigkeit nicht mehr als 400 Euro im Monat, ändert sich nichts an der Versicherung nach dem Künstlersozialversicherungsgesetz.

Geht der Zweitjob über einen Minijob hinaus, hängt die Aufnahme in die Künstlersozialkasse vom Umfang des Jobs und vom Einkommen ab.

Beispiel: *Sybille Simon verdient auf Dauer bei jeweils 20 Arbeitsstunden pro Woche aus ihrer selbstständigen Arbeit als freie Journalistin 5 000 Euro im Jahr und als angestellte PR-Beraterin 10 000 Euro. Sie ist über das Angestelltenverhältnis in der Kranken-, Pflege-, Arbeitslosen- und Rentenversicherung pflichtversichert. Für die selbstständige Nebentätigkeit als freie Journalistin muss Frau Simon zwar über die Künstlersozialkasse keine Beiträge zur Kranken- und Pflegeversicherung zahlen, wohl aber zur Rentenversicherung.*

Würde sie aus der Tätigkeit als Angestellte in einem Jahr mehr als 31 500 Euro in den alten Bundesländern und 27 300 Euro in den neuen Bundesländern verdienen (die Hälfte der jährlichen Beitragsbemessungsgrenze zur gesetzlichen Rentenversicherung), entfiele die Versicherungspflicht aus der nebenberuflichen Tätigkeit als freie Journalistin.

Wäre hingegen ihr Einkommen aus selbstständiger Tätigkeit höher als das aus dem Angestelltenverhältnis, bestünde über die Künstlersozialkasse sowohl in der Renten- als auch in der Kranken- und Pflegeversicherung Versicherungspflicht.

Die berufsständischen Versorgungswerke

Einzelne Berufe können Selbstständige nur dann ausüben, wenn sie Mitglied einer Kammer werden und beispielsweise vor der Handwerkskammer oder der Industrie- und Handelskammer ihre beruflichen Kenntnisse nachweisen.

Vergleichbare Pflichten gelten für Ärzte, Apotheker, Architekten, Ingenieure, Notare, Psychologische Psychotherapeuten, Rechtsanwälte, Steuerberater beziehungsweise Steuerbevollmächtigte, Tierärzte, Wirtschaftsprüfer und vereidigte Buchprüfer sowie Zahnärzte. Für die Ausübung ihres Berufs sind diese Freiberufler zur Mitgliedschaft in einer berufsständischen Kammer und damit gleichzeitig zur Mitgliedschaft in einem berufsständischen Versorgungswerk gesetzlich verpflichtet.

Die Versorgungswerke, in die die versicherten Freiberufler regelmäßig einkommensbezogene Beiträge einzahlen, bieten eine Versorgung, die in ihrer Art mit den Leistungen der gesetzlichen Rentenversicherung vergleichbar ist. Aufgrund dieser Voraussetzungen müssen Angehörige der meisten Berufsgruppen der kammerfähigen Freien Berufe selbst dann keine Pflichtbeiträge in die gesetzliche Rentenversicherung zahlen, wenn sie in einem angestellten Beschäftigungsverhältnis stehen. Auf diese Weise wird gewährleistet, dass die betroffenen Freiberufler nicht doppelt in die Alterssicherung einzahlen. Sie können sich stattdessen über ihr Versorgungswerk eine geschlossene Versicherungslaufbahn aufbauen – zuerst beispielsweise als angestellter Klinikarzt, später als selbstständiger Arzt mit eigener Praxis.

Die Absicherung in einem Versorgungswerk bedeutet allerdings nicht, dass bereits erworbene Ansprüche an die gesetzliche Rentenversicherung aus einem anderen Beruf verloren gehen: Absolvierte beispielsweise eine selbstständige Ärztin zunächst eine Ausbildung als Krankenschwester, hat sie durch dieses Arbeitsverhältnis als Angestellte Rentenanwartschaften erworben. Wenn sie weniger als fünf Jahre Beiträge in die Rentenkasse gezahlt hat, kann sie sich auf Antrag das Geld zurückerstatten lassen.

Etwas anders als für die meisten Angehörigen der genannten Kammerberufe stellt sich die Situation der Ingenieure und Psychologischen Psychotherapeuten dar. Auch für diese Berufsgruppen gibt es berufsständische Versorgungswerke. Allerdings können sich die angestellt Tätigen dieser Berufsgruppen deshalb nicht

Freiberufler oder Gewerbetreibender?

Ärzte, Rechtsanwälte und Steuerberater gehören zur Gruppe der Freiberufler. Aber auch Dolmetscher, Fitnesstrainer oder Webdesigner gelten als Freiberufler. Der Unterschied: Die letztgenannten Berufsgruppen sind nicht verpflichtet, Mitglieder einer berufsständischen Kammer zu werden. Doch auch ein Freiberufler kann zum Gewerbetreibenden werden, sodass neue Verpflichtungen auf ihn zukommen. Eröffnet beispielsweise eine Architektin einen Laden, in dem sie Arbeitsmaterialien für Künstler verkauft, muss sie auch als Freiberuflerin ein Gewerbe anmelden und womöglich Gewerbesteuer zahlen.

von der Versicherungspflicht in der gesetzlichen Rentenversicherung befreien lassen, weil sie keine Pflichtmitglieder ihrer berufsständischen Kammern sind und diese Kammern erst nach dem 31. Dezember 1994 gegründet wurden. Sie können sich aber zusätzlich zu ihrer Pflichtmitgliedschaft in der gesetzlichen Rentenversicherung im Versorgungswerk versichern.

So funktionieren die Versorgungswerke

Die Versorgungswerke sind öffentlich-rechtliche Institutionen, die auf Landesebene organisiert sind. 85 Einrichtungen haben sich zur Arbeitsgemeinschaft berufsständischer Versorgungseinrichtungen e. V. (ABV) zusammengeschlossen, in der rund 700 000 Freiberufler versichert sind – sowohl Selbstständige als auch Angestellte.

Im Unterschied zur gesetzlichen Rentenversicherung finanzieren sich die Versorgungswerke nicht über das Umlageverfahren, in dem die Berufstätigen von heute die Leistungen der heutigen Rentner finanzieren. Die Versorgungswerke wirtschaften allerdings auch anders als etwa Kapitallebensversicherungen. Dennoch sind Ähnlichkeiten zur privaten Vorsorge durchaus zu erkennen.

Einige Versorgungswerke wirtschaften nach der sogenannten „modifizierten Anwartschaftsdeckung". Ähnlich wie Lebensversicherer berücksichtigen sie, wie lange die Beiträge jedes einzelnen Versicherten beim Versorgungswerk angespart wurden.

Die meisten Versorgungswerke arbeiten aber nach einem „offenen Deckungsplanverfahren". Bei diesem Verfahren kommt es darauf an, dass sich nicht auf individueller Ebene, sondern innerhalb der Versichertengemeinschaft die eingezahlten Beiträge und die ausgezahlten Leistungen entsprechen. Dieses Verfahren funktioniert, wenn immer neue, Beitrag zahlende Kammermitglieder hinzukommen.

Die eingezahlten Beiträge legen die Versorgungswerke unter anderem in Namensschuldverschreibungen, Aktien, festverzinsliche Wertpapiere und Immobilien an.

Beitragshöhe variiert

Jedes Versorgungswerk kann im Rahmen seiner Satzungsautonomie grundsätzlich über die Höhe der zu zahlenden Beiträge bestimmen. Allerdings müssen die von der Versicherungspflicht in der gesetzlichen Rentenversicherung befreiten angestellt tätigen Freiberufler an ihr Versorgungswerk immer den Beitrag zahlen, den sie ohne die Befreiung an die gesetzliche Rentenversicherung zu entrichten hätten. In diesem Bereich haben die Versorgungswerke also keine Beitragsautonomie.

Zum Beispiel verlangt die Tierärzteversorgung in Niedersachsen von selbstständig tätigen Mitgliedern 16 Prozent der jeweils geltenden Beitragsbemessungsgrenze der gesetzlichen Rentenversicherung. Das heißt, bei einer Beitragsbemessungsgrenze von 5 250 Euro (2007) sind dies 840 Euro monatlich. Wer weniger als die Beitragsbemessungsgrenze verdient, kann eine einkommensabhängige Beitragseinstufung verlangen. Bei einem Brutto-Monatseinkommen von 3 000 Euro fließen dann 480 Euro an das Versorgungswerk. Jedes Mitglied kann über seinen Pflichtbeitrag hinaus freiwillige Beiträge zuzahlen: Pro Monat sind Zahlungen bis zu einem Beitrag von 1 567,13 Euro möglich.

Das Versorgungswerk der Rechtsanwälte in Niedersachsen rechnet etwas anders. Der Regelpflichtbeitrag der Mitglieder beträgt 522,38 Euro. Das entspricht 9,95 Prozent der Beitragsbemessungsgrenze von 5 250 Euro. Verdienen selbstständige Anwälte weniger, können sie Beiträge entsprechend ihrem Einkommen leisten (9,95 Prozent des Einkommens). Sie zahlen jedoch mindestens 104,48 Euro im Monat. Doch auch die Anwälte können ihre Leistungen erhöhen und freiwillig mehr zahlen. Sie dürfen maximal 1 330,88 Euro im Monat an Beiträgen leisten.

Beitragszahlung

Läuft die eigene Praxis oder Kanzlei vorübergehend nicht so gut, haben Freiberufler bei den meisten Versorgungswerken die Möglichkeit, Beitragszahlungen auszusetzen oder stunden zu lassen. Informieren Sie sich bei Ihrem Versorgungswerk über die genauen Regelungen und Fristen.

Leistungen der Versorgungswerke

Als Gegenleistung für die gezahlten Beiträge erwerben die Mitglieder der Versorgungswerke Anspruch auf Altersrenten, auf Renten wegen Berufsunfähigkeit und Renten für die Angehörigen im Todesfall. In dieser Hinsicht lassen sich die Versorgungswerke gut mit der gesetzlichen Rentenversicherung vergleichen. Doch es gibt Unterschiede bei Art und Umfang der Leistungen.

- **Berufsunfähigkeit:** Da die Versorgungswerke Berufsunfähigkeitsrenten erst dann zahlen, wenn eine 100-prozentige Berufsunfähigkeit vorliegt und der Freiberufler seine jeweilige Zulassung als Arzt, Rechtsanwalt oder Notar zurückgegeben hat, ist die Berufsunfähigkeitsabsicherung im berufsständischen Versorgungswerk als Absicherung berufsbezogener Erwerbsunfähigkeit einzustufen. Ausdrücklich verzichten die Versorgungswerke darauf,

Private Berufsunfähigkeitsversicherung

Durch Ihre Mitgliedschaft im Versorgungswerk sind Sie zwar vor Berufsunfähigkeit geschützt, doch greift dieser Schutz erst, wenn Sie die Fähigkeit, Ihren versicherten Beruf auszuüben, zu 100 Prozent verloren haben. Wer Interesse an einer Absicherung des Risikos einer Teilberufsunfähigkeit hat, das die berufsständischen Versorgungswerke bewusst nicht absichern, muss sich um privaten Versicherungsschutz bemühen.

lediglich Einschränkungen der Fähigkeit, den versicherten Beruf auszuüben, abzusichern.

Ein Vorteil der Berufsunfähigkeitsabsicherung des berufsständischen Versorgungswerks gegenüber der Absicherung der gesetzlichen Rentenversicherung ist aber, dass es hier noch den sogenannten Berufsschutz gibt. Das bedeutet, dass ein Mitglied im Rahmen der Verweisung (→ Seite 112) nur solche Tätigkeiten ausüben muss, die ausdrücklich zum beruflichen Spektrum eines Arztes, Rechtsanwaltes oder Notars gehören. Vorteil der berufsständischen Versorgung im Vergleich zur privaten Berufsunfähigkeitsversicherung: Der Schutz gilt ohne Gesundheitsprüfung. Das heißt, auch ein Arzt, der schon einmal einen Bandscheibenvorfall hatte, wird in das ärztliche Versorgungswerk aufgenommen. Und die Berufsunfähigkeitsabsicherung endet nicht zu einem vertraglich festgelegten Zeitpunkt, sondern wandelt sich bei Erreichen der Altersgrenze (zurzeit 65 Jahre) automatisch in eine gleich hohe Altersrente um. Anders als in der gesetzlichen Rentenversicherung haben Freiberufler je nach Versorgungswerk bereits nach einem oder wenigen Monatsbeiträgen Anspruch auf die Rente – in der gesetzlichen Rentenversicherung müssten sie fünf Beitragsjahre nachweisen.

- **Rehabilitationsmaßnahmen:** Darüber hinaus leisten auch die Versorgungswerke Zuschüsse zu besonders aufwendigen medizinischen Rehabilitationsmaßnahmen, um beispielsweise die Berufsfähigkeit zu erhalten oder wiederherzustellen.

Altersrenten: eine komplizierte Rechnung

Für die Höhe der Leistungen der einzelnen Versorgungswerke gibt es keine einheitliche Rentenformel. Die Versorgungswerke legen die Berechnung jeweils in ihren Satzungen fest. Vereinfacht gilt aber: Wer mehr eingezahlt hat, erhöht auch seine Rentenansprüche. Ein entscheidender Faktor ist, in welchem Verhältnis der Jahresbeitrag eines Mitglieds zum durchschnittlichen Jahresbeitrag aller Mitglieder steht. Die Verzinsung der Beiträge wird häufig zwischen 4 und 6 Prozent liegen.

Bei den meisten Versorgungswerken gab es lange Zeit eine Altersgrenze für die Mitgliedschaft: Sie nahmen Angehörige ihres Berufsstandes nicht mehr auf, die ihren kammerpflichtigen Beruf erstmals im Alter von 45 Jahren oder später ausübten. Der Grund: In der verbleibenden aktiven Berufszeit bis zur Vollendung des 65. Lebensjahres hatten sie nicht mehr die Möglichkeit, die Summe in das Versorgungswerk einzuzahlen, die dem Gegenwert der auszuzahlenden Altersrenten entsprochen hätte.

Von dieser Regelung verabschieden sich die Versorgungswerke jedoch nach und nach. Bei mehreren Versorgungswerken liegt das Höchstalter für die Aufnahme mittlerweile bei 60 Jahren oder mehr.

Arbeit im abgesicherten Beruf

Die Mitgliedschaft im Versorgungswerk bleibt so lange bestehen, wie jemand auch in dem Beruf arbeitet, der ihn zur Mitgliedschaft in der berufsständischen Kammer verpflichtet. Doch nicht immer erlauben es die wirtschaftliche Lage oder die persönlichen Interessen, dass Freiberufler genau in diesem Job arbeiten.

Was wird aus meinen Versorgungsbeiträgen, wenn ich umziehe?

Für den Umzug in einen anderen Kammerbezirk gibt es je nach Berufsstand und Kammerbezirk unterschiedliche Regelungen. In den Heilberufen gilt ein Lokalitätsprinzip: Wer in einem neuen Kammerbezirk arbeitet, muss sich auch in dem dortigen Versorgungswerk absichern.

Ein Anwalt hingegen, der beispielsweise von Baden-Württemberg nach Nordrhein-Westfalen zieht, hat die Wahl: Entweder setzt er die Mitgliedschaft in Baden-Württemberg fort, oder er beantragt, dass seine gesammelten Rentenansprüche nach Nordrhein-Westfalen übergeleitet werden.

War der Anwalt weniger als 60 Monate Mitglied eines Versorgungswerks, hat er theoretisch auch die Möglichkeit, sich die geleisteten Beiträge auszahlen zu lassen. Allerdings bedeutet das in der Regel erhebliche Verluste: Er bekommt meist nur 60 Prozent der eingezahlten Beiträge zurück. Den Rest behalten die Versorgungswerke als Ausgleich dafür, dass sie ihr Mitglied während seiner aktiven Mitgliedschaft vor den Risiken Berufsunfähigkeit und Tod geschützt haben.

Ein Rechtsanwalt leitet Seminare für Studenten, ein Arzt verdient sein Geld als Pharmavertreter, der Architekt sucht sein Glück im Journalismus.

Um sich von der Versicherungspflicht in der gesetzlichen Rentenversicherung zugunsten des berufsständischen Versorgungswerks befreien lassen zu können, müssen Freiberufler eine berufsspezifische Tätigkeit ausüben. Die Frage, ob eine Tätigkeit berufsspezifisch ist, muss im Einzelfall geklärt werden. Ein Architekt, der auf Dauer nicht mehr als Architekt, sondern als freier Kulturjournalist arbeitet, dürfte über die Künstlersozialkasse versicherungspflichtig werden. Wenn er die berufsfremde Tätigkeit allerdings nur vorübergehend ausübt – maximal zwei Jahre –, muss er seine Mitgliedschaft im Versorgungswerk nicht aufgeben.

Für den Notfall: Die Grundsicherung

Hat ein Selbstständiger während der Erwerbstätigkeit nicht ausreichend vorgesorgt, steht er im Alter womöglich fast mit leeren Händen da. Mit oder ohne Beiträge in ein gesetzliches Alterssicherungssystem kann es passieren, dass die Leistung im Ruhestand nicht zum Leben ausreicht. Doch auch diese Rentner sollen die Chance haben, ein menschenwürdiges Leben im Alter zu führen.

Wer seinen Lebensunterhalt nicht aus eigenem Einkommen oder Vermögen bestreiten kann, hat die Möglichkeit, die „Grundsicherung im Alter und bei Erwerbsminderung“ zu beantragen. Diese Leistung wurde zum 1. Januar 2003 eingeführt: Anspruch darauf haben Personen, die bedürftig sind und

- das 65. Lebensjahr (ab 2012 stufenweiser Anstieg auf 67) vollendet haben oder
- das 18. Lebensjahr vollendet haben und unabhängig von der jeweiligen Arbeitsmarktlage aus medizinischen Gründen dauerhaft voll erwerbsgemindert sind.

Geregelt sind die Leistungen der Grundsicherung im 4. Kapitel des Sozialgesetzbuches XII. Die Höhe der Leistungen orientiert sich an der „Hilfe zum Lebensunterhalt“, der früheren Sozialhilfe.

Im Unterschied zur Sozialhilfe bietet jedoch die Grundsicherung den Vorteil, dass zum Beispiel unterhaltspflichtige Verwandte ersten Grades, also Eltern oder Kinder, nicht für die Leistung herangezogen werden können – es sei denn, sie verdienen mehr als 100 000 Euro pro Jahr. Nur bei einem Einkommen in dieser Höhe könnten die Leistungsträger sie zum Unterhalt verpflichten. Einkommen des Ehe- oder Lebenspartners des Leistungsbeziehers wie zum Beispiel seine Rente oder sein Vermögen werden jedoch auf die Höhe des Bedarfs angerechnet.

Der Regelsatz für die Grundsicherung des Haushaltsvorstands beträgt derzeit 345 Euro pro Monat. Die Kosten für eine angemessene Wohnung werden ebenfalls berücksichtigt. Dazu können noch Zuschläge kommen, zum Beispiel für die zusätzlichen Aufwendungen aufgrund einer Behinderung.

Beispiel: *So sähe die Bedarfsrechnung für Siegrid Sommer aus, die in Köln lebt und nur für wenige Jahre als selbstständige Hebamme gearbeitet hat. Sie hat eine eigene Rente von 100 Euro im Monat und eine Witwenrente von 300 Euro:*

Bedarf an Grundsicherung	
Regelsatz Haushaltsvorstand	*345 Euro*
Mehrbedarf für Gehbehinderung (17 Prozent)	*59 Euro*
Wohnung (inklusive Heiz- und Nebenkosten)	*300 Euro*
Bedarf	*704 Euro*
– eigenes Einkommen (Beiträge zur Kranken- und Pflegeversicherung sind abgezogen)	*–360 Euro*
monatliche Leistung:	***344 Euro***

Frau Sommer hätte also Anspruch auf 344 Euro, die ihr monatlich als Grundsicherung gezahlt würden. Diese Leistung kann sie beim Sozialamt oder bei der Rentenversicherung beantragen, die ihren Antrag dann an das Sozialamt weiterleitet. Sie wird regelmäßig für ein Jahr bewilligt.

Rentner mit geringen monatlichen Einkünften informiert die Deutsche Rentenversicherung automatisch mit dem Rentenbescheid darüber, dass ein möglicher Anspruch auf Grundsicherung bestehen könnte. Wie hoch der Anspruch ist, kann die Rentenversicherung nicht sagen, da sie nichts über die Einkommens- und Vermögensverhältnisse des Versicherten weiß.

Rechnung mit mehreren Unbekannten:

Welche Lücke Selbstständige schließen müssen

Ganz gleich, ob pflichtversichert in einem gesetzlichen Alterssicherungssystem oder nicht: Eine zusätzliche private Altersvorsorge braucht fast jeder. Wie hoch die gesetzliche Rente in Zukunft ausfällt und wie viel sie wert sein wird, lässt sich heute nur schwer sagen. Die Informationen, die die Versicherten von der Deutschen Rentenversicherung bekommen, liefern zwar eine Hilfestellung. Doch sie bieten keine absolute Sicherheit, um festzustellen, wie viel Geld dem Versicherten im Alter tatsächlich zur Verfügung steht und wie viel er in private Vorsorge investieren sollte.

Versicherte ab 54 Jahren erhalten mit der Rentenauskunft regelmäßig eine Übersicht ihrer bisher erworbenen Rentenansprüche. Darüber hinaus bekommen sie zusätzliche Informationen, zum Beispiel wie hoch die Hinterbliebenenrente zu diesem Zeitpunkt wäre. Junge Versicherte erfahren über die Renteninformation, wie hoch ihre bisherigen Ansprüche auf eine Altersrente sind und wie viel sie im Falle einer Erwerbsminderung ausgezahlt bekommen. Über die Höhe der Altersrente wird eine Prognose erstellt: Wie hoch wird die Rente sein, wenn sie im Durchschnitt weiter so einzahlen wie bisher und wenn es Rentensteigerungen gibt?

Sinkende Renditen für die Jüngeren

Doch ein großes Maß an Unsicherheit bleibt: Wird die Rente künftig noch regelmäßig erhöht, oder vergehen viele Jahre ohne eine einzige Rentensteigerung? Wie lange wird ein Versicherter arbeiten müssen, bevor er Anspruch auf Rente hat? Werden in Zukunft noch weniger Erwerbstätige für die Leistungen von noch mehr Rentnern aufkommen müssen?

Die Stiftung Warentest hat in ihrer Zeitschrift Finanztest noch vor Erhöhung der Rentenbeiträge Anfang 2007 und vor der „Einführung der Rente mit 67" ausgerechnet, dass die Beitragszahler von heute zwar auch in Zukunft mehr herausbekommen werden, als sie eingezahlt haben. Allerdings sinken die Renditen der gesetzlichen Rentenversicherung.

Ein durchschnittlich verdienender Selbstständiger, der 1965 geboren wurde und seinen Rentenbeitrag komplett allein bezahlt, kommt nach den Berechnungen bei 45 Beitragsjahren gerade noch auf eine Rendite von 1,3 Prozent. Für einen 1945 geborenen Selbstständigen beträgt die Rendite immerhin noch 2,5 Prozent.

Angestellte, die nur den halben Beitrag aus eigener Tasche zahlen, stehen ein wenig besser da: Bezogen auf ihren Anteil liegen die Renditen für das Geburtsjahr 1965 bei 3,1 Prozent, für den Jahrgang 1945 bei 4,5 Prozent.

Berufsgenossenschaft mit eingeschränkter Leistung

Möglich ist auch, sich über eine Berufsgenossenschaft gegen Unfälle gesetzlich zu versichern. Manche Selbstständige sind in ihrer Berufsgenossenschaft pflichtversichert – zum Beispiel Gärtner oder Einzelhändler. Bei den meisten Berufsgenossenschaften besteht jedoch die Möglichkeit, sich unter bestimmten Voraussetzungen von der Versicherungspflicht befreien zu lassen.

Diejenigen, die nicht versicherungspflichtig sind, können sich freiwillig für die Mitgliedschaft entscheiden. Haben Versicherte während der Arbeit oder auf dem Weg dorthin einen Unfall, kommt die Berufsgenossenschaft neben der medizinischen Rehabilitation für die berufliche Wiedereingliederung auf, wenn der Betreffende seine Tätigkeit nicht mehr ausüben kann. Bei einer dauernden Invalidität von mindestens 20 Prozent zahlt sie eine entsprechende Unfallrente.

Dieser Schutz ist besser als gar kein Schutz. Doch Selbstständige sollten nicht vergessen, dass die Berufsgenossenschaft nicht

CHECKLISTE

Versicherungen für den Betrieb

Nicht nur der Unternehmer, auch das Unternehmen benötigt Versicherungsschutz, zum Beispiel vor Feuer, Diebstahl oder vor Schadenersatzansprüchen aufgrund eines Produktionsfehlers. Doch das Versicherungsangebot ist so vielfältig wie die Risiken der Selbstständigen: Eine Unternehmerin mit großer Produktionshalle und teuren Maschinen braucht ganz anderen Schutz als ein Dolmetscher, der sein Büro in der Wohnung hat:

- Prüfen Sie, welche Risiken für Sie und Ihren Betrieb bestehen. Ansprechpartner finden Sie unter anderem bei den Verbraucherzentralen (Adressen → Seite 214), bei „Deutscher Versicherungs-Schutzverband e. V." (DVS) unter **www.dvs-schutzverband.de** und beim Bund versicherter Unternehmer e. V. (BvU) unter **www.bvuev.de**.
- Greifen Sie nicht auf das erstbeste Angebotspaket zurück, das verschiedene Leistungen bündelt, sondern vergleichen Sie mehrere Versicherungsangebote. So vermeiden Sie Doppelversicherungen. Außerdem wird es häufig günstiger sein, separate Verträge abzuschließen.
- Um flexibel zu bleiben, sollten Sie möglichst kurze Vertragslaufzeiten wählen.
- Setzen Sie den dringend notwendigen Versicherungsschutz nicht aufs Spiel, indem sie Beitragszahlungen aussetzen. Nehmen Sie hin, dass Ihnen das Geld nicht für andere Zwecke zur Verfügung steht. Ausgelassene Zahlungen – zum Beispiel zur Haftpflicht- oder Feuerversicherung – können für den Betrieb schon bei einer kleinen Unachtsamkeit bedrohliche Folgen haben.

zahlt, wenn in der Freizeit etwas passiert. Dagegen macht die private Berufsunfähigkeits- oder Unfallversicherung keinen Unterschied zwischen Beruf und Freizeit.

Neues Angebot: freiwillige Arbeitslosenversicherung

Noch relativ neu ist die Möglichkeit, dass Selbstständige freiwillig Beiträge in die gesetzliche Arbeitslosenversicherung einzahlen können. Dafür müssen sich Existenzgründer innerhalb des ersten Monats nach der Unternehmenseröffnung bei der Agentur für Arbeit melden. Sie müssen innerhalb der letzten 24 Monate vor Aufnahme der selbstständigen Tätigkeit mindestens zwölf Monate mit Beiträgen in der Arbeitslosenversicherung nachweisen. Zahlen Selbstständige mindestens 24 Monate freiwillige Beiträge in die Arbeitslosenversicherung, haben sie ein Jahr lang Anspruch auf Arbeitslosengeld. Als arbeitslos gilt, wer weniger als 15 Stunden in der Woche arbeitet.

Gerade für Existenzgründer ist die freiwillige Arbeitslosenversicherung mit monatlichen Beiträgen von 25,73 Euro in den alten Bundesländern und 22,05 Euro in den neuen Bundesländern sinnvoll, um eine finanzielle Stütze zu haben, falls der Traum von der Selbstständigkeit doch noch platzt. Rückwirkend können sich bereits langjährige Selbstständige nicht mehr für eine freiwillige Arbeitslosenversicherung entscheiden. Die Frist dafür ist bereits 2006 abgelaufen.

Die Zukunft vor Augen:

Vorsorgestrategien für Selbstständige

Allgemeine Voraussetzungen

Im Vergleich zu Angestellten haben Selbstständige einen deutlich größeren Spielraum, wenn es darum geht, auf Basis der gesetzlichen Vorgaben ihre persönliche Altersvorsorgestrategie zu entwickeln. Viele von ihnen können frei entscheiden, ob sie sich überhaupt in der gesetzlichen Rentenversicherung absichern und in welcher Form sie das machen.

Selbstständigen Pflichtmitgliedern eines gesetzlichen Alterssicherungssystems, die diese Freiheit nicht haben, bleibt immerhin die Chance, die Höhe ihrer Beiträge zu variieren. Während beispielsweise eine angestellte Bürokauffrau keinen Einfluss darauf hat, dass monatlich 9,95 Prozent ihres Einkommens an die Rentenversicherung abgeführt werden, haben Selbstständige die Wahl: Sie können einen einkommensgerechten Beitrag zahlen, den Regelbeitrag oder – in der Anfangszeit ihrer Selbstständigkeit – den halben Regelbeitrag.

Welche Entscheidungsmöglichkeiten Sie als Selbstständiger innerhalb der gesetzlichen Vorsorgemöglichkeiten haben, hängt insbesondere von Ihrem Beruf ab. Die im weiteren Verlauf vorgestellten fiktiven Fallbeispiele werden dies verdeutlichen. Gezeigt werden Vorsorgeoptionen für die folgenden Berufs- oder Versichertengruppen:

- Selbstständige ohne jegliche gesetzliche Versicherungspflicht.
- von der Arbeitsagentur unterstützte Existenzgründer.
- Selbstständige mit gesetzlicher Versicherungspflicht.
- Handwerksmeister als besondere Gruppe der Versicherungspflichtigen.
- Künstler und Publizisten.
- Angehörige eines Kammerberufes.
- Selbstständige im Nebenjob.

Anhand der Fallbeispiele, die verschiedene Voraussetzungen bei Alter und Familienstand berücksichtigen, werden die unterschiedlichen Facetten der gesetzlichen Versicherungspflicht vorgestellt sowie die Möglichkeiten, diesen Schutz selbst zu variieren und mitzugestalten.

Wir können aus Platzgründen nicht in jedem Beispiel sämtliche Aspekte, die für die Altersvorsorge eine Rolle spielen können, ansprechen. Den besten Überblick erhalten Sie daher, wenn Sie alle Beispiele aus „Ihrer" Gruppe lesen.

TIPP

Wozu zähle ich?

Wenn Sie nicht genau wissen, zu welcher Gruppe Sie gehören, können Sie im Suchbaum auf Seite 22 nachschauen.

Wie den gesetzlichen Schutz ergänzen oder ersetzen?

Die Fallbeispiele gehen auch darauf ein, wie Sie Ihren Schutz durch private Vorsorge sinnvoll ergänzen oder ersetzen können.

Erschwert wird die Antwort allerdings dadurch, dass viele Selbstständige keine Gewissheit über ihre monatliche Einkommenshöhe haben. Gerade in der Anfangsphase eines Unternehmens lässt sich nicht exakt voraussagen, wie viel Geld für die Vorsorge übrig bleibt: Mancher Monat läuft besonders gut – neue Aufträge gehen ein, und die Auftraggeber zahlen auch. Doch was passiert, wenn Rechnungen nicht beglichen werden, weil der Auftraggeber gerade finanzielle Probleme hat? Was passiert, wenn ein großer Auftrag platzt oder aufgrund von Krankheit abgesagt werden muss, während gleichzeitig die Bank auf die Tilgung der nächsten Kreditrate wartet?

Solche möglichen Einkommensschwankungen sollten Sie berücksichtigen, wenn Sie festlegen, ob Sie regelmäßig 100, 250 oder 500 Euro in die Altersvorsorge investieren können und bei den Produkten auf entsprechende Flexibilität achten.

Die Produkte, die sich für Selbstständige für eine ergänzende Altersvorsorge eignen, lassen sich in drei Gruppen einordnen:

- **Geförderte Altersvorsorge:** Für Selbstständige ist hier an erster Stelle die speziell für sie geschaffene Rürup-Rente zu nennen. Doch auch die Riester-Rente kommt unter bestimmten Voraussetzungen infrage. Betriebsrenten und vermögenswirksame Leistungen spielen hingegen für die persönliche Absicherung von Selbstständigen keine Rolle.
- **Die private Vorsorge:** Eine besondere Bedeutung haben hier Versicherungsprodukte wie die klassische private Rentenversicherung. Als Ergänzung eignen sich aber auch konventionelle Bankprodukte und börsennotierte Anlagen wie Aktienfonds.
- **Immobilien:** Mit den eigenen vier Wänden lässt sich im Alter Miete sparen, die vermietete Immobilie ermöglicht eine Zusatzrente.

Die Fallbeispiele können nur eine grobe Richtung für eine mögliche Vorsorgestrategie vorgeben. Wenn in den einzelnen Darstellungen Anlagemöglichkeiten auftauchen, die Sie nicht kennen oder zu denen Sie weitere Informationen wünschen, können Sie im Kapitel „Selbst vorsorgen: Die geeigneten Produkte“ ab Seite 137 nachschlagen. Dort werden die Vor- und Nachteile der unterschiedlichen privaten Vorsorgeprodukte sowie der geförderten Produkte ausführlich vorgestellt. Die Tabelle auf Seite 72 verschafft vorab bereits einen kurzen Überblick darüber, welche Alternativen es bei der privaten Vorsorge gibt und welche Stärken und Schwächen sie haben.

Die Basisabsicherung muss stimmen

Versicherungsschutz als Grundlage

Bei der Entscheidung für die eine oder andere Vorsorgevariante sollten Selbstständige auf jeden Fall einen entscheidenden Grundsatz beherzigen: Sie müssen während der Berufsphase die notwendigen Vorkehrungen treffen, um im Alter die wirklich unvermeidbaren Kosten decken zu können. Das bedeutet: Wenn Sie Ihre späteren Ausgaben für Miete, Lebenshaltung, Versicherungsbeiträge und andere unverzichtbare Leistungen nicht über eine gesetzliche Rente oder die Leistungen aus einem berufsständischen Versorgungswerk decken können oder wollen, müssen Sie sich sichere Zusatzeinnahmen schaffen, mit denen Sie später diese Posten finanzieren können.

Dafür eignen sich vor allem die geförderte Rürup-Rente oder die private Rentenversicherung. Einen dieser beiden Verträge sollten Selbstständige abschließen, um zumindest die Lücke, die sich aus fehlendem oder nur geringem Schutz der gesetzlichen Rentenversicherung ergibt, im Alter ausgleichen zu können.

Wann Sie diesen Vertrag abschließen, ist für die Sicherheit der Zahlungen im Alter erst einmal nicht von Bedeutung. Sie sollten den Vertrag dann unterzeichnen und die Beiträge so gestalten, dass Sie sicher sind, sie auch tatsächlich aufbringen zu können (→ Seite 153).

TIPP

Und eine Kapitallebensversicherung?

Wenn Sie noch keine Kapitallebensversicherung haben, sollten Sie auch keine abschließen. Viele Verträge werfen zu niedrige Renditen ab und sind auch steuerlich nur noch wenig attraktiv. Zudem ist eine Kapitallebensversicherung unflexibel. Anders sieht es aus, wenn Sie bereits vor längerer Zeit eine solche Versicherung abgeschlossen haben. Dazu mehr auf Seite 160.

Hilfe vom Staat nutzen

Ein weiteres Basiselement für die Altersvorsorge ist die Riester-Rente – allerdings nicht für alle Selbstständigen. Anspruch auf diese Förderung vom Staat haben diejenigen, die Pflichtbeiträge in die gesetzliche Rentenversicherung – entweder direkt oder über die Künstlersozialkasse – oder in die landwirtschaftliche Alterskasse zahlen. Doch auch diejenigen, die nur freiwillige Beiträge an die Rentenversicherung überweisen oder hier gar nichts einzahlen, können Anspruch auf die Zulage haben: wenn sie verheiratet sind und ihr Partner einen förderfähigen Vertrag abgeschlossen hat.

Diejenigen, die als Pflichtversicherte in der gesetzlichen Rentenversicherung direkten Anspruch auf die Riester-Förderung haben, können so ihren gesetzlichen Versicherungsschutz ergänzen. Diejenigen, die einen Förderanspruch über ihren Ehepartner haben, sollten die Chance nutzen, mithilfe des Staates und mit vergleichsweise geringem beziehungsweise sogar ohne eigenen Aufwand zusätzliche Einnahmen für das Alter zu erzielen.

Ausschließlich auf dem Riester-Vertrag sollten Sie Ihre gesicherte Vorsorge allerdings nicht aufbauen, da Sie – verglichen mit einer Rürup-Rente oder einer klassischen privaten Rentenversicherung – deutlich weniger für das Alter sparen können: 2007 fördert der Staat maximal Einzahlungen von 1575 Euro, ab 2008 dann maximal 2100 Euro im Jahr. Die Renten, die sich daraus ergeben, dürften zumindest für viele Selbstständige als alleinige Zusatzvorsorge nicht ausreichen.

Beispiel: *Nehmen wir an, der 30-jährige selbstständige Krankenpfleger Klaus Kreis hat sich gerade für eine Riester-Rentenversicherung entschieden, um seine gesetzliche Altersrente aufzubessern. Wenn er nun bis zu seinem 65. Geburtstag den jeweiligen Förderhöchstbetrag in den Riester-Vertrag einzahlt, sind je nach Anbieter garantierte Renten von mehr als 350 Euro im Monat möglich. Außerdem kann der Versicherte von einer Überschussbeteiligung profitieren, die aber nicht garantiert ist.*

Investmentfonds, Anleihen und Sparanlagen als Ergänzung

Investmentfonds sind nicht geeignet, um die dringend empfohlene sichere finanzielle Basis für das Alter zu schaffen. Sie bieten aber eine sehr gute Möglichkeit, den sicheren Schutz zu ergänzen. Gerade junge Leute sollten die Renditechancen nutzen, die sich ihnen mit Aktienfonds bieten. Wer etwas weniger Risiken eingehen möchte, kann in Misch- oder Rentenfonds investieren, hat dann aber auch geringere Renditechancen.

Für die Anleger, die jegliches Kursrisiko vermeiden wollen, gibt es andere Möglichkeiten, Geld für das Alter zurückzulegen: Mit Bundeswertpapieren und den vielfältigen Sparangeboten der Banken können sie ihren Basisschutz ergänzen. Die größere Sicherheit im Vergleich zu den Investmentfonds bezahlen sie allerdings mit mäßigen Renditen.

Vor- und Nachteile der Sparanlagen für die Altersvorsorge

Anlageform	Ertragschance	Verlustrisiko	Flexibilität
Rürup-Rente	Hoch, besonders bei hohem persönlichen Steuersatz und kurz vor dem Rentenalter	Keines, wenn eine Mindestverzinsung garantiert wird. Bei Fondsvarianten abhängig von der Höhe des Aktienanteils	Gering
Riester-Rente	Hoch aufgrund der staatlichen Zulagen und Steuervorteile	Keines, Einzahlungen zum Rentenbeginn garantiert	Mittel
Private Rentenversicherung (klassische Variante)	Mäßig	Bei Durchhalten des Vertrags kein Risiko, da garantierte Mindestverzinsung	Gering
Private Rentenversicherung (fondsgebunden)	Mittel	Risiko abhängig vom Aktienfondsanteil	Gering
Kapitallebensversicherung	Mäßig	Bei Durchhalten des Vertrags kein Risiko, da garantierte Mindestverzinsung	Gering
Aktienfonds	Hoch	Hoch, da Kursschwankungen, abhängig von der Anlagedauer	Hoch, Aus- und Umstieg sind jederzeit möglich, aber Börsensituation beachten
Rentenfonds	Mittel	Mittel bis gering, abhängig von Anlagedauer	Hoch, Aus- und Umstieg sind jederzeit möglich, aber Zinssituation beachten
Banksparplan	Mäßig	Kein Risiko	Abhängig vom gewählten Produkt
Einmalanlagen mit Festzins	Mäßig bis mittel	Kein Risiko	Mittel, abhängig von der Laufzeit
Bundeswertpapiere	Mäßig bis mittel	Kein Risiko	Hoch

Eignung für die Altersvorsorge	Besonderheiten
Hoch, weil lebenslange Einnahmequelle, aufpassen bei Fondsvarianten wegen des Anlagerisikos	Geschützt bei Hartz-IV und Insolvenz, keine Sozialabgabenpflicht im Alter (Ausnahme: freiwillig Versicherte in der gesetzlichen Krankenkasse), je nach Beginn der Rentenzahlung zum Teil oder komplett steuerpflichtig
Hoch, weil lebenslange Einkommensquelle	Geschützt bei Hartz-IV und Insolvenz, im Alter voll steuerpflichtig, aber sozialabgabenfrei (Ausnahme: freiwillig Versicherte in der gesetzlichen Krankenkasse)
Hoch, weil lebenslange Einkommensquelle	Nur geringe Besteuerung im Alter, sozialabgabenfrei (Ausnahme: freiwillig Versicherte in der gesetzlichen Krankenkasse), Insolvenzschutz bis zu einer bestimmten Höhe, wenn es kein Kapitalwahlrecht gibt
Mittel wegen des Anlagerisikos	Nur geringe Besteuerung im Alter, sozialabgabenfrei (Ausnahme: freiwillig Versicherte in der gesetzlichen Krankenkasse), Insolvenzschutz bis zu einer bestimmten Höhe, wenn es kein Kapitalwahlrecht gibt
Mäßig wegen einmaliger Auszahlung	Erträge aus Neuverträgen voll steuerpflichtig, wenn Auszahlung vor dem 60. Lebensjahr oder keine 12 Jahre Laufzeit, ansonsten nur zur Hälfte, sozialabgabenfrei
Hoch, wenn der Einstieg früh erfolgt und rechtzeitig in sichere Anlagen umgeschichtet wird	Noch Halbeinkünfteverfahren, sodass nur die Hälfte der Dividendenerträge oberhalb des Freibetrags steuerpflichtig, Verkaufsgewinne nach einem Jahr steuerfrei, bei Neuerwerb ab 2009 Abgeltungsteuer von 25 Prozent auf Verkaufsgewinne und Dividenden über dem Sparerpauschbetrag
Mittel, aber flexible Ergänzung für Späteinsteiger	Noch Besteuerung von Zinserträgen oberhalb des Sparer freibetrags nach dem persönlichen Steuersatz, bei Neuerwerb ab 2009 Abgeltungsteuer von 25 Prozent
Mäßig, nur für kleinen Teil des Vermögens sinnvoll	Noch Besteuerung von Zinserträgen oberhalb des Sparerfreibetrags nach dem persönlichen Steuersatz, ab 2009 Abgeltungsteuer von 25 Prozent
Mäßig, nur für kleinen Teil des Vermögens sinnvoll	Noch Besteuerung von Zinserträgen oberhalb des Sparerfreibetrags nach dem persönlichen Steuersatz, ab 2009 Abgeltungsteuer von 25 Prozent
Mäßig, nur für Teil des Vermögens geeignet	Noch Besteuerung von Zinserträgen oberhalb des Sparerfreibetrags nach dem persönlichen Steuersatz, ab 2009 Abgeltungsteuer von 25 Prozent

Sonderfall: Immobilien

Etwas aus der Reihe der bereits genannten Altersvorsorgemöglichkeiten fällt der Immobilienerwerb als Altersvorsorge. Anders als bei Versicherungsverträgen, Fonds oder Sparbriefen, profitiert der Eigenheimbesitzer, der in den eigenen vier Wänden wohnt, nicht von Zuwendungen im Alter, sondern unter anderem von eingesparten Mietzahlungen. Um diesen Vorteil zu haben, muss er sich während der Erwerbsphase in der Regel erst einmal verschulden. Anstatt während der Berufsphase ein finanzielles Polster aufzubauen, baut der Eigenheimbesitzer in dieser Zeit seinen Schuldenberg ab.

Vermietet er seine Immobilie, wird der Unterschied zu den übrigen Vorsorgeprodukten wieder geringer: Wenn alles gut läuft, kann der Wohnungs- oder Hausbesitzer aus der Miete ein zusätzliches Einkommen im Alter beziehen. Wie sicher diese besondere „Rentenzahlung" ist, wird nur im Einzelfall zu beurteilen sein.

Die vermietete Wohnung sollte daher nicht die einzige vermeintlich sichere Einnahmequelle im Alter sein. Für diejenigen, die einen ausreichend großen finanziellen Spielraum haben, kann sie den Basisschutz einer gesetzlichen Rente, einer Rente aus dem berufsständischen Versorgungswerk oder einer privaten Rentenversicherung aber sinnvoll ergänzen.

Vorsicht Verluste: Hände weg von unglaublichen Renditeversprechen!

Nicht alle Vorsorgeprodukte bieten die absolute Sicherheit. Zum Beispiel sind mit Aktienfonds hohe Risiken verbunden. Aber diese lassen sich eindämmen, indem man bestimmte Anlagegrundsätze beachtet.

Doch es gibt Produkte, bei denen die Risiken schwer kalkulierbar sind. Hellhörig werden sollten Selbstständige, wenn ihnen für die Altersvorsorge bestimmte Angebote des Grauen Kapitalmarkts unterbreitet werden. Was als sicherer Sparplan für die Altersvorsorge angeboten wird, kann sich bei näherem Hinsehen als hochriskante Unternehmensbeteiligung entpuppen.

Die Kunden binden sich beispielsweise langfristig an einen geschlossenen Immobilienfonds, bei dem ein vorzeitiger Vertragsausstieg nicht möglich ist. Unsichere Erträge und meist hohe Nebenkosten kennzeichnen solche Angebote. Als Mitunterneh-

„Traumhafte Angebote"?

Vorsicht ist geboten, wenn Ihnen bei absoluter Sicherheit Spitzenrenditen und hohe Steuervorteile versprochen werden. Lassen Sie sich nicht unter Druck setzen, wenn Ihnen ein solches Angebot etwa per Telefon oder durch einen Bekannten unterbreitet wird. Unterschreiben Sie nicht sofort, sondern lassen Sie das Angebot prüfen. Ansprechpartner finden Sie unter anderem bei den Verbraucherzentralen (Adressen → Seite 214).

Die STIFTUNG WARENTEST erstellt regelmäßig eine Warnliste mit Anbietern, die Sie meiden sollten. Sie können die Liste entweder im Internet unter **www.finanztest.de** unter „Geldanlage + Banken" (Stichwort: Geldanlageangebote, Warnliste) herunterladen oder per Fax-Abruf unter der Nummer 0 90 01/51 00 10 86 14 erhalten (12 Seiten, 2,50 Euro).

mer ist der Anleger nicht nur an den Gewinnen beteiligt, sondern muss auch für Verluste haften.

Jeder braucht seine eigene Strategie

Die Patentlösung für die Altersvorsorge gibt es nicht: Jeder Selbstständige muss entsprechend seinen Lebensumständen entscheiden, wie er die gesetzliche und private Altersvorsorge kombiniert. Daher sollten Sie sich die folgenden Fragen stellen. Die Antworten haben Einfluss darauf, welche Anlagemöglichkeiten sich für Ihre Altersvorsorge besonders eignen und welche weniger.

- **Die gesetzliche Basis:** „Auf welche finanzielle Leistung aus einem gesetzlichen Alterssicherungssystem kann ich im Alter auf jeden Fall zurückgreifen?" Diejenigen, die nichts oder wenig aus einer Rentenkasse oder einem Versorgungswerk erhalten, stehen bei der privaten Geldanlage vor ganz anderen Herausforderungen als Pflichtversicherte mit einer garantierten gesetzlichen Rente. Eine Rürup-Rente oder private Rentenversicherungen sind für sie von entscheidender Bedeutung, um sich auf privatem Weg eine sichere Rentenzahlung zu beschaffen. Die gesetzliche

Basis entscheidet aber auch über den finanziellen Spielraum während der Erwerbsphase: Wer keine Beiträge an die Rentenkasse zahlt, hat finanziell größere Freiräume als gesetzlich Pflichtversicherte.

- **Alter:** „Wie viele Jahre bleiben bis zum Rentenbeginn?" Je länger ein Selbstständiger noch Zeit für die Vorsorge hat, desto vielfältiger sind seine Möglichkeiten. Jüngere Anleger können höhere Risiken eingehen, weil sie noch mehr Zeit haben, mögliche Kursschwankungen bei Fonds auszusitzen. Doch ein längerer Zeitraum bis zum Rentenbeginn muss nicht immer ein Vorteil sein. Beispielsweise sind für jüngere Selbstständige die Renditechancen mit einem Rürup-Vertrag geringer als für ältere.
- **Familiäre Situation:** „Wie ist meine familiäre Situation und wie wird sie sich voraussichtlich entwickeln?" Ist ein Ehe- oder Lebenspartner ebenfalls berufstätig, öffnet das einer Familie größere Spielräume – sowohl bei der Wahl der Altersvorsorgeprodukte als auch bei der Höhe der Anlage. Zu beachten bleibt, wie viele Personen von dem Einkommen im Alter leben müssen. Wenn etwa davon auszugehen ist, dass die Kinder zu Rentenbeginn der Eltern noch studieren und finanzielle Unterstützung benötigen, müssen die künftigen Rentner auch das bei ihren Berechnungen der Versorgungslücke berücksichtigen.
- **Vorhandenes Vermögen:** „Auf welche Vermögenswerte kann ich mich unabhängig von meiner weiteren Geldanlage verlassen, wenn ich in den Ruhestand gehe?" Das geerbte Elternhaus, das mittlerweile vermietet ist, dürfte zur finanziellen Sicherheit im Alter beitragen. Das Gleiche gilt, wenn die Praxis- oder Unternehmensräume sowie das Inventar Eigentum sind und zu Ruhestandsbeginn vermietet oder verkauft werden können. Darüber hinaus können Selbstständige mit eigenen Räumen während der Erwerbstätigkeit Miete sparen und das Geld anderweitig anlegen.
- **Finanzielle Flexibilität:** „Wie viel kann ich aufgrund der unternehmerischen Situation für meine persönliche Altersvorsorge zurücklegen?" Auftragslage und Arbeitseinkommen beeinflussen den Handlungsspielraum von Selbstständigen. Gerade in der Anfangszeit des Betriebs ist es schwer, genau zu kalkulieren, ob und welche Summe regelmäßig für die Altersvorsorge übrig bleibt. Ein Selbstständiger muss eine Strategie entwickeln, bei der er seine Sparleistungen an die Einkommenssituation anpassen kann.
- **Bisherige Vorsorge:** „Was habe ich bereits für die Altersvorsorge getan?" Nicht nur in der gesetzlichen, auch in der privaten Altersvorsorge fangen viele Selbstständige nicht bei Null an. Die bisherige Vorsorge sollte sinnvoll mit neuen Angeboten kombi-

niert werden, um die richtige Mischung aus Flexibilität, Sicherheit und Renditechancen zu erreichen.

- **Eigenheim:** „Wie sieht es mit dem Wunsch nach einem Eigenheim aus?" Wer gerade dabei ist, sein Hypothekendarlehen abzuzahlen, kann weniger Geld für die ergänzende Altersvorsorge zurücklegen. Für diejenigen, die planen, in ein paar Jahren in die eigenen vier Wände zu ziehen, wird das erste Ziel sein, genügend Eigenkapital für den Immobilienerwerb anzusparen.
- **Finanzielle Verpflichtungen:** „Welche Kreditbelastungen – zum Beispiel für ein Eigenheim, die neue Küche oder ein neues Auto – muss ich tragen?" Eine bessere Rendite als die getilgter Kredite gibt es kaum. Da die Kreditzinsen in der Regel höher sind als die möglichen Renditen vieler Geldanlagen, lohnt es sich meist, Kredite möglichst schnell zurückzuzahlen.
- **Die Vorstellungen vom Leben im Alter:** „Was sind meine Sparziele?" Diejenigen, die sich im Alter auch einmal etwas gönnen möchten, zum Beispiel regelmäßige Reisen, müssen in der Regel schon während der Erwerbstätigkeit die Voraussetzungen dafür schaffen und genug ansparen, um den eigenen Ansprüchen gerecht zu werden.
- **Die Risikobereitschaft:** „Wie viel Risiko bin ich bereit bei meiner Altersvorsorgestrategie auf mich zu nehmen?" Im ersten Schritt sollte jeder Selbstständige für eine gesicherte finanzielle Basis sorgen. Doch darüber hinaus bleibt Spielraum: Jeder muss für sich abwägen, ob er bereit ist, bei der Geldanlage etwas mehr zu riskieren oder ob etwa ein Fondsinvestment aufgrund des Risikos von Kursverlusten grundsätzlich nicht infrage kommt.
- **Die Bequemlichkeit:** „Wie viel Zeit und Mühe bin ich bereit in meine Altersvorsorge zu investieren?" Wer eine Eigentumswohnung vermietet oder in Aktienfonds investiert, ist zeitlich deutlich mehr gefordert als jemand, der beispielsweise regelmäßig in einen Banksparplan oder eine private Rentenversicherung einzahlt.

Nicht am falschen Ende sparen

Trotz der individuellen und berufsspezifischen Besonderheiten gelten einige Grundlagen für alle Selbstständigen. Denn sie alle sollten beachten, dass sie bei jeglichem Unternehmergeist den grundlegenden Schutz vor den existenzbedrohenden Risiken nicht vernachlässigen.

Wer sich zum Beispiel überlegt, dass er den Beitrag für die Betriebshaftpflichtversicherung eigentlich besser zur Tilgung seines Kredits nutzen könnte, geht ein enormes Risiko ein. Schon ein Missgeschick – wenn etwa dem Dachdecker eine Pfanne aus der Hand rutscht und einen Passanten trifft – kann bei fehlenden Versicherungsbeiträgen zum finanziellen Härtetest für den Betrieb werden. Denn der Handwerksbetrieb haftet für den Schaden, den er anderen zufügt. Wird der Fußgänger durch die Dachpfanne so schwer verletzt, dass er nie wieder arbeiten kann, müsste der Betrieb womöglich sogar für eine lebenslange Rente aufkommen.

Um gar nicht in diese Verlegenheit zu kommen, den notwendigen Versicherungsschutz aufzugeben, wäre eine Notreserve auf einem Tagesgeldkonto ratsam. Damit bleibt auch ein plötzlicher Ausfall des Firmenwagens oder des einzigen PCs ohne größere Konsequenzen.

Besonders problematisch könnte die Situation werden, wenn der Selbstständige zur Kreditaufnahme beispielsweise kurzfristig seine bestehende Kapitallebensversicherung beleiht, die eigentlich für seine persönliche Alterssicherung gedacht war. Ohne es wirklich mitbekommen zu haben, steht der Versicherte dann im Alter womöglich mit leeren Händen da.

Insolvenzschutz für die Altersvorsorge

Der Unternehmer kann zwar selbst den Fehler machen, seine Altersvorsorge preiszugeben. Vor dem Zugriff Dritter ist seine Vorsorge heute jedoch besser geschützt als früher. Wenn sein Betrieb insolvent wird, haben Gläubiger heute keinen Zugriff mehr auf Kapital eines Selbstständigen, das speziell zur Altersvorsorge dient.

Bis vor Kurzem bestand für Selbstständige die Gefahr, dass im Insolvenzfall ihre Altersvorsorge komplett verloren ging. Geschützt ist nun das Geld, das unwiderruflich für die Altersvorsorge zurückgelegt wurde. Um Missbrauch zu vermeiden, hat der Gesetzgeber allerdings vorausgesetzt, dass das geschützte Geld erst mit Eintritt des Rentenfalls oder bei Berufsunfähigkeit ausschließlich als lebenslange Rente ausgezahlt wird.

Konkret heißt dies: Pfändungsschutz gilt für sämtliche Beiträge, die in einen Rürup- oder Riester-Vertrag gezahlt werden. Zusätzlich ist weiteres Vermögen, das ausdrücklich der Altersvorsorge dient, im Fall der Insolvenz bis zu einer bestimmten Höhe vor dem Zugriff der Gläubiger sicher. Die Höhe der geschützten Altersvorsorge richtet sich nach dem Alter. Pro Lebensjahr dürfen Selbstständige zwischen 2 000 Euro (18- bis 29-Jährige) und 9 000 Euro (für 60- bis 65-Jährige) auf einem Altersvorsorgekonto liegen haben, ohne dass etwas gepfändet werden darf.

Für private Rentenversicherungen gilt der Pfändungsschutz nur, sofern der Versicherte kein Kapitalwahlrecht hat. Kunden mit

CHECKLISTE

Mögliche Fehler in der Altersvorsorge und wie Sie sie vermeiden

- **Die gesetzliche Rente überschätzen:** Vertrauen Sie nicht darauf, dass die Leistungen der gesetzlichen Rentenversicherung allein ausreichen, sondern kümmern Sie sich um Ergänzungen und Alternativen. Das gilt auch für die Leistungen aus dem berufsständischen Versorgungswerk. Für die Planung helfen die Rentenauskünfte der Träger der Deutschen Rentenversicherung und die jährlichen Anwartschaftsmitteilungen der berufsständischen Versorgungswerke, die Auskunft über den erreichten Stand der Rentenanwartschaft geben.
- **Die Altersvorsorge als Kreditsicherheit hinterlegen:** Zwar ist es möglich, beispielsweise die Kapitallebensversicherung zu beleihen oder den Vertrag als Sicherheit für einen Kredit an die Bank abzutreten. Doch geben Sie nicht Ihre komplette Altersvorsorge preis. Gestalten Sie sie möglichst insolvenzsicher, sonst stehen Sie im Alter womöglich mit leeren Händen da.
- **Den Risikoschutz unterschätzen:** Viele Selbstständige kommen ohne den Schutz gesetzlicher Sozialversicherungen aus. Doch dann sollten sie unbedingt dafür sorgen, dass die private Vorsorge gerade für den Schutz der Angehörigen und für den eigenen Schutz vor Berufsunfähigkeit und Krankheit ausreicht.
- **Auf traumhafte Renditen vertrauen:** Vertrauen Sie für Ihre Altersvorsorge nicht darauf! Für Gutverdiener, die es sich leisten können, kann etwa eine Unternehmensbeteiligung – an geschlossenen Fonds – als Beimischung für die Geldanlage reizvoll sein. Als Altersvorsorge ist sie nicht geeignet!
- **Alles auf eine Karte setzen:** Nur in Aktienfonds zu investieren, ist zu riskant, nur Versicherungsverträge abzuschließen, kostet Flexibilität. Wer nur die Sparangebote der Banken nutzt, verschenkt Renditechancen. Kombinieren Sie für die Altersvorsorge deshalb wenn möglich Produkte aus mehreren Sparten.

einer Kapitallebensversicherung müssen mit ihrem Versicherer eine Rentenzahlung vereinbaren, um das Vermögen vor Pfändung zu schützen.

Auch andere Geldanlagen wie Fonds- oder Banksparpläne können im Fall der Insolvenz gesichert sein, wenn sie ausschließlich zum Zweck einer Rentenzahlung abgeschlossen wurden.

Geschützt bei Insolvenz sind selbstverständlich auch alle Beiträge, die Sie in ein gesetzliches Alterssicherungssystem wie die gesetzliche Rentenversicherung oder ein berufsständisches Versorgungswerk einzahlen.

Selbstständige ohne gesetzliche Versicherungspflicht

Wenn bereits Rentenansprüche bestehen

Ein Großteil der über vier Millionen Selbstständigen ist nicht oder nicht mehr verpflichtet, Beiträge in ein gesetzliches Alterssicherungssystem wie die gesetzliche Rentenversicherung oder ein berufsständisches Versorgungswerk zu zahlen. Das heißt jedoch nicht, dass die gesetzliche Rentenversicherung für sie kein Thema ist. Denn häufig beginnt die berufliche Laufbahn nicht gleich mit der Selbstständigkeit, sondern beispielsweise mit einer betrieblichen Ausbildung, mit mehrjähriger Tätigkeit als angestellt Beschäftigter oder mit Nebenjobs während des Studiums.

Auf diese Weise werden zahlreiche Freiberufler und Gewerbetreibende Anwartschaften an die gesetzliche Rentenversicherung erworben haben. Was sie bei der Altersvorsorge beachten sollten, zeigt das Beispiel von Axel Ahlborg.

Beispiel: *Der 35-jährige Axel Ahlborg hat vor zwei Jahren ein Restaurant eröffnet. Die ersten Monate nach der Gründung waren eher schleppend verlaufen, doch mittlerweile hat sich die Gaststätte sehr gut im Ort etabliert, sodass der gelernte Hotelfachmann derzeit einen Angestellten und je nach Bedarf mehrere Aushilfen beschäftigt. Ein Teil der Betriebseinnahmen fließt noch an die Brauerei und an die Bank, bei denen Axel Ahlborg seine Kredite für Kauf und Einrichtung des Lokals abbezahlt. Er träumt davon, sein Geschäft weiter auszubauen, sobald der erste Kredit abbezahlt ist: Im Keller möchte er eine Lounge und eine Disko einrichten. Dafür legt er einen Teil seiner Einnahmen zurück. Im vergangenen Jahr erzielte der 35-Jährige ein Arbeitseinkommen von knapp 35 000 Euro.*

Axel Ahlborg hat eine Berufslaufbahn hinter sich, die der von vielen Selbstständigen ähneln wird. Zunächst hat er als Angestellter Pflichtbeiträge in die gesetzliche Rentenversicherung eingezahlt und so Ansprüche auf eine Altersrente erworben. Als Betreiber eines Restaurants ist er nun nicht mehr zur Mitgliedschaft verpflichtet, sondern er kann sich entscheiden:

- keine weiteren Beiträge an die Rentenversicherung zu leisten,
- freiwillige Beiträge zu zahlen
- oder einen Antrag auf Pflichtversicherung zu stellen.

Jede Variante hat ihre Vor- und Nachteile, die aufgrund der individuellen Situation abgewogen werden müssen.

Axel Ahlborg hat sich dafür entschieden, seine neue Freiheit als Selbstständiger auch in der Altersvorsorge zu nutzen. Ein Antrag auf Pflichtmitgliedschaft kam für ihn nicht infrage. Sie muss auch nicht sein, wenn Ahlborg den fehlenden gesetzlichen Schutz mit privater Vorsorge ausgleichen kann.

Das heißt, ein Selbstständiger, der wie Axel Ahlborg aus der gesetzlichen Rentenversicherung ausscheidet, sollte sich nicht nur dringend um eine Krankenversicherung bemühen, sondern zusätzlich eine private Berufsunfähigkeitsversicherung abschließen. Mit einer Risikolebensversicherung sollte er außerdem seine Familie absichern, damit ihr eine größere Summe zur Verfügung steht, falls er stirbt.

Die Versicherungssumme sollte in etwa das Vierfache des Jahreseinkommens betragen. Eine gute Risikolebensversicherung mit einer Versicherungssumme von 150 000 Euro kann ein gesunder 30-jähriger Nichtraucher bereits für weniger als 200 Euro im Jahr bekommen.

TIPP

Gründlich abwägen

Nach Eröffnung seines Betriebs hat ein Selbstständiger fünf Jahre Zeit, sich für einen Antrag auf Pflichtmitgliedschaft in der gesetzlichen Rentenversicherung zu entscheiden, danach wird er nicht mehr aufgenommen.

Bevor ein Selbstständiger diesen Schritt geht, sollte er sich unbedingt beraten lassen, zum Beispiel bei der Deutschen Rentenversicherung oder bei einem unabhängigen Rentenberater. Er sollte sich klarmachen, dass er – sobald er einmal den Antrag auf Pflichtmitgliedschaft gestellt hat – während seiner gesamten selbstständigen Tätigkeit Mitglied bleibt.

Schutz vor Invalidität

Da Axel Ahlborg diesen privaten Versicherungsschutz gleich zu Beginn der Selbstständigkeit aufgebaut hat, ist das Ende der gesetzlichen Pflichtversicherung für ihn kein Problem.

Selbstständige sollten sich möglichst früh um die private Absicherung bemühen: Je jünger und gesünder sie bei Vertragsabschluss sind, desto leichter und günstiger bekommen sie Berufsunfähigkeits- und Risikolebensversicherung.

Problematisch wird die Situation, wenn ein Selbstständiger keinen privaten Versicherungsschutz bekommt, etwa weil aufgrund einer psychischen oder einer chronischen Erkrankung kein privater Versicherer den Berufsunfähigkeitsschutz übernehmen will.

Ist das der Fall, wird für diese Selbstständigen der Antrag auf Pflichtmitgliedschaft in der gesetzlichen Rentenversicherung wieder interessant. Denn als Pflichtmitglied könnte sich der Unternehmer zumindest den gesetzlichen Schutz für den Fall der Erwerbsminderung sichern. Der Invaliditätsschutz der gesetzlichen Rentenversicherung ist zwar schlechter als der einer privaten Berufsunfähigkeitsversicherung, doch ein geringer Schutz ist besser als gar keiner.

Um Anspruch auf eine gesetzliche Erwerbsminderungsrente zu haben, müssen in den fünf Jahren vor Eintritt der Invalidität mindestens drei Jahre lang Pflichtbeiträge gezahlt worden sein. Eine Ausnahme gibt es für ältere Versicherte, die gegebenenfalls mit freiwilligen Beiträgen ihren Invaliditätsschutz aufrechterhalten können (→ Seite 38).

Rechtsform des Unternehmens und Altersvorsorge

Eine der entscheidenden Fragen eines Existenzgründers betrifft die Unternehmensform: Personenunternehmen oder Kapitalgesellschaft? Einzelunternehmer, GbR, GmbH oder noch eine andere Form? Die Möglichkeiten sind vielfältig. Je nachdem, wie sich der Gründer entscheidet, hat die Wahl der Unternehmensform unter anderem steuerliche, rechtliche und finanzielle Folgen. Suchen Sie sich Rat – etwa bei einer Gründerberatung, beim Anwalt oder Steuerberater.

Einfluss hat die Unternehmensform auch auf die Sozialversicherungspflicht eines Gründers oder Gesellschafters. Ein Einzelunternehmer – die mit Abstand am häufigsten gewählte Form der Existenzgründung – kann aufgrund seines Berufs versicherungspflichtig sein. Gleiches gilt für die Gesellschafter einer GbR sowie für die Freiberufler, die sich zur Partnerschaftsgesellschaft zusammenschließen: Je nach Beruf können die einzelnen Partner versicherungspflichtig werden.

Versicherungsfrei sind hingegen die Geschäftsführer einer GmbH, wenn sie gleichzeitig Gesellschafter sind und aufgrund ihrer Kapitalbeteiligung maßgebenden Einfluss auf die Geschicke der Gesellschaft haben, zum Beispiel bei einer Beteiligung von mindestens 50 Prozent. Vorübergehende Unsicherheit hatte ein Urteil des Bundessozialgerichts gebracht, das einen geschäftsführenden Gesellschafter einer GmbH als versicherungspflichtig eingestuft hatte (Az. B 12 RA 1/04 R). Doch mittlerweile hat der Gesetzgeber Klarheit geschaffen und die Versicherungsfreiheit bestätigt.

Freiwillige Beiträge als Alternative?

Selbstständige, die keine Pflichtbeiträge mehr zahlen, aber auch nicht komplett auf den Schutz der gesetzlichen Rentenversicherung verzichten wollen, können einen Mittelweg einschlagen und freiwillige Beiträge an die Rentenkasse zahlen.

Durch freiwillige Beiträge – der Mindestbeitrag liegt derzeit bei 79,60 Euro im Monat – erhöht ein Geschäftsmann wie Axel Ahlborg seine Rente im Alter. Außerdem erhält er seinen Anspruch auf Leistungen der medizinischen Rehabilitation und auf Leistungen zur Teilhabe am Arbeitsleben aufrecht. Die Rentenversicherung übernimmt dann beispielsweise die Ausgaben für Kuren, Fortbildungen und andere Maßnahmen, die helfen, dass der Selbstständige trotz einer schweren Verletzung oder einer Erkrankung nicht aus dem Erwerbsleben ausscheiden muss, sondern weiterhin seinen oder einen anderen Beruf ausüben kann.

Anspruch auf diese Leistungen haben Sie, wenn Sie mindestens 15 Versicherungsjahre nachweisen können – freiwillige Beiträge reichen aus. Wer also beispielsweise zu Beginn der Selbstständigkeit eine Wartezeit von 13 Jahren aufweisen kann, sollte sich überlegen, ob er nicht wenigstens für zwei Jahre den Mindestbeitrag von 79,60 Euro aufbringt.

Ausstieg belastet die Höhe der gesetzlichen Rente

Verzichtet jemand wie Axel Ahlborg komplett auf weitere Beiträge in das gesetzliche System, bleiben ihm zumindest die bisher erworbenen Ansprüche auf eine Altersrente. Ahlborg hat in seinen bisherigen 15 Berufsjahren mal weniger, mal mehr als das deutschlandweite Durchschnittseinkommen erzielt und bisher 15 Entgeltpunkte für die Altersrente erworben. Nach heutigem Stand käme er damit in den alten Bundesländern auf eine monatliche Rente von zirka 400 Euro. In den neuen Bundesländern wären es knapp 350 Euro.

Allein davon kann er im Alter nicht leben. Deshalb sollte er zumindest den Betrag, den er als Pflichtmitglied an die gesetzliche Rentenversicherung hätte zahlen müssen, für die private Altersvorsorge zurücklegen. Auch wenn er noch große Pläne für sein Restaurant hat, sollte er darüber nicht die Altersvorsorge vergessen.

Zusätzliche Sicherheit

Bei der niedrigen gesetzlichen Rente benötigt Axel Ahlborg ein zusätzliches finanzielles Polster, auf das er im Alter auf jeden Fall zurückgreifen kann. Nur auf den Verkaufsgewinn seines Restaurants oder spätere Pachteinnahmen sollte er sich nicht verlassen.

Ein garantiertes Zusatzeinkommen könnte er sich zum Beispiel mithilfe eines Riester-Vertrags sichern. Da er verheiratet ist, hat er zumindest indirekten Anspruch auf die staatlichen Zulagen, wenn auch seine fest angestellte Frau einen Vertrag abschließt. Doch gerade bei Riester-Verträgen, die über den Ehepartner abgeschlossen werden, sind die Fördersummen insgesamt vergleichsweise niedrig (ausführlicher zur „indirekten" Förderung → Seite 149), sodass die Riester-Rente allein nicht ausreichen würde.

Deutlich mehr kann er für das Alter zurücklegen, wenn er sich für die neu eingeführte Rürup-Rente oder eine klassische private Rentenversicherung entscheidet. Mit beiden Verträgen kann Axel Ahlborg sich eine garantierte Zusatzrente sichern. Die Höhe der Rente richtet sich insbesondere nach der Höhe der eingezahlten Beiträge und der Leistungsfähigkeit des Versicherers.

Im direkten Vergleich haben beide Verträge Vor- und Nachteile. Die klassische private Rentenversicherung ist flexibler, weil beispielsweise für den Rentenbeginn auch eine größere Kapitalauszahlung vereinbart werden kann. Ein Rürup-Vermögen kann hingegen nur in Form einer lebenslangen Rente ausgezahlt werden. Im Gegenzug profitieren Rürup-Sparer davon, dass sie ihre Beiträge in den Rürup-Vertrag als Sonderausgaben in der Steuererklärung geltend machen können. Das erhöht insgesamt die Rendite.

Wer bereit ist, die organisatorischen Nachteile zu akzeptieren, kann bei Angeboten gleicher Qualität von einer Rürup-Rente stärker profitieren. Allerdings sollten sich Selbstständige vorher unbedingt mehrere Angebote einholen und die garantierten Renten vergleichen.

Nachteil beider Verträge ist, dass der Kunde für einen langen Zeitraum gebunden ist und erst im Rentenalter an sein Geld herankommt. Um unnötige Kosten zu vermeiden, sollte man den Beitrag so wählen, dass man sicher ist, ihn auch aufbringen zu können.

Vorteil beider Verträge ist, dass das Sparvermögen im Fall einer Insolvenz vor dem Zugriff der Gläubiger geschützt ist. Bei der privaten Rentenversicherung ist allerdings Voraussetzung, dass es kein Kapitalwahlrecht gibt (→ Seite 155).

Ahlborg sollte aber nicht sein gesamtes freies Kapital in einen langlaufenden Versicherungsvertrag investieren. Besser ist es, den Vertrag mit flexibleren Angeboten wie Investmentfonds oder Sparangeboten der Banken zu kombinieren. Der Restaurantbesitzer ist noch so jung, dass er einen Teil seines Geldes in einen Aktienfondssparplan investieren kann, denn bei einer langfristigen Anlage sind die Risiken eines solchen Sparplans überschaubar. Wichtig wäre außerdem eine finanzielle Notreserve etwa auf einem Tagesgeldkonto, damit er bei einem Engpass nicht von heute auf morgen seine Fondsanteile womöglich in einem Börsentief verkaufen muss.

Wenn noch keine Rentenansprüche bestehen

Viele der genannten Entscheidungskriterien im Fall von Axel Ahlborg gelten auch für die Selbstständigen, die zum Beispiel direkt nach der Universität den Sprung in die Selbstständigkeit wagen und vorher kaum oder nie in die gesetzliche Rentenkasse eingezahlt haben wie Achim Ackermann.

Beispiel: *Direkt nach dem Studienabschluss gründet der 28-jährige Achim Ackermann sein eigenes Unternehmen: eine IT-Beratung mit Vertrieb seiner eigenen Software. Dafür hatten sich während seines Studiums schon einige mittelständische Firmen interessiert. Aufgrund der guten Erfolgsaussichten erhält er einen Gründungszuschuss, von dem er einen Großteil der anfänglichen Ausgaben decken kann. Nach Abzug der Büromiete und der restlichen Kosten bleibt ihm nach wenigen Monaten ein monatliches Arbeitseinkommen von 2 000 Euro – Tendenz steigend. Während des Studiums hatte Achim Ackermann regelmäßig in den Semesterferien gearbeitet, in den letzten zwei Jahren vor dem Examen hatte er einen festen Nebenjob, der ihm monatlich 600 Euro eingebracht hat. Sein Versicherungsmakler hat ihm gleich nach dem Examen eine private Berufsunfähigkeitsversicherung verkauft. Achim Ackermann hat eine Freundin, doch konkrete Familienpläne liegen noch auf Eis. Für ihn ist aber klar, dass er irgendwann in den eigenen vier Wänden leben möchte.*

Der größte Unterschied zwischen Restaurantbesitzer Axel Ahlborg und IT-Unternehmer Achim Ackermann ist, dass der Computerexperte zu Beginn der Selbstständigkeit die fünfjährige Anwartschaft, die einen Anspruch auf Altersrente begründen würde, noch nicht erfüllt hat. Er mag zwar in den letzten zwei Jahren für die Einkünfte aus seinem Nebenjob Sozialabgaben geleistet haben, doch allein das reicht für den Rentenanspruch noch nicht aus.

Mit freiwilligen Beiträgen kann der Computerexperte die Wartezeit von fünf Jahren auffüllen. Dann bekommt er nach derzeitigem Recht im Alter zumindest eine kleine gesetzliche Rente ausbezahlt und einen Zuschuss zur Krankenversicherung. Er kann die freiwilligen Beiträge sofort zahlen. Er kann damit aber auch bis wenige Jahre vor dem geplanten Ruhestand warten. Wenn Achim Ackermann vorhat, ab seinem 65. Geburtstag nicht mehr zu arbeiten, reicht es, wenn er drei Jahre vorher beginnt, sein Rentenkonto aufzufüllen. So kann er erst einmal abwarten, ob und wie sich die gesetzlichen Rahmenbedingungen in den nächsten Jahren ändern.

Freiheit nutzen

Einen Antrag auf Pflichtmitgliedschaft in der gesetzlichen Rentenversicherung sollte IT-Unternehmer Achim Ackermann nicht stellen: Er hat eine private Berufsunfähigkeitsversicherung, und er ist jung und gesund, sodass er problemlos eine günstige Risikolebensversicherung abschließen kann, sobald sich seine familiäre Situation ändert.

Den Versicherungsschutz wird er ohne Schwierigkeiten mit einer privaten Krankenversicherung komplettieren können. Da die privaten Versicherer ihre Beiträge auf Basis des Gesundheitsrisikos des Versicherten kalkulieren und nicht auf Basis des Einkommens, dürfte sich für Achim Ackermann das Preis-Leistungs-Verhältnis in der privaten Krankenversicherung lohnen.

Allerdings sollte er bei Vertragsabschluss nicht vergessen, dass die Beiträge mit zunehmendem Alter deutlich steigen werden.

Jobben in den Semesterferien

Übernehmen Studenten neben der Uni einen vom Arbeitgeber pauschal versteuerten Minijob, können sie durchschnittlich 400 Euro im Monat verdienen, ohne selbst Steuern und Sozialabgaben leisten zu müssen. Das übernimmt der Arbeitgeber für sie, eine Lohnsteuerkarte brauchen sie nicht.

Auch wenn Studenten mehr als 400 Euro im Monat verdienen, kann es sein, dass sie weder Steuern noch Sozialabgaben leisten müssen. Wenn sie beispielsweise in den Semesterferien maximal zwei Monate am Stück jobben, müssen sie unabhängig vom Verdienst keine Sozialabgaben leisten. Liegt ihr zu versteuerndes Einkommen in diesem Jahr unter dem Grundfreibetrag von 7 664 Euro, zahlen sie auch keine Steuern. Bei der Berechnung des zu versteuernden Einkommens spielt ein pauschal versteuerter Minijob keine Rolle.

Verdient ein Student das ganze Jahr über mehr als 400 Euro im Monat, muss er noch keine zusätzlichen Beiträge zur Krankenversicherung zahlen, solange das Studium Vorrang hat. Allerdings werden Rentenversicherungsbeiträge fällig. Bafög-Empfänger müssen aufpassen, denn ab einem Einkommen von derzeit rund 4 200 Euro im Jahr wird ihnen die Leistung gekürzt.

Gesparte Beiträge privat anlegen

Hätte sich Ackermann für die Pflichtmitgliedschaft in der gesetzlichen Rentenversicherung entschieden, müsste er als Regelbeitrag knapp 500 Euro im Monat überweisen. Wer die Vorsorge wie er komplett auf eigene Füße stellen will, sollte versuchen, so bald wie möglich zumindest diese gesparte Summe privat für das Alter zurücklegen.

Spart Achim Ackermann in den kommenden 35 Jahren immer 500 Euro im Monat an, kommt er vor Steuern bei einem Zinssatz von 4 Prozent auf ein Vermögen von über 450 000 Euro, bei 7 Prozent auf über 860 000 Euro. Je nachdem, wie er das Geld anlegt, sollte er allerdings bedenken, dass darauf Steuern fällig werden. Beispielsweise muss er Zinsen über dem Sparerfreibetrag heute zu seinem persönlichen Steuersatz beim Finanzamt abrechnen, ab 2009 bekommt das Finanzamt für Zinsen über dem Sparerpauschbetrag die Abgeltungsteuer von 25 Prozent (→ Seite 16).

Nehmen wir nun an, dass Achim Ackermann im Alter von 65 Jahren nach dem Verkauf des Unternehmens aus der Investition in Fondsanteile und andere Sparanlagen nach Abzug der Steuern ein Vermögen von 500 000 Euro hat. Legt er diese Summe auch im Alter noch sinnvoll an und erwirtschaftet damit beispielsweise 4 Prozent Rendite, reicht das Vermögen aus, um davon 43 Jahre und sechs Monate 2 000 Euro zu entnehmen. Erzielt er 5 Prozent Rendite, reichen 500 000 Euro für 2 000 Euro ewig.

Private Vorsorge: Richtig mischen!

Da IT-Unternehmer Achim Ackermann, wenn überhaupt, später eine minimale gesetzliche Rente ausbezahlt bekommt, benötigt er eine andere finanzielle Sicherheit für das Alter. Auf eine private Rentenversicherung – entweder klassisch oder in Form der Rürup-Rente – sollte deshalb auch er nicht verzichten.

Sobald er den Vertrag abschließt, ist das Geld erst einmal fest verplant: Wenn alles glatt läuft, kommt der Versicherte bis zur Auszahlung nicht heran und damit auch – anders als beispielsweise bei einem Sparangebot der Banken – nicht in die Versuchung, das Ersparte anzutasten und es anderweitig als für das Alter zu nutzen.

Das Geld, das in der Rentenversicherung steckt, steht auch nicht für den geplanten Immobilienerwerb zur Verfügung. Achim Ackermann sollte deshalb einen Teil seines Geldes von Anfang an so anlegen, dass er darauf zugreifen kann, wenn er beispielsweise in sieben bis zehn Jahren ein Haus bauen oder kaufen will.

Immobilienerwerb bei Vorsorge berücksichtigen

Zu Baubeginn sollten Selbstständige mindestens 20 Prozent der Bausumme als Eigenkapital zur Verfügung haben. Besser wären 30 Prozent, zumal es für Freiberufler oder Gewerbetreibende nicht immer leicht ist, eine Baufinanzierung zu ebenso günstigen Konditionen zu bekommen wie für Angestellte.

Einen Teil seines Geldes sollte Achim Ackermann deshalb in Banksparprodukten oder Bundeswertpapieren so anlegen, dass er herankommt, wenn er es braucht. Zwar sind die Renditen nicht so hoch wie etwa bei einem Aktienfonds-Investment, doch er kann verlässlich berechnen, wie viel Geld ihm zum Zeitpunkt des Immobilienerwerbs zur Verfügung steht. Müsste er sein Fondsvermögen zu einem bestimmten Zeitpunkt für den Hausbau plündern, bestünde das Risiko von Kursverlusten.

Ergänzend oder alternativ kann er einen Bausparvertrag abschließen. Hier spart der Kunde zu einem eher ungünstigen Zinssatz Kapital an, bekommt dafür aber ein zinsgünstiges Darlehen. Als reine Geldanlage sind Bausparverträge allerdings nur für Sparer geeignet, die Anspruch auf die staatliche Wohnungsbauprämie haben (→ Kasten, Seite 199).

Besonderheiten: Von Kindererziehungszeiten bis Riester

Wenn das Haus gebaut ist, sind die Eigentümer in der Regel noch über viele Jahre an Kreditraten gebunden. Das Geld, das in die Tilgung fließt, steht dann nicht für eine zusätzliche Altersvorsorge zur Verfügung. Im Gegenzug haben die Hausherren die Sicherheit, im Alter die Miete sparen zu können. Andrea Ahrens im folgenden Beispiel spart nicht nur die Miete für eine Wohnung, sondern auch für ihre Praxisräume.

Beispiel: *Andrea Ahrens hat sich entschieden, nach der Geburt ihrer Kinder eine Logopädie-Praxis im Haus ihrer Familie zu eröffnen. Die 40-Jährige, die vor ihrer Auszeit etwa zwölf Jahre als Angestellte in verschiedenen Praxen gearbeitet hat, kann wegen der Kinder nicht Vollzeit arbeiten. Deshalb ist sie mit ihrem Arbeitseinkommen von 1 200 Euro zufrieden. Zum Leben würde ihr Einkommen für sie und ihre Kinder kaum reichen, doch der Ehemann hat einen sicheren Job als Angestellter. In eine private Altersvorsorge hat sie bisher kaum investiert. Aber sie weiß, dass sie noch etwas tun muss.*

Schutz während Kindererziehungszeit

Für die drei Jahre nach der Geburt eines Kindes schreibt die Rentenkasse Andrea Ahrens jeweils einen Entgeltpunkt für das Rentenkonto gut. Wenn sie nun zwei Jahre nach der Geburt ihres jüngsten Kindes als Logopädin in die Selbstständigkeit startet, bekommt sie das dritte Jahr der Kindererziehungszeit trotzdem noch anerkannt, auch wenn sie aufgrund ihres Berufs keine Pflichtbeiträge an die Rentenversicherung zahlen muss. Damit hält sie auch während dieses dritten Jahres nach der Geburt ihre Ansprüche auf eine Erwerbsminderungsrente aufrecht, obwohl sie keine Beiträge leistet.

Wenn die Kindererziehungszeit endet, muss die 40-Jährige allerdings neu über ihren Versicherungsschutz nachdenken. Mit freiwilligen Beiträgen an die Rentenversicherung kann sie ihren Erwerbsminderungsschutz dann nicht aufrechterhalten. Deshalb bleibt auf den ersten Blick nur folgende Wahl: Entweder entschließt sie sich nach Ablauf der drei Jahre Erziehungszeit, einen Antrag auf Pflichtversicherung zu stellen, oder sie verzichtet auf den Invaliditätsschutz der gesetzlichen Rentenversicherung.

Wenn sie mit einer privaten Berufsunfähigkeitsversicherung vorgesorgt hat oder noch einen Vertrag abschließt, ist das kein Problem. Vor ihrer Entscheidung sollte sie sich jedoch fachkundigen Rat holen, beispielsweise bei einem Rentenberater oder bei der Deutschen Rentenversicherung.

TIPP

Berücksichtigungszeiten

Versicherungspflichtige Mütter bekommen auf ihrem Rentenkonto nicht nur die drei Jahre Kindererziehungszeit gutgeschrieben, sondern auch zehn Jahre als Berücksichtigungszeit. Diese Jahre können den Rentenanspruch erhöhen und werden auf bestimmte Wartezeiten angerechnet.

Wenn jedoch Andrea Ahrens als selbstständig tätige Mutter keine Versicherungspflichtbeiträge mehr in die Rentenversicherung zahlt, bekommt sie die verbleibenden Jahre der Berücksichtigungszeit nicht auf ihrem Rentenkonto gutgeschrieben. Sie kann diese Zeiten auf Antrag an ihren angestellt beschäftigten Ehemann übertragen, sodass die Jahre zumindest für die Familie nicht verloren gehen.

Minijob als Sicherheit

Für bestimmte Selbstständige ohne Versicherungspflicht in der Rentenversicherung gibt es noch eine andere Möglichkeit, den Erwerbsminderungsschutz aufrechtzuerhalten: Sie können einen pauschal versteuerten Minijob annehmen.

Arbeiten sie für einen gewerblichen Arbeitgeber, überweist dieser von ihrem Lohn 2 Prozent Lohnsteuer an das Finanzamt sowie 13 Prozent an die Krankenkasse und 15 Prozent an die Rentenversicherung.

Wenn nun der Minijobber diesen Beitrag an die Rentenversicherung aufstockt und aus eigener Tasche noch 4,9 Prozent des Lohns überweist, gehen auf dem Rentenkonto 19,9 Prozent des Lohns und damit ein kompletter Rentenbeitrag ein. Verdient also jemand im Minijob beispielsweise 350 Euro, kann er mit 17,15 Euro im Monat aus eigener Tasche sicherstellen, dass er den gesetzlichen Schutz für den Fall der Erwerbsminderung hat. Besonders hoch wird die gesetzliche Rente bei Invalidität dann allerdings nicht ausfallen.

Als Ergänzung des vorhandenen Schutzes sollten deshalb auch die Minijobber probieren, eine private Berufsunfähigkeitsversicherung abzuschließen. Je später sie sich um einen Vertrag bemühen, desto schwieriger wird es, ein passendes Angebot zu bekommen.

Riester-Vertrag über den Ehepartner

An einem zusätzlichen Minijob hat Andrea Ahrens kein Interesse. Da sie eine private Berufsunfähigkeitsversicherung hat, entscheidet sie sich nach Ablauf der Kindererziehungszeit dafür, auf den weiteren Schutz der gesetzlichen Rentenversicherung zu verzichten. Allerspätestens dann ist es an der Zeit, nach Vorsorgealternativen zu suchen. Ein Riester-Vertrag bietet sich hier als Erstes an. Mit einem Riester-Vertrag könnte sich Andrea Ahrens schon mit vergleichsweise geringen eigenen Beiträgen eine zusätzliche, aber geringe Altersrente sichern und gleichzeitig die Unterstützung des Staates nutzen.

Auch als Selbstständige, die keine Pflichtbeiträge in die gesetzliche Rentenversicherung einzahlt, hat sie Anspruch auf die Förderung. Diesen Anspruch hat sie nicht nur während der Kindererziehungszeit, sondern auch danach: Weil sie mit einem Angestellten verheiratet ist, gehört sie zu den Selbstständigen, die einen Anspruch auf die Riester-Zulage haben, wenn auch ihr Mann einen Riester-Vertrag abschließt.

Wenn er auf seinem Riester-Konto die Mindesteinlage von 3 Prozent des Vorjahresbruttoeinkommens (4 Prozent ab 2008) einzahlt, kann auch Andrea Ahrens die staatliche Zulage bekommen. Sie selbst muss gar nichts auf ihren Riester-Vertrag einzahlen, entscheidend für die staatlichen Zulagen ist einzig die Mindesteinlage auf dem Konto des Ehemanns.

Das Paar hat nicht nur Anspruch auf staatliche Zulagen für sich selbst, sondern auch auf die Zulagen für die beiden Kinder. Welcher Elternteil die Kinderzulagen des Staates erhält, kann das Paar selbst entscheiden. Um Andrea Ahrens' Ansprüche im Alter zu erhöhen, wäre es günstig, ihr die Zulagen von derzeit 138 Euro pro Jahr und Kind gutzuschreiben.

Nachteil der indirekten Förderung über den Ehepartner ist, dass nicht beide Partner jeweils den maximalen Förderhöchstbetrag von derzeit 1575 Euro (ab 2008 dann 2100 Euro) in der Steuererklärung als Sonderausgaben eintragen können, sondern nur gemeinsam diese Summe abrechnen können. Das sollten Ehepaare berücksichtigen, wenn sie sich überlegen, wie viel sie in die Verträge einzahlen.

Der Ehemann von Andrea Ahrens verdient 30 000 Euro im Jahr. Von dieser Summe macht er die Mindesteinlage von 3 Prozent und damit 900 Euro in der Steuererklärung geltend; für seine Frau blieben somit noch 675 Euro, die sie absetzen könnte.

Schuldentilgung hat Vorrang

Allein auf einen Riester-Vertrag sollte sich Andrea Ahrens für die Altersvorsorge aber nicht verlassen. Den ersten Schritt der zusätzlichen Vorsorge gehen die Logopädin und ihr Mann bereits: Sie zahlen die Schulden für ihr Haus ab. Die Tilgung von Krediten sollte erstes Ziel sein, denn es gibt kaum eine bessere Rendite als gesparte Hypothekenzinsen für ein Eigenheim.

Für die weitere Vorsorgestrategie müssen Andrea Ahrens und ihr Mann unter anderem noch die Kosten für die Ausbildung der Kinder berücksichtigen. Ist es wahrscheinlich, dass sie etwa ein Studium der Kinder finanzieren müssen, sollten sie das bei der weiteren Geldanlage einkalkulieren. Für diesen Fall wäre es beispielsweise ungünstig, wenn das ganze Geld des Paares in langlaufenden Versicherungsverträgen steckt, die erst im Rentenalter ausgezahlt werden. Flexiblere Anlagen wie Fonds oder festverzinsliche Wertpapiere wären besser.

Geförderte Existenzgründer

Rund eine Million Arbeitslose haben in den vergangenen Jahren ihre Chance genutzt: Mit finanzieller Unterstützung durch die Bundesagentur für Arbeit haben sie den Sprung in die Selbstständigkeit gewagt. Von 2003 bis Mitte 2006 hatten sie die Wahl, entweder eine Ich-AG zu gründen oder Überbrückungsgeld zu beantragen. Allein im Jahr 2004 haben 350 000 Arbeitslose eine der beiden Varianten umgesetzt, 2005 waren es immerhin noch mehr als 250 000.

Nicht alle, die mit der Unterstützung der Agentur für Arbeit zum Unternehmer geworden sind, waren erfolgreich, doch ein Großteil der geförderten Existenzgründer hat durchgehalten: Eine Stu-

Einstiegsgeld

Auch Empfänger von Arbeitslosengeld II können finanziell gefördert werden, wenn sie sich hauptberuflich selbstständig machen wollen. Sie können vor Ort bei ihrem Träger der Grundsicherung – entweder Agentur für Arbeit, Kommune oder Arbeitsgemeinschaft von Arbeitsagentur und Kommune – Einstiegsgeld beantragen. Ob sie einen Zuschuss zum Arbeitslosengeld II bekommen, liegt im Ermessen des jeweiligen Trägers. Die Höhe und Dauer der Zahlung richten sich danach, wie lange jemand bereits arbeitslos war und wie viele Personen er mitversorgen muss. Informieren Sie sich vor Ort über die Voraussetzungen und die Möglichkeiten zur Förderung.

die, an der unter anderem das Institut für Arbeitsmarkt- und Berufsforschung (IAB) der Bundesagentur für Arbeit beteiligt war, hat ergeben, dass 28 Monate nach der Existenzgründung 70 Prozent der Geförderten noch selbstständig waren. Bis zu 15 Prozent der ehemaligen Gründer seien inzwischen sozialversicherungspflichtig beschäftigt.

Selbstständig mit dem neuen Existenzgründungszuschuss

Die bisherigen Förderinstrumente wurden im vergangenen Jahr durch einen neuen Existenzgründerzuschuss ersetzt: In den ersten neun Monaten erhalten Gründer weiter ihr Arbeitslosengeld I plus 300 Euro für die Sozialversicherung. Den Zuschuss müssen Existenzgründer wie Britta Behrens aus unserem folgenden Beispiel nicht versteuern.

Beispiel: *Britta Behrens ist vor einigen Monaten mit Anfang 30 der Arbeitslosigkeit entflohen. Die gelernte Köchin hat ihren eigenen Catering-Service eröffnet. Von der Arbeitsagentur bekommt sie den Existenzgründerzuschuss in Höhe ihres früheren Arbeitslosengeldes von 1000 Euro im Monat sowie 300 Euro für die Sozialversicherung. Nach Anlaufschwierigkeiten bleiben ihr jeden Monat zusätzlich zu den Förderleistungen rund 1200 Euro. Britta Behrens überlegt sich, jeden Monat 200 Euro des Zuschusses zurückzulegen, um nach Ende der Förderung eine Notreserve zu haben, zum Beispiel für eine Autoreparatur. Gleichzeitig ist ihr klar, dass sie für den Sozialversicherungsschutz eigentlich noch mehr ausgeben müsste als die 300 Euro, die von der Arbeitsagentur dafür vorgesehen sind.*

Diese 300 Euro, die geförderte Existenzgründer für die freiwillige Absicherung in der Sozialversicherung erhalten, sollten sie auch tatsächlich dafür nutzen. Weil ein Großteil dieses Extra-Zuschusses bereits durch den Krankenversicherungsschutz aufgezehrt wird, müssen die Gründer eigentlich noch deutlich mehr

Geld für die gegenwärtige persönliche Absicherung und den Schutz der Zukunft zurücklegen – selbst wenn die Verlockung groß sein mag, fast alles in den Betrieb zu investieren.

Schutz der Gegenwart: Nicht ohne Krankenversicherung

Trotz der Zuschüsse durch die Arbeitsagentur wird häufig, wie auch bei Britta Behrens, das finanzielle Polster nach der Existenzgründung begrenzt sein. Umso wichtiger ist es deshalb, sich in dieser Situation genau zu überlegen, welche Maßnahmen zur Absicherung aktuell und in Zukunft zwingend notwendig sind und was eher zurückstehen kann.

Natürlich ist die Altersvorsorge wichtig, doch zunächst sollte gewährleistet sein, dass der Versicherungsschutz ausreicht, damit der Gründer durch eine Erkrankung oder ein Missgeschick bei der Arbeit nicht vor dem finanziellen Ruin steht.

Seit der Gesundheitsreform im Frühjahr 2007 sind alle Selbstständigen dazu verpflichtet, Mitglied einer Krankenversicherung zu werden. Sie müssen sich entweder gesetzlich oder privat versichern.

Waren die Existenzgründer bisher Mitglied einer gesetzlichen Krankenkasse, können sie sich dort freiwillig weiterhin versichern. Sie zahlen den jeweiligen Beitragssatz der Kasse bezogen auf ihr Einkommen.

Britta Behrens liegt mit ihrem Einkommen knapp unter dem Betrag – 1 225 Euro im Monat –, den die Krankenkassen zugrundelegen, um den Mindestbeitrag für Selbstständige zu berechnen. Bei einem durchschnittlichen Beitragssatz ihrer Kasse zahlt sie etwa 170 Euro im Monat. Hinzu kommen noch knapp 21 Euro für die Pflegeversicherung.

Diese Berechnung des Mindestbeitrags galt für von der Arbeitsagentur geförderte Existenzgründer seit Einführung der neuen Förderung. Nun gilt sie auch für alle anderen Selbstständigen: Sie mussten früher einen Mindestbeitrag von rund 250 Euro zahlen. Mit der Gesundheitsreform im April 2007 hat sich das geändert.

Wer sich während der Selbstständigkeit weiterhin in der gesetzlichen Krankenversicherung absichern will, sollte sich innerhalb der ersten drei Monate nach der Unternehmensgründung

TIPP

Im Krankheitsfall

Wenn Sie sich für die Mitgliedschaft in einer gesetzlichen Krankenkasse entscheiden, denken Sie darüber nach, wie viele Tage ohne Einnahmen Sie verkraften können: Freiwillig versicherte Selbstständige können ab der siebten Woche Krankengeld von ihrer Kasse bekommen, wenn sie den allgemeinen Beitragssatz zahlen. Wollen Sie früher Krankengeld, können Sie bei einigen Kassen einen erhöhten Beitragssatz vereinbaren. Wenn Sie ganz auf Krankengeld verzichten wollen, können Sie einen ermäßigten Beitragssatz vereinbaren.

Auch mit einem privaten Versicherer können Sie Zahlungen für die Zeit der krankheitsbedingten Arbeitsunfähigkeit vereinbaren. Sie erhalten dann ein Krankentagegeld.

entscheiden. Denn innerhalb dieser Frist muss die Krankenkasse über den Wunsch einer freiwilligen Versicherung informiert werden, um den Schutz aufrechtzuerhalten.

Empfänger des neuen Zuschusses können sich als Selbstständige aber auch privat krankenversichern. Das mag sich für junge männliche Gründer lohnen. Frauen und Familien sind hingegen meist in der gesetzlichen Krankenkasse günstiger aufgehoben.

Schutz vor Arbeitslosigkeit

Auch über freiwillige Beiträge in die Arbeitslosenversicherung für Selbstständige sollten Existenzgründer wie Britta Behrens nachdenken. Vielleicht war der Sprung in die Selbstständigkeit aus der Not heraus geboren mit dem Wunsch: „Bloß nicht mehr arbeitslos sein!"

Stellt sich dann heraus, dass die Geschäftsidee nicht ausgereift war und trotz immenser Anstrengung nicht den gewünschten Erfolg bringt, kann es sinnvoller sein, den Traum von der Selbstständigkeit wieder zu begraben. Mit leeren Händen müssen die Gründer dann nicht dastehen: Wenn sie auch während der Selbstständigkeit freiwillig den monatlichen Beitrag von 25,73 Euro in den alten Bundesländern und 22,05 Euro in den neuen Bundesländern (Stand 2007) in die Arbeitslosenversicherung eingezahlt haben, erwerben sie je nach Dauer erneuten Anspruch auf Arbeitslosengeld. Für die Arbeitslosenversicherung müssen sie sich allerdings im ersten Monat nach der Existenzgründung entscheiden.

Rentenversicherung: Keine Pflicht!

Bei der Rentenversicherung haben von der Arbeitsagentur unterstützte Existenzgründer wie Britta Behrens die Wahl: Wenn sie keinen versicherungspflichtigen Beruf wie etwa selbstständiger Lehrer oder Krankenpfleger ausüben, sind sie nicht zur Mitgliedschaft in der gesetzlichen Rentenversicherung verpflichtet. Dementsprechend können sie sich überlegen, ob sie einen Antrag auf Pflichtversicherung stellen, ob sie freiwillige Beiträge in die Rentenkasse zahlen oder ob sie auf den gesetzlichen Schutz komplett verzichten.

Freiwillige Beiträge können für Britta Behrens sinnvoll sein. Da sie zunächst als Angestellte und dann während der Arbeitslosigkeit Anwartschaften an die gesetzliche Rentenkasse erworben hat, kann sie mit freiwilligen Beiträgen zum Beispiel ihren Anspruch auf Rehabilitationsmaßnahmen wahren. Dafür müsste sie mindestens 15 Jahre mit Beiträgen nachweisen. Dabei zählen auch freiwillige Zahlungen mit. Aufgrund ihres Einkommens sollte sie jedoch abwägen, wie wichtig ihr diese Leistung im Moment tatsächlich ist.

Wenn sie einen Antrag auf Pflichtversicherung stellen würde, könnte sie ihren gesetzlichen Erwerbsminderungsschutz aufrechterhalten. Diese Sicherheit ist für sie aber nicht unbedingt entscheidend, wenn sie eine private Berufsunfähigkeitsversicherung abgeschlossen hat oder abschließen kann. Solange sie jung und gesund ist und sich privat absichern kann, ist ihr die Pflichtmitgliedschaft nicht zu empfehlen.

Nach Existenzgründung hat man maximal fünf Jahre Zeit, sich für die Pflichtmitgliedschaft auf Antrag zu entscheiden. Innerhalb dieser Frist können sich die Voraussetzungen natürlich ändern. Eine Pflichtmitgliedschaft auf Antrag kann jemandem wie Britta Behrens Vorteile bringen, etwa wenn sie schwerkrank wird und keinen privaten Berufsunfähigkeitsschutz bekommt.

Anrechnung von Kindererziehungszeiten

Vorteile hätte die gelernte Köchin durch die Pflichtmitgliedschaft auch, wenn sie Mutter wird. Als Pflichtversicherte in der gesetzlichen Rentenversicherung hätte sie dann beispielsweise ein Anrecht darauf, dass ihrem Rentenkonto nicht nur Kindererziehungszeiten, sondern auch Kinderberücksichtigungszeiten gutgeschrieben werden. Selbstständige ohne Versicherungspflicht sollten jedoch nicht den Antrag auf Pflichtversicherung stellen, nur um in den Genuss dieser Rentenzeiten zu kommen.

Ist ein Elternteil pflichtversichert in der gesetzlichen Rentenversicherung und der andere nicht, sollten sie prüfen, ob die Kindererziehungs- und Berücksichtigungszeiten an den Pflichtversicherten gehen können. Damit wären die Zeiten für das Paar zusammen nicht verloren. Wenn beide Partner berufstätig sind und das Kind gemeinsam erziehen, dürfte eine Übertragung von der Mutter auf den Ehepartner oder Lebensgefährten kein Problem sein.

Gesparte Beiträge sinnvoll anlegen

Das Geld, das Britta Behrens spart, wenn sie auf die Pflichtmitgliedschaft verzichtet, sollte sie privat anlegen. Bei dem im Beispiel genannten Arbeitseinkommen von 1200 Euro im Monat hätte sie als einkommensgerechten Beitrag an die gesetzliche Rentenversicherung knapp 240 Euro im Monat zahlen müssen. Mit dieser Summe kann sie bei privater Geldanlage einiges unternehmen.

Ein Riester-Vertrag kommt für Britta Behrens allerdings nicht infrage, weil sie nicht verheiratet ist und keine Pflichtbeiträge an die gesetzliche Rentenversicherung mehr zahlt. Ein sicheres Zusatzeinkommen sollte sie sich trotzdem schaffen, zum Beispiel in Form einer kleinen privaten Rentenversicherung. Den Beitrag sollte sie allerdings so wählen, dass sie ihn sich auch tatsächlich leisten kann. Sie könnte mit 150 Euro im Monat einsteigen und gegebenenfalls den Beitrag im Lauf der Jahre erhöhen. Die Renditen sind zwar nicht überragend, doch die Sicherheit ihrer Anlage sollte in der finanziellen Situation Vorrang haben.

Ergänzen könnte sie die Versicherung beispielsweise mit einem Mischfonds oder Rentenfonds. Hier kann sie in der Regel schon mit 50 Euro im Monat einsteigen. Je nach der eigenen finanziellen Situation könnte sie diese Summe von Zeit zu Zeit aussetzen, erhöhen oder auch wieder senken. Hinsichtlich der Einzahlungen bliebe sie somit auf jeden Fall flexibel. Allerdings wäre es gut, wenn sie das gesparte Kapital nicht unbedingt zu einem bestimmten Zeitpunkt wieder benötigt, sondern mögliche Kursschwankungen abwarten kann.

Ergänzend oder alternativ könnte sie auch erst einmal ein Sparangebot ihrer Bank nutzen und beispielsweise regelmäßig Geld in einen Banksparplan einzahlen. Diese Variante bietet zwar geringere Renditechancen als ein Fonds, ist aber sicherer.

Ich-AGler entscheiden nach drei Jahren

Die Entscheidung für oder gegen die gesetzliche Rentenversicherung, die Empfänger des Existenzgründerzuschusses schon bei Unternehmensgründung treffen können, steht für diejenigen, die ihre Selbstständigkeit noch als Ich-AGler gegründet haben, erst nach drei Jahren Unternehmertum an. Solange sie diese Form eines Existenzgründerzuschusses durch die Arbeitsagentur erhalten haben oder erhalten, sind sie automatisch in der gesetzlichen Rentenversicherung pflichtversichert.

Beispiel: *Bernd Bauer hat sich vor knapp drei Jahren mit einer Ich-AG selbstständig gemacht. Der heute 55-Jährige hatte früher zwei Ausbildungen absolviert: Klempner und Gärtner. Heute bietet er alle Dienste rund ums Haus an – von Gartenbau über Wartungsarbeiten bis Umzugshilfe. Monatlich bleibt dem alleinstehenden Mann neben den Zuschüssen ein Arbeitseinkommen von bis zu 1800 Euro. Jetzt, da seine Förderung durch die Arbeitsagentur ausläuft, steht er vor der Frage, ob er sich wie in den vergangenen 33 Jahren weiter in der gesetzlichen Rentenversicherung absichern oder auf private Vorsorge setzen soll. Eine private Berufsunfähigkeitsversicherung hat er nie abgeschlossen, dafür aber eine private Unfallversicherung.*

Nach den drei Jahren Förderung endet für Bernd Bauer wie für viele andere Ich-AGler die Pflichtmitgliedschaft in der gesetzlichen Rentenversicherung. Für das weitere Vorsorgevorgehen spielt das Alter eine wichtige Rolle. Denn einem älteren Gründer wie Bernd Bauer eröffnen sich im Umgang mit der gesetzlichen Rentenversicherung deutlich mehr Freiräume als einem jüngeren Selbstständigen.

Die Unterschiede werden beim Invaliditätsschutz, den die gesetzliche Rentenversicherung bietet, besonders deutlich. Als 55-Jähriger genießt Bernd Bauer den Vertrauensschutz: Jeder Versicherte, der vor dem 2. Januar 1961 geboren ist, kann Anspruch auf eine Rente wegen teilweiser Erwerbsminderung bei Berufsunfähigkeit haben. Kann er seinen bisherigen Beruf für nicht mehr als sechs Stunden am Tag ausüben, kann der Rentenanspruch bestehen. Bernd Bauer bekommt somit im Ernstfall schon eine Rente, wenn er in seinem bisherigen Beruf nicht mehr für mindestens sechs Stunden am Tag arbeiten kann, und nicht erst dann, wenn er in gar keinem Beruf mehr arbeitsfähig ist.

Wie ein Selbstständiger diesen Rentenanspruch aufrechterhalten kann, ist ebenfalls eine Frage des Alters. Bernd Bauer als älterer Versicherter kann sich den Versicherungsschutz gegebenenfalls mit freiwilligen Beiträgen sichern, wenn folgende Voraussetzungen erfüllt sind:

- Er hat vor dem 1. Januar 1984 mindestens 60 Monate an Versicherungszeiten in der Rentenversicherung zurückgelegt und damit die allgemeine Wartezeit erfüllt.
- Außerdem kann er seither jeden einzelnen Monat mit rentenrechtlichen Zeiten belegen.

Wenn Bernd Bauer diese Vorgaben erfüllt, kann er seinen Anspruch auf eine Erwerbsminderungsrente wegen Berufsunfähigkeit mit freiwilligen Beiträgen erhalten. Anders als junge Selbstständige muss er keinen Antrag auf Pflichtversicherung stellen, um die Chance auf eine gesetzliche Rente bei Invalidität zu wahren.

Die freiwilligen Beiträge sollte Bernd Bauer aber auf jeden Fall zahlen, denn ohne eine private Berufsunfähigkeitsversicherung wäre es leichtsinnig, den gesetzlichen Schutz aufzugeben. Das gilt umso mehr für jemanden, der bei der Arbeit besonders auf seine Gesundheit angewiesen ist.

Minus bei gesetzlicher Rente

Zahlt Bernd Bauer in Zukunft nicht mehr den Pflichtbeitrag in die Rentenkasse, sondern mit 79,60 Euro im Monat nur noch den deutlich geringeren freiwilligen Mindestbeitrag, hat das jedoch Auswirkungen auf die Höhe seiner Rente im Alter. Nehmen wir einmal an, dass Bernd Bauer, der zuletzt 1800 Euro im Monat an Einkommen hatte, auch in den kommenden Jahren wie bisher in etwa zwei Drittel des Durchschnittseinkommens verdient. Wenn er für dieses Einkommen weiterhin 19,9 Prozent an die gesetzliche Rentenversicherung zahlen würde, käme er in zehn Jahren auf 6,6 zusätzliche Entgeltpunkte (0,66 Entgeltpunkt × 10 Jahre).

Nach heutigem Stand ist ein Entgeltpunkt in den alten Bundesländern 26,27 Euro wert (23,09 Euro in den neuen Ländern). Das bedeutet: Würde Bauer weiter einzahlen wie bisher, brächte ihm das bis zu 180 Euro mehr an monatlicher Rente im Alter. Wenn er ab sofort nur noch den freiwilligen Mindestbeitrag zahlt, wird ihm ein großer Teil dieser Summe bei der Rente fehlen.

Um kein weiteres Minus bei seiner Rente zu machen, muss Bernd Bauer nach neuem Recht der „Rente mit 67" sogar länger als bis zu seinem 65. Geburtstag arbeiten. Wenn er im Jahr 1952 geboren wurde, fällt der 55-Jährige unter die Übergangsregel und muss sechs Monate länger arbeiten als nach altem Recht. Für jeden Monat, den er früher in Rente geht, werden ihm 0,3 Prozent der Rente gekürzt. Ginge er also wie nach altem Recht pünktlich zum 65. Geburtstag in den Ruhestand, verlöre er 1,8 Prozent der Leistung.

Privaten Ausgleich schaffen

Wie lange er arbeiten wird, weiß Bernd Bauer noch nicht. Unabhängig von dieser Entscheidung muss es sein Ziel sein, die Verluste in der gesetzlichen Rentenversicherung und wenn möglich noch ein bisschen mehr durch private Vorsorge auszugleichen. Angenommen, er zahlt nicht mehr den einkommensgerechten Pflichtbeitrag von 358,20 Euro (19,9 Prozent von 1800 Euro), sondern nur noch 80 Euro als freiwilligen Beitrag. Dann bleiben fast 280 Euro im Monat, die er privat anlegen kann.

Möglich wäre, dieses Geld in eine klassische private Rentenversicherung oder in einen Rürup-Vertrag einzuzahlen. Gerade für ältere Selbstständige kann sich die Rürup-Förderung lohnen: Sie profitieren stärker von den Steuervorteilen als Jüngere, da sie einen Teil der Beiträge absetzen können, aber später noch nicht die komplette Rente versteuern müssen.

Alternativen wären die festverzinslichen Sparangebote von Bund und Banken oder ein Rentenfonds. Aktienfonds sollten Anleger in Bernd Bauers Alter hingegen meiden: Das Verlustrisiko ist zu groß, weil der Anlagehorizont bis zum Rentenalter bei gerade einmal 10 Jahren läge und er mögliche Kursverluste nicht so leicht aussitzen könnte.

Selbstständige mit gesetzlicher Versicherungspflicht

Zu den knapp 350 000 Selbstständigen, die Pflichtbeiträge in die gesetzliche Rentenversicherung einzahlen, zählen unter anderem selbstständige Lehrer, Erzieher, Pfleger und Hebammen, Handwerker und Publizisten. Sie alle sind per Gesetz zur Mitgliedschaft im gesetzlichen Sicherungssystem verpflichtet.

Da sowohl für Künstler und Publizisten als auch für Handwerksmeister einige Sonderregeln im Vergleich zu den übrigen Pflichtversicherten bestehen, wird ihre Situation separat dargestellt (Handwerker → Seite 109, Künstler → Seite 117). In diesem Abschnitt geht es unter anderem um freiberufliche Lehrer, Pfleger und Hebammen, die aufgrund der gesetzlichen Vorgaben wenig oder keine Möglichkeiten haben, ihre Versicherungspflicht zu beenden.

Selbstständige mit mehreren Auftraggebern

Ausstieg mit Mitarbeiter

Solange diese Selbstständigen mehrere Auftraggeber haben und ohne versicherungspflichtigen Angestellten tätig sind, ändert sich grundsätzlich nichts an ihrer Versicherungspflicht. Für einzelne Berufsgruppen gibt es jedoch Ausstiegsmöglichkeiten, sobald sie einen Mitarbeiter beschäftigen. Wenn beispielsweise ein Masseur einen Kollegen einstellt, kann er, wenn er möchte, schlagartig seine Vorsorge für das Alter auf private Füße stellen. Er könnte aber auch in der Pflichtversicherung bleiben.

Ganz gleich, wie sich der Selbstständige mit mindestens einem Mitarbeiter dann entscheidet: Er sollte sicherstellen, dass ein ausreichender Versicherungsschutz für sich und den Betrieb besteht und er gleichzeitig für das Alter vorsorgt – entweder privat oder weiterhin im staatlichen System.

Regelbeitrag oder einkommensgerechter Beitrag?

Auch ein selbstständiger Lehrer wie im folgenden Beispiel kann sich nur gegen die Versicherungspflicht entscheiden, sobald er einen versicherungspflichtigen Angestellten beschäftigt. Doch insbesondere für viele Jungunternehmer wird das zunächst nicht infrage kommen: Oftmals sind sie froh, sich selbst über Wasser halten zu können.

Beispiel: *Christian Claassen arbeitet als freiberuflicher Lehrer. Der 28-Jährige unterrichtet an Volkshochschulen und zu Hause Deutsch als Fremdsprache. Außerdem arbeitet er auf Honorarbasis für verschiedene Nachhilfeinstitute. In manchen Monaten liegt sein Arbeitseinkommen bei gerade 1 000 Euro, kurz vor Schuljahresschluss erreicht er bis zu 1 600 Euro im Monat. Ihm reicht das allerdings nicht, sodass er nebenbei noch einen pauschal versteuerten Minijob als Kellner übernommen hat, in dem er bis zu 400 Euro im Monat verdient. Eine Familie hat er nicht. Sein großer Traum ist es, irgendwann im Ausland zu leben und dort zu unterrichten.*

Zunächst gibt es eine gute Nachricht für Christian Claassen: Die 400 Euro, die er als Kellner nebenbei verdient, bekommt er steuer- und sozialabgabenfrei. Wenn er nicht auf Lohnsteuerkarte arbeitet, versteuert sein Arbeitgeber den Lohn pauschal mit 2 Prozent. Außerdem zahlt dieser für seinen Mitarbeiter 13 Prozent des Lohns an die Krankenversicherung und 15 Prozent an die Rentenversicherung.

An dieser Regelung ändert sich nichts, solange Christian Claassens Verdienst im Jahresdurchschnitt nicht über der Grenze von 400 Euro im Monat liegt. Nur unter bestimmten Voraussetzungen – etwa wenn er einen Kollegen, der im Urlaub ist, vertritt und deshalb mehr arbeiten muss – kann er diese Verdienstgrenze überschreiten, ohne dass für ihn Steuern und Sozialabgaben fällig werden.

Sobald Christian Claassen allerdings regelmäßig mehr als 400 Euro im Monat nebenbei verdient, werden auch für ihn Sozialabgaben fällig. Der Arbeitgeber zieht außerdem Lohnsteuer vom Einkommen ab und überweist sie vorab an das Finanzamt. Je nachdem, wie hoch seine weiteren steuerpflichtigen Einkünfte sind, muss die Steuerpflicht für die Einkünfte aus dem Kellnerjob, auf das gesamte Jahr gesehen, jedoch keine finanziellen Auswirkungen haben. Denn wer insgesamt vergleichsweise geringe Einkünfte hat, kann sich über die Einkom-

TIPP

Minijobs

Detaillierte Informationen zu den sogenannten Minijobs bietet die Knappschaftliche Rentenversicherung Bahn-See unter **www.minijob-zentrale.de** im Internet. Sie können sich auch an die Service-Hotline unter 01801/200504 wenden.

mensteuererklärung einen Großteil der vorab zu viel gezahlten Steuer zurückholen. In der Steuererklärung werden die Einkünfte aus selbstständiger und nichtselbstständiger Tätigkeit gemeinsam abgerechnet.

Minijob ändert nichts an der Versicherungssituation

Mit oder ohne pauschal versteuertem Minijob bleibt Christian Claassen aufgrund seiner Lehrtätigkeit versicherungspflichtig in der gesetzlichen Rentenversicherung. Für die Berechnung seines monatlichen Versicherungsbeitrags ist jedoch allein das Einkommen von Bedeutung, das er aus seiner Lehrertätigkeit erzielt, der Lohn aus dem Minijob spielt keine Rolle.

Einkommensschwankungen

Wenn Sie als pflichtversicherter Selbstständiger im Lauf des Jahres feststellen, dass Sie im Durchschnitt mindestens 30 Prozent weniger verdienen als im Vorjahr, können Sie beim Rentenversicherer den Antrag stellen, dass Ihr einkommensgerechter Beitrag zur Rentenversicherung gekürzt wird.

Basis für diese Berechnung ist der Einkommensteuerbescheid des Vorjahres. Gibt es noch keinen Bescheid, weil der Selbstständige seine Tätigkeit gerade erst aufgenommen hat, muss er gewissenhaft schätzen, wie hoch sein Einkommen sein könnte.

Da Christian Claassen schon seit über einem Jahr selbstständig ist, wird sein einkommensgerechter Beitrag anhand der Vorjahresdaten ermittelt: Angenommen, er hat bei monatlich schwankendem Einkommen insgesamt 16 800 Euro als Lehrer verdient. Umgerechnet auf ein monatliches Durchschnittseinkommen von 1400 Euro (16 800 : 12) ergibt sich daraus ein aktueller Rentenbeitrag von 278,60 Euro im Monat (19,9 Prozent von 1400 Euro).

In den ersten drei Jahren der Selbstständigkeit lohnt es sich für einen Selbstständigen mit einem Einkommen wie Christian Claassen, anstatt des einkommensgerechten Beitrags den halben Regelbeitrag zu zahlen. In den alten Bundesländern beträgt er derzeit 243,78 Euro, in den neuen Bundesländern 208,95 Euro im Monat. Je nach Beschäftigungsort kann Christian Claassen auf diese Weise Beiträge zwischen knapp 35 und 70 Euro im Monat sparen, die er privat anlegen kann.

Auf den ersten Blick mag das nicht viel erscheinen, doch im Laufe eines Jahres kommen so einige hundert Euro zusammen, aus denen der Lehrer mithilfe privater Geldanlage eine ansehnliche Summe herausholen kann. Schon 50 Euro im Monat könnte er beispielsweise regelmäßig in einen Aktienfonds investieren. Hier sind die Renditechancen besonders hoch. Allerdings ist auch das Anlagerisiko höher als bei anderen Produkten.

Kurzfristig sparen

Aufgrund von Christian Claassens Lebensplanung und seiner finanziellen Situation wäre aber eine kurzfristigere Geldanlage besser als die Investition in einen Aktienfonds: Wenn der selbstständige Lehrer wirklich vorhat, in wenigen Jahren für längere Zeit ins Ausland zu gehen, wird er Startkapital für den Aufenthalt dort benötigen. Deshalb sollte er zumindest einen Teil seines Geldes so anlegen, dass er zum passenden Zeitpunkt problemlos und ohne Verluste zu riskieren herankommt. Er könnte zwar theoretisch auch Aktienfondsanteile etwa nach drei Jahren verkaufen. Doch wenn er dies während eines Börsentiefs tun muss, bekommt er womöglich weniger für seine Anteile zurück, als er eingezahlt hat. Besser wäre, wenn er als Inhaber von Aktienfondsanteilen nicht aufgrund seiner persönlichen Situation auf einen bestimmten Verkaufszeitpunkt angewiesen wäre.

Flexibler bleibt Christian Claassen, wenn er etwa bei seiner Bank nach einem Sparvertrag mit einer für seine Auslandspläne passenden Laufzeit fragt. Wer nur über einen kurzen Zeitraum Geld zurücklegen will, bleibt mit einem Tagesgeldkonto am flexibelsten. Dort ist das Geld sicher angelegt, und der Sparer kann jederzeit darüber verfügen.

Etwas weniger Freiraum bleibt einem Anleger, wenn er eine größere Summe auf einem Festgeldkonto parkt. Dann vereinbart er mit der Bank eine feste Laufzeit. Vor Ablauf dieser Zeit kommt er nicht an seine Einlage heran, hat aber für diesen Zeitraum einen bestimmten Zinssatz sicher.

Was ändert sich durch einen Auslandsaufenthalt?

Pflichtversicherte Selbstständige, die anders als Christian Claassen keinen längeren Auslandsaufenthalt planen, sollten sich außerdem die Chance nicht entgehen lassen, einen Riester-Vertrag abzuschließen. Denn sie haben für die Altersvorsorge direkten Anspruch auf die Zulagen vom Staat und mögliche zusätzliche Steuervorteile.

Für den Lehrer Claassen ist der Riester-Vertrag aufgrund seiner Auslandspläne nicht geeignet: Wenn er tatsächlich in wenigen Jahren Deutschland verlässt, bekommt er keine Zulagen mehr. An das bis dahin eingezahlte Geld kommt er nicht vor dem 60. Lebensjahr heran, es sei denn, er kündigt den Vertrag wieder.

Wenn er dennoch beispielsweise einen Riester-Banksparplan abschließt, kann er den Vertrag für die Zeit, in der er außer Landes ist, ruhen lassen. Kehrt er später nach Deutschland zurück, könnte er dann wieder mit den Zahlungen beginnen und erneut die staatliche Förderung in Anspruch nehmen.

Lösen sich jedoch Christian Claassens Auslandspläne in Luft auf, sollte ein Riester-Vertrag auch für ihn erste Wahl sein. Bei einem Einkommen von 16 800 Euro sieht seine Riester-Rechnung folgendermaßen aus: Um in den Genuss der kompletten staatlichen Zulage von derzeit 114 Euro zu kommen, müssen 2007 insgesamt 504 Euro (3 Prozent des Vorjahresbruttoeinkommens) auf seinem Riester-Konto eingehen. Dieser Betrag setzt sich aus eigenen Beiträgen und der staatlichen Zulage zusammen. Aus eigener Tasche müsste er also nur 390 Euro in den Vertrag investieren.

Ab 2008 gibt es die komplette Zulage nur noch, wenn 4 Prozent des Jahresarbeitseinkommens eingezahlt werden. Gleichzeitig erhöht sich die maximale Fördersumme von 1575 Euro auf 2100 Euro, die Zulage steigt von 114 auf 154 Euro.

Auslandsaufenthalt: Die Rentenversicherung ist dabei

Welche Auswirkungen ein Auslandsaufenthalt auf die Ansprüche an die gesetzliche Rentenversicherung hat, ist vom jeweiligen Einzelfall abhängig. Ein entscheidendes Kriterium ist das Land, in dem der Selbstständige arbeiten wird, denn mit vielen Ländern hat die Bundesrepublik besondere Sozialversicherungsabkommen geschlossen. Danach entscheidet sich, wie etwa die Rentenanwartschaften, die im Ausland erworben wurden, mit der Rente hierzulande verrechnet werden.

Ausland

Weitere Informationen zu allen Sozialversicherungsfragen rund um den Auslandsaufenthalt bekommen Sie bei der „Deutschen Verbindungsstelle Krankenversicherung – Ausland" unter **www.dvka.de** oder telefonisch unter 02 28 / 95 30 0. Außerdem können Sie sich an die Deutsche Rentenversicherung wenden. Der Europaservice der Arbeitsagenturen informiert im Internet unter **www.europaserviceba.de**.

Sprung in die Selbstständigkeit nach beruflicher Pause

Zu den versicherungspflichtigen Selbstständigen zählen auch Hebammen wie Christina Crämer im folgenden Beispiel. Als pflichtversicherte Selbstständige mit Kindern ist für sie ein Riester-Vertrag besonders interessant, denn als Mutter hat sie Anspruch auf weitere Zulagen vom Staat.

Beispiel: *Die Hebamme Christina Crämer eröffnet ihre eigene Praxis. Die 40-Jährige ist geschieden und hat das Sorgerecht für ihre zwei Kinder. Ihr Ex-Mann zahlt zwar Unterhalt, doch allein darauf will sie sich nicht verlassen. Damit sie im Alter genug Geld hat, will sie versuchen, neben ihren Beiträgen für die gesetzliche Rentenversicherung etwas zurückzulegen. Da sie vielleicht noch einen Umzug in andere Praxisräume plant, für den sie eine größere Summe benötigen könnte, möchte sie einen Teil ihres Geldes so anlegen, dass sie im Notfall ohne größere Verluste darauf zurückgreifen kann. Derzeit beschäftigt sie eine 400-Euro-Kraft, doch sie kann sich vorstellen, ihr Kursangebot zu erweitern, sodass sie ihr auch mehr zahlen könnte.*

Angenommen, Christina Crämer erzielt ein Arbeitseinkommen von 30 000 Euro im Jahr. Wenn sie einen Riester-Vertrag abschließt und auf ihrem Riester-Konto insgesamt mindestens 900 Euro im Jahr eingehen, greift der Staat ihr und ihren Kindern enorm unter die Arme: Für 2007 bekommt sie 114 Euro Grundzulage und zweimal die Kinderzulage von jeweils 138 Euro. Sie selbst muss dann nur noch 510 Euro im Jahr auf ihren Riester-Vertrag einzahlen (900 Euro abzüglich der Zulagen). Pro Monat sind das 42,50 Euro. Sie könnte aber auch mehr einzahlen.

FINANZtest hat ausgerechnet, wie sich die staatliche Förderung auf die Renditen der Riester-Produkte auswirkt: Wenn ein Steuerzahler mit einem persönlichen Steuersatz von 30 Prozent einen Riester-Vertrag mit 25 Jahren Laufzeit abschließt, der ohne die Förderung 4 Prozent Rendite bringt, werden daraus mithilfe des Staates knapp 5 Prozent. Noch stärker erhöhen die staatlichen Zulagen die Rendite für ältere Sparer, deren Verträge eine kürzere Laufzeit haben.

Finanziell flexibel bleiben

Wenn Christina Crämer finanziell flexibel bleiben will, sollte sie als Ergänzung zu ihrem gesetzlichen Rentenversicherungsschutz und zu ihrem Riester-Vertrag zunächst einen Versicherungsvertrag für die Altersvorsorge vermeiden. Durch eine zusätzliche private Rentenversicherung wäre ein weiterer Teil ihres Geldes fest gebunden, und sie käme erst im Rentenalter in den Genuss der Leistung.

Besser bedient wäre sie beispielsweise mit einem Rentenfonds: Die Renditechancen sind zwar geringer als bei einem Aktienfonds, doch sie geht auch ein geringeres Risiko ein und kann flexibel sparen – je nachdem, wie es ihre finanziellen Möglichkeiten zulassen.

Selbstständige, die vor einer Investition in Fonds zurückschrecken, finden nicht nur bei den Banken Alternativen, sondern sie können sich beispielsweise auch für Bundeswertpapiere entscheiden. Die Renditen können zwar nicht unbedingt mit den Spitzen-Sparangeboten der Direktbanken oder Fonds mithalten, doch im Vergleich zu vielen Bankangeboten können sie sich sehen lassen.

Wer also weiß, dass er mittelfristig eine größere Summe griffbereit haben möchte, kann beispielsweise Bundesschatzbriefe kaufen. Es gibt sie in zwei Varianten, und sie haben eine Laufzeit von sechs oder sieben Jahren. Bei Typ A werden die Zinsen jährlich ausgezahlt, Besitzer von Schatzbriefen Typ B erhalten die Zinsen komplett am Ende der Laufzeit.

Die Zinserträge der Bundesschatzbriefe werden allerdings wie auch bei Banksparangeboten auf den Sparerfreibetrag angerechnet. Wenn der Freibetrag überschritten wird, muss der Sparer die Zinsen über dieser Grenze versteuern.

Mitarbeiter ändert nichts an Versicherungspflicht

Die vielfältigen Variationsmöglichkeiten der privaten Vorsorge hat Christina Crämer in der gesetzlichen Rentenversicherung nicht. Selbst wenn sie in naher Zukunft eine Mitarbeiterin beschäftigen sollte, die mehr als 400 Euro verdient, bleibt sie – anders als etwa der selbstständige Masseur – aufgrund ihres Berufs als Hebamme versicherungspflichtig.

Wie alle anderen pflichtversicherten Selbstständigen sollte sie prüfen, ob sie in den ersten Jahren nach Praxiseröffnung den halben oder vollen Regelbeitrag zahlt oder einen einkommensgerechten Beitrag.

Da Christina Crämer in Köln lebt, sind bei einem Jahreseinkommen von 30 000 Euro die Unterschiede zwischen Regelbeitrag und einkommensgerechtem Beitrag gering: Als Regelbeitrag würde sie in den alten Bundesländern 487,55 Euro zahlen, als einkommensgerechten Beitrag 497,50 Euro. Würde sie stattdessen den halben Regelbeitrag leisten, müsste sie im Monat nur 243,78 Euro (alte Bundesländer) und damit deutlich weniger an die Rentenversicherung überweisen.

Kindererziehung zahlt sich aus

Als pflichtversicherte Mutter hat Christina Crämer Anspruch darauf, dass ihrem Rentenkonto Kindererziehungs- und Berücksichtigungszeiten gutgeschrieben werden. Die ersten drei Jahre der Kindererziehung bekommt sie nicht nur als Wartezeit anerkannt, sondern ihr wird auch jeweils ein Entgeltpunkt für ihr Rentenkonto gutgeschrieben (→ Rentenformel, Seite 37).

TIPP

Kindererziehungszeiten optimal nutzen

Versicherungspflichtige Selbstständige, die vor Ablauf der dreijährigen Erziehungszeit wieder anfangen zu arbeiten, profitieren von dem Zuschuss für ihr Punktekonto am meisten, wenn sie selbst einen möglichst geringen Rentenbeitrag leisten: Beispielsweise sollten gut verdienende Selbstständige, die ihr Unternehmen erst vor kurzem gegründet haben, in dieser Anfangszeit die Gelegenheit nutzen, tatsächlich nur den halben Regelbeitrag zu zahlen.

Die zehn Jahre nach der Geburt schreibt der Rentenversicherer Müttern wie Christina Crämer, die als Selbstständige Pflichtbeiträge zahlen, zudem noch als Berücksichtigungszeiten gut. Sie werden auf bestimmte Wartezeiten angerechnet und können sich auf die Rentenhöhe auswirken. Für ihre zwei Kinder bekommt Christina Crämer dann allerdings keine 20 Jahre angerechnet: Die Berücksichtigungszeit beginnt mit der Geburt des ersten Kindes und endet mit dem zehnten Geburtstag des zweiten Kindes.

Scheidung: Rentenansprüche werden aufgeteilt

Geschiedene Selbstständige wie Christina Crämer können darüber hinaus vom Versorgungsausgleich profitieren. Selbstständige, die vor der Scheidung weniger Ansprüche an die gesetzliche Rentenversicherung erworben haben als ihr Ex-Partner, bekommen von diesem einen Ausgleich an Entgeltpunkten. Angenommen, Christina Crämer hat während einer zehnjährigen Ehe zunächst durch eine Tätigkeit als Angestellte, später durch die Zeiten der Kindererziehung einen Rentenanspruch von nach heutigem Stand 250 Euro im Monat erworben. Ihr Ehemann hat in den zehn Jahren regelmäßig deutlich über dem Durchschnittseinkommen verdient und kommt aus dieser Ehezeit auf einen Rentenanspruch von 450 Euro im Monat.

Die 200 Euro mehr behält der Besserverdienende eines Ehepaares im Alter nicht für sich, sondern sie werden zur Hälfte zwischen beiden Partnern aufgeteilt.

Versorgungsausgleich: Nachträgliche Änderung möglich

Wenn das Familiengericht über den Versorgungsausgleich zwischen früheren Ehepartnern entschieden hat, ist es im Nachhinein noch möglich, diese Entscheidung überprüfen und abändern zu lassen. Dafür muss einer der beiden Ex-Partner einen Abänderungsantrag beim Gericht stellen. Das kann sinnvoll sein, denn seit einer Scheidung können sich Rechtsprechung, Gesetzgebung und die persönlichen Lebensverhältnisse grundlegend verändert haben. Doch Vorsicht: Vielleicht fällt ein Änderungsantrag zuungunsten des Antragstellers aus. Deshalb sollten sich geschiedene Selbstständige spätestens kurz vor Rentenbeginn Unterstützung und Rat bei einem Rentenberater holen.

Selbstständige mit einem Auftraggeber

Beratungsmöglichkeiten sollten Selbstständige nicht nur zum Ende, sondern auch zu Beginn ihres Unternehmerdaseins nutzen. Eine gelungene Existenzgründerberatung bewahrt den Gründer jedoch nicht vor einer der Hauptaufgaben als Selbstständiger: der Kundenakquisition. Nur von wenigen oder gar nur von einem Auftraggeber abhängig zu sein, bedeutet ein Risiko für den eigenen Betrieb: Was, wenn einer der Großkunden selbst in finanzielle Schwierigkeiten gerät und seine Rechnungen nicht mehr zahlen kann?

Nicht nur für die Zukunft des Unternehmens macht es einen Unterschied, ob ein Selbstständiger in erster Linie von *einem* Auftraggeber lebt oder ob er sich auf ein breites Spektrum an Kunden verlassen kann: Auch für die soziale Absicherung in der Rentenversicherung ergeben sich bei nur einem Auftraggeber Besonderheiten. Diese Erfahrung macht auch Claudia Christiansen.

Beispiel: *Als technische Übersetzerin von Gebrauchsanweisungen hat Claudia Christiansen jahrelang für einen Elektronikhersteller gearbeitet. Dieser teilt der 35-Jährigen mit, dass ihr Vertrag leider nicht verlängert werden kann. Man sei aber bereit, ihr extern Übersetzungsaufträge zu übermitteln. Dann könne sie ja versuchen, andere Auftraggeber zu finden. Da Claudia Christiansen die berufliche Alternative fehlt, willigt sie ein, künftig von zu Hause aus zu arbeiten. Ihr ehemaliger Arbeitgeber hält sich zwar daran, ihr Aufträge zu erteilen, doch darüber hinaus findet sie kaum zusätzliche Kunden. So muss sie erst einmal mit rund 1 400 Euro Einkommen im Monat klarkommen, das sie in erster Linie von ihrer früheren Firma bezieht.*

Solange sich an dieser Auftragslage nichts ändert, muss Claudia Christiansen Beiträge an die gesetzliche Rentenversicherung zahlen. Als Orientierungsgröße gilt, dass Selbstständige, die fünf Sechstel ihres Einkommens von einem Auftraggeber beziehen, als arbeitnehmerähnliche Selbstständige eingestuft werden, und diese sind versicherungspflichtig. Als Neugründerin kann sie an die Rentenversicherung entweder den halben Regelbeitrag zahlen oder bei einem monatlichen Einkommen von 1400 Euro 278,60 Euro als einkommensgerechten Beitrag.

Sie könnte es zwar darauf ankommen lassen und die gesetzlichen Rentenversicherung nicht über die Auftragssituation informieren, doch spätestens bei der Klärung ihres Rentenkontos wird

Schwammige Grenzen

Versicherungspflichtig ist ein Selbstständiger, der „auf Dauer und im Wesentlichen" nur für einen Auftraggeber tätig ist. Was genau diese Formulierung in der Praxis bedeutet, lässt sich aufgrund fehlender Rechtsprechung nicht allgemeingültig sagen. Zu beachten ist unter anderem, in welcher Branche der Selbstständige arbeitet. Je nach Berufsfeld kann die Tätigkeit für einen Auftraggeber auch einmal länger als ein Jahr dauern, ohne dass Versicherungspflicht eintritt.

TIPP

Klarheit von Anfang an

Wenn Sie überlegen, sich selbstständig zu machen, sollten Sie gleich vom Rentenversicherungsträger überprüfen lassen, ob dieser Sie als Selbstständigen mit *einem* Auftraggeber einstuft. Dann haben Sie Planungssicherheit und können gegebenenfalls noch einen Rückzieher machen, wenn Ihnen als Selbstständiger die Belastung durch die Versicherungsbeiträge zu hoch wird.

der Rententräger auf ihre Situation aufmerksam werden und nach den Versicherungslücken fragen. Wenn sie erklärt, dass sie in dieser Zeit selbstständig gearbeitet hat, wird sie Belege vorlegen müssen, anhand deren entschieden wird, ob sie aufgrund ihrer Tätigkeit eigentlich Versicherungsbeiträge hätte leisten müssen. Zeigt sich dann, dass sie auf Dauer und im Wesentlichen nur für einen Auftraggeber tätig war, wird sie Rentenbeiträge nachzahlen und womöglich sogar ein Bußgeld zahlen müssen. Am Ende würde sie mit dem Vertuschungsversuch noch schlechter wegkommen.

Sobald Claudia Christiansen belegen kann, dass sich ihre Auftragslage gebessert hat und sie mittlerweile auf einen breiteren Kundenstamm zurückgreifen kann, sollte sie bei der Rentenversicherung einen Antrag stellen, neu eingestuft zu werden. Ist sie danach nicht mehr versicherungspflichtig, kann sie selbst entscheiden, wie sie weiter vorsorgt: ob sie trotzdem weiterhin den Schutz der gesetzlichen Rentenversicherung wählt oder privaten Ersatz schafft.

Befreiung hätte Folgen

Aber auch in der anfänglich schwierigen Situation als „Selbstständige mit einem Auftraggeber" kann Claudia Christiansen der Versicherungspflicht entgehen. Als Selbstständige, die überwiegend nur für einen Auftraggeber tätig ist, kann sie sich innerhalb der ersten drei Jahre ihrer Selbstständigkeit von der Versicherungspflicht befreien lassen. Wenn sie sich befreien lässt, kann sie schon jetzt frei entscheiden, wie sie für ihr Alter vorsorgt.

Sie muss jedoch von vornherein festlegen, für wie lange sie sich befreien lässt. Wählt sie die gesamten drei Jahre, darf sie nicht etwa nach einem Jahr der Selbstständigkeit die Befreiung rückgängig machen.

Die Befreiung von der Versicherungspflicht hat für die 35-jährige Übersetzerin Auswirkungen auf ihren Schutz vor Erwerbsminderung. Anspruch auf eine Rente hat sie im Ernstfall nur, wenn

Auch ein Minijob bietet Versicherungsschutz

Würde Claudia Christiansen zusätzlich einen pauschal versteuerten Minijob annehmen und die Rentenbeiträge ihres Arbeitgebers aus eigener Tasche um 4,9 Prozent aufstocken, könnte sie über den Minijob den kompletten Schutz der gesetzlichen Rentenversicherung wie etwa für den Fall der Erwerbsminderung aufrechterhalten.

sie die Wartezeit von fünf Jahren erfüllt hat und in den fünf Jahren vor Eintritt der Erwerbsunfähigkeit mindestens drei Jahre lang Pflichtbeiträge in das gesetzliche System eingezahlt hat. Das bedeutet, dass Claudia Christiansen spätestens nach zwei Jahren ohne Pflichtbeiträge den gesetzlichen Versicherungsschutz verliert.

Würde Claudia Christiansen während der Befreiung Mutter, hätte sie keinen Anspruch darauf, dass ihr Kindererziehungszeiten gutgeschrieben werden.

Das heißt aber noch nicht, dass sie und ihr Partner in dem Fall die Ansprüche auf die rentenrechtlichen Zeiten auf jeden Fall verlieren: Erziehen beide das Kind zusammen, können die Zeiten und die damit verbundenen Entgeltpunkte per Antrag auf den Vater des Kindes übertragen werden.

Handwerksmeister

In Deutschland gibt es derzeit rund 950 000 Handwerksbetriebe. Zu Beginn des Jahres 2004 hat die Bundesregierung den Meisterzwang gelockert, um Handwerkern in bestimmten Berufen den Weg in die Selbstständigkeit zu erleichtern. Seither müssen beispielsweise Raumausstatter oder Fliesenleger keinen Meisterbrief mehr vorweisen, wenn sie sich selbstständig machen wollen. Der Meisterzwang in bestimmten Berufen ist mit entscheidend dafür, ob ein selbstständiger Handwerker Pflichtmitglied in der gesetzlichen Rentenversicherung ist oder nicht.

Entscheidend ist darüber hinaus, ob die handwerkliche Tätigkeit bei der Selbstständigkeit im Vordergrund steht. Angenommen, ein gelernter Konditor betreibt sein eigenes Café. Dort bietet er nicht nur die selbstgebackenen Torten an, sondern er hat mit der Zeit sein Angebot erweitert. Mittlerweile haben Frühstücks- und Mittagskarte die weitaus größere Bedeutung als der Kuchenverkauf.

TIPP

Handwerklicher Nebenbetrieb

Selbstständige, die kaum noch in ihrem erlernten Handwerksberuf tätig sind, können sich an ihre Handwerkskammer wenden und dort prüfen lassen, ob sie überhaupt noch versicherungspflichtig sind, da sie nur noch einen „handwerklichen Nebenbetrieb“ führen.

Was als reiner Konditoreibetrieb begonnen hat, ist inzwischen ein vielseitiges Lokal mit abwechslungsreichem Angebot geworden, sodass der gelernte Konditor klären lassen sollte, ob er nur noch einen handwerklichen Nebenbetrieb führt und er schon deshalb nicht mehr versicherungspflichtig ist.

Selbstständige Handwerker ohne Versicherungspflicht finden in Kapitel „Selbstständige ohne Versicherungspflicht", Seite 80, Anhaltspunkte, worauf sie bei ihrer Altersvorsorge achten müssen.

Handwerker mit Versicherungspflicht

An versicherungspflichtige Mitglieder wendet sich das folgende Beispiel des Tischlermeisters Daniel Dreher.

Beispiel: *Daniel Dreher führt seine eigene Tischlerwerkstatt mit drei Angestellten. Nachdem er 18 Jahre lang Pflichtbeiträge in die gesetzliche Rentenversicherung eingezahlt hat, kann er sich nun von der Versicherungspflicht befreien lassen. Doch er ist unsicher, ob er das tun soll. Der 38-Jährige ist sportlich und gesund und hat schon vor einigen Jahren eine Berufsunfähigkeitsversicherung abgeschlossen. Zum zusätzlichen Schutz der Familie haben er und seine Frau eine gegenseitige Risikolebensversicherung. Außerdem zahlt der Tischlermeister schon seit Jahren Beiträge in eine Kapitallebensversicherung. Wenn er jetzt keine Pflichtbeiträge mehr in die gesetzliche Rentenversicherung zahlen sollte, möchte er mindestens die gesparte Summe in seine private Altersvorsorge stecken.*

Selbstständige Handwerksmeister wie Daniel Dreher sind zwar per Gesetz zunächst pflichtversichert, doch nach 216 Pflichtbeitragsmonaten (18 Jahren) können sie über ihre künftige Versichertensituation selbst entscheiden. Eine Möglichkeit ist, alles erst einmal so weiterlaufen zu lassen wie bisher. Sie zahlen weiterhin ihre Pflichtbeiträge, halten auf diese Weise ihren Anspruch auf Erwerbsminderungsrente aufrecht und sorgen dafür, dass sie beispielsweise durch Zahlung des Regelbeitrags für jedes Arbeitsjahr in etwa einen Entgeltpunkt für die gesetzliche Rente erwerben.

Würde Dreher in den kommenden 29 Jahren bis zum zukünftigen Rentenalter von 67 jedes Jahr weiter den Regelbeitrag (derzeit 487,55 Euro in den alten, 417,90 Euro in den neuen Bundesländern) zahlen, käme er ab dem heutigen Zeitpunkt etwa auf 29 zusätzliche Entgeltpunkte. Nach jetzigem Stand – Änderungen sind natürlich im Laufe der Zeit möglich – könnte er auf diese Weise rund 760 Euro (670 Euro in den neuen Bundesländern) mehr monatliche Rente beziehen, als wenn er ab sofort alle Zahlungen an die Rentenversicherung einstellen würde.

Zahlt er nicht mehr weiter ein, kann er die 400 bis 500 Euro, die er nicht mehr für die gesetzliche Rente aufwendet, privat anlegen und die Chance nutzen, erheblich höhere Renditen zu erzielen. Damit würde er aber den Schutz des sozialen Netzes verlieren.

Diese Entscheidung über den Austritt aus der Pflichtversicherung müssen selbstständige Handwerksmeister nicht direkt nach den 18 Jahren treffen. Sie können auch noch abwarten und den Antrag auf Befreiung beispielsweise erst zwei Jahre später stellen.

18

Austritt aus der Pflichtversicherung

Wenn Sie innerhalb von drei Monaten nach Vollendung der 18 Jahre Pflichtversicherung den Antrag auf Befreiung stellen, müssen Sie danach keine Pflichtbeiträge mehr zahlen – gegebenenfalls erstattet die Rentenversicherung bereits gezahlte Beiträge. Wenn Sie den Antrag später bei der Deutschen Rentenversicherung einreichen, gelten die Befreiung und das Ende der Pflichtbeiträge erst ab dem Zeitpunkt der Antragstellung.

Vor- und Nachteile abwägen

Der Austritt aus der gesetzlichen Pflichtversicherung ist ein folgenschwerer Schritt, den sich selbstständige Handwerksmeister gut überlegen sollten. Denn wenn sie einmal den Antrag auf Befreiung gestellt haben, können sie nicht wieder in das System aufgenommen werden, solange sie ihre selbstständige Tätigkeit ausüben.

Vor der Entscheidung sollten sie nicht nur die finanziellen Rahmenbedingungen abstecken, sondern auch prüfen, welcher Schutz durch den Ausstieg oder eine Umwandlung in eine freiwillige Mitgliedschaft in der gesetzlichen Rentenversicherung verloren geht.

Ein großer Nachteil des Ausstiegs aus der Pflichtversicherung kann sein, dass Sie den Anspruch auf eine gesetzliche Rente wegen Erwerbsminderung verlieren, die gezahlt wird, falls Sie nicht mehr erwerbstätig sein können. Da ein Selbstständiger in der Regel für diesen Rentenanspruch in den fünf Jahren vor Eintritt der Invalidität mindestens drei Jahre Pflichtbeiträge nachweisen muss, wäre dieser Anspruch spätestens zwei Jahre nach Austritt oder Umstieg auf freiwillige Beiträge dahin.

Im konkreten Fall von Daniel Dreher bliebe diese Entscheidung allerdings ohne schwerwiegende Folgen: Er hat eine private Berufsunfähigkeitsversicherung abgeschlossen und damit einen deutlich umfangreicheren Schutz, als ihm die gesetzliche Rentenversicherung bieten kann. Eine Erwerbsminderungsrente der gesetzlichen Rentenversicherung könnte er nur bekommen, wenn er nicht mehr arbeiten könnte.

Ob er die gesamte Erwerbsminderungsrente bekommt oder nur die halbe, hängt davon ab, wie viele Stunden am Tag er noch erwerbstätig sein kann. Die private Berufsunfähigkeitsversicherung tritt hingegen ein, wenn der Selbstständige in seinem zuletzt ausgeübten Beruf nicht mehr arbeiten kann. Vorher überprüft der Versicherer jedoch, ob es möglich ist, den Betrieb des Selbstständigen umzuorganisieren, sodass der Versicherte in seinem Beruf doch noch weiter tätig sein kann.

Jeder sollte bei Abschluss einer privaten Berufsunfähigkeitsversicherung darauf achten, dass er eine ausreichend hohe Rente vereinbart, von der er leben kann, wenn er seinen Beruf nicht mehr ausüben kann.

Viele Selbstständige fragen sich vielleicht, warum sie noch eine private Berufsunfähigkeitsversicherung abschließen sollen, obwohl sie doch schon eine private Unfallversicherung haben, oder Mitglied einer Berufsgenossenschaft sind. Die private Unfallversicherung kann als Ergänzung sinnvoll sein, da der Versicherte vom Versicherer eine größere Summe bekommt, wenn er nach einem Unfall beispielsweise auf den Rollstuhl angewiesen ist. Diese Summe könnte er in dem Fall dringend gebrauchen, um zum Beispiel das Haus behindertengerecht umzubauen.

Dennoch sollte die Berufsunfähigkeitsversicherung erste Wahl sein. Mit ihr hat der Versicherte die Chance, auch dann eine Invaliditätsrente zu bekommen, wenn er beispielsweise aufgrund einer psychischen Erkrankung nicht mehr arbeiten kann, etwa

! Abstrakte Verweisung

Achten Sie beim Abschluss der privaten Berufsunfähigkeitsversicherung darauf, dass Ihr Vertrag keine Klausel zur „abstrakten Verweisung" enthält. Denn damit kann der Versicherer von Ihnen verlangen, dass Sie in einem anderen Beruf tätig werden, ehe er Ihnen eine Rente zahlt. Vor Gericht (OLG Koblenz) bekam beispielsweise ein Versicherer Recht, der von einem Installateur von Solaranlagen im Fall von dessen Berufsunfähigkeit verlangt hatte, dass er im Verkauf dieser Anlagen tätig wird (Az. 10 U 1198/04). Dass der Mann in einem solchen Job keine Stelle fand, sei in diesem Fall nicht von Bedeutung, entschieden die Richter.

weil ihn der ständige Druck, Aufträge an Land ziehen zu müssen, krank gemacht hat.

Da Daniel Dreher zusätzlich zum Berufsunfähigkeitsschutz eine Risikolebensversicherung abgeschlossen hat, hat er die notwendigen privaten Alternativen zur gesetzlichen Rentenversicherung geschaffen, die weitere Pflichtmitgliedschaft in der gesetzlichen Rentenversicherung ist somit nicht mehr zwingend notwendig.

Höhere Rendite ohne Pflichtversicherung

Auf den Schutz der gesetzlichen Rentenversicherung müssen Selbstständige wie Daniel Dreher aber dennoch nicht ganz verzichten, sondern sie können sich überlegen, mit freiwilligen Beiträgen bestimmte Ansprüche aufrechtzuhalten. Wenn sie jeden Monat auf freiwilliger Basis beispielsweise den Mindestbeitrag von 79,60 Euro zahlen (19,9 Prozent von 400 Euro), können sie ihre Ansprüche auf Maßnahmen zur Teilhabe – zum Beispiel Rehabilitationskuren oder Umschulungen – wahren. Gleichzeitig erhöhen sie zumindest in kleinen Schritten ihre Rentenleistungen im Alter.

Auch wenn durch den frühzeitigen Ausstieg aus der gesetzlichen Pflichtversicherung oder die Umstellung auf freiwillige Beiträge die Altersrente insgesamt niedriger ausfallen wird, wird sich der Austritt aus der Pflichtmitgliedschaft finanziell dennoch lohnen: Wenn Selbstständige das Geld, das sie nun nicht mehr in die gesetzliche Rentenkasse zahlen müssen, privat anlegen, können sie höhere Renditen erzielen.

Für die Basisabsicherung sollten Sie sich auf die bereits genannten geeigneten Produkte verlassen, aus denen Sie eine sichere Rente beziehen: Angebote des Grauen Kapitalmarkts (→ Seite 74) sollten Sie meiden. Auch eine Kapitallebensversicherung ist nicht geeignet. Besser sind Sie mit einer Rürup-Rente oder einer privaten Rentenversicherung bedient.

Wer wie der Tischlermeister Daniel Dreher aber schon vor Jahren eine Kapitallebensversicherung abgeschlossen hat, sollte zumindest prüfen lassen, ob es sich lohnt, den Vertrag durchzuhalten, oder ob die Renditen so schlecht sind, dass es bessere Alternativen gibt. Anstatt den Vertrag weiterzuführen, könnte er ihn kündigen oder auf dem Zweitmarkt verkaufen. Das kann eine Möglichkeit sein für diejenigen, die dringend Kapital benötigen. Doch auch dieser Schritt ist mit Verlusten verbunden.

TIPP

Rentenplus

Freiwillige Beiträge steigern den Anspruch auf Altersrente. Bei den Beratungsstellen der gesetzlichen Rentenversicherung können Sie sich ausrechnen lassen, was Ihnen die freiwilligen Beiträge nach aktuellem Stand zusätzlich an monatlichen Zahlungen im Alter bringen.

Daniel Dreher ist mit seiner Police nicht so schlecht bedient wie Neukunden, die heute eine Kapitallebensversicherung abschließen: Er hat den Vertrag schon vor der Gesetzesänderung Anfang 2005 abgeschlossen und kann die Erträge bei Auszahlung steuerfrei bekommen – wenn der Vertrag mindestens zwölf Jahre läuft. Für Neukunden wird hingegen mindestens die Hälfte der Erträge steuerpflichtig, sodass sich für sie der Abschluss in aller Regel nicht mehr lohnt.

Richtig mischen!

Hält Daniel Dreher die Kapitallebensversicherung, sollte er einen zweiten Versicherungsvertrag als Vorsorge – zum Beispiel eine private Rentenversicherung – derzeit meiden. Mit einem weiteren Vertrag wäre er noch stärker an regelmäßige Beitragszahlungen gebunden, ein frühzeitiger Ausstieg wäre auch hier nur unter Verlusten möglich.

Dreher sollte besser versuchen, zunächst auf flexiblerem Weg größere Summen anzusparen, die er dann auch in späteren Jahren immer noch in eine Rentenversicherung investieren kann. Durch die Privatrente hätte er im Alter eine zusätzliche, gesicherte Einnahmequelle. Aufgrund seiner verringerten gesetzlichen Rente durch den Austritt aus der Pflichtversicherung ist diese Sicherheit von großem Vorteil.

Bis zum Abschluss eines privaten Rentenversicherungsvertrages könnte er aber zum Beispiel einen Teil seiner gesparten Rentenversicherungsbeiträge in einen Aktienfondssparplan investieren: Er ist noch jung, und da er bis zum Rentenalter relativ viel Zeit hat, kann er mögliche Durchhänger an den Börsen aussitzen, um auf bessere Zeiten zu warten. Mit guten Aktienfonds sind Renditen bis zu 10 Prozent möglich. Solche Erträge kann ihm die gesetzliche Rentenversicherung nicht bieten.

Das Risiko der privaten Geldanlage kann Daniel Dreher insgesamt reduzieren, wenn er zusätzlich einen Teil seines Geldes in Sparangebote der Banken oder Bundeswertpapiere steckt. Die Renditechancen sind zwar nicht so hoch wie bei einem Fonds, doch das Geld ist sicher angelegt und er weiß auf jeden Fall, wie viel Geld ihm diese Produkte am Ende der Laufzeit bieten.

Wenn er im Vertrag mit seiner Bank auf ein Kündigungsrecht vor Ende der Laufzeit

Der Betrieb als Altersvorsorge?

Bei der Planung der Altersvorsorge sollten sich selbstständige Handwerksmeister nicht darauf verlassen, dass sie den Betrieb im Alter verkaufen und von dem Geld leben können. Einigermaßen verlässliche Prognosen über den Verkaufswert sind frühestens wenige Jahre vor der Übergabe des Betriebs möglich. Um den Betrieb schätzen zu lassen, können sich die Inhaber an die Handwerkskammern wenden. Dies ist für Mitglieder kostenlos.

verzichtet, kann er höhere Renditen erzielen, als wenn er sich etwa in seinem Vertrag für einen Banksparplan oder einen Schatzbrief ein Hintertürchen für den Ausstieg offen hält.

Ende der Pflichtversicherung gleich Ende des Riester-Vertrags?

Wenn Daniel Dreher aus der gesetzlichen Pflichtversicherung aussteigt, kann das allerdings Auswirkungen auf einen bestehenden Riester-Vertrag haben. Nur pflichtversicherte Selbstständige haben direkten Anspruch auf Riester-Förderung. Ein Ausstieg aus dem gesetzlichen Netz oder eine Umwandlung in freiwillige Beiträge muss aber noch nicht das Ende der Förderung bedeuten: Wenn Drehers Frau beispielsweise als Angestellte förderberechtigt ist, kann auch der Handwerksmeister weiterhin die staatlichen Zulagen bekommen.

Aufpassen muss das Paar dann allerdings beim Abzug der gezahlten Beiträge. Denn dann dürfen beide nur noch insgesamt 1575 Euro im Jahr (ab 2008 dann 2100 Euro) als Sonderausgaben in der gemeinsamen Steuererklärung abrechnen. Wären beide Ehepartner förderberechtigt, könnten sie insgesamt das Doppelte – 2007 sind das 3150 Euro – absetzen.

Handwerker mit Vorerkrankung

Anders sieht die Situation für Handwerker aus, die aufgrund einer Vorerkrankung keinen privaten Berufsunfähigkeitsschutz mehr bekommen können.

Beispiel: *In einer ähnlichen Situation wie Daniel Dreher ist sein Nachbar Dieter Degenhardt: Der 45-jährige Maurermeister hat seine 18 Pflichtversicherungsjahre längst erfüllt, doch er zahlt weiter den Regelbeitrag in die gesetzliche Rentenversicherung ein. Durch die Überlegungen seines Kollegen ist er selbst auch noch einmal ins Grübeln gekommen: Sollte er sich das Geld für die gesetzliche Rente nicht doch vielleicht sparen und in eine private Altersvorsorge investieren? Nur von der Auszahlung aus der Kapitallebensversicherung, die er mit 65 erwartet, werden sich seine Frau und er keinen großen Luxus leisten können. Degenhardt hat jedoch keine private Berufsunfähigkeitsversicherung abgeschlossen: Da er schon in jungen Jahren zwei Bandscheibenvorfälle hatte, hat ihn keine private Versicherungsgesellschaft aufgenommen.*

Da Dieter Degenhardt der private Berufsunfähigkeitsschutz fehlt, könnte der Ausstieg aus der gesetzlichen Pflichtversicherung für ihn im Fall einer Invalidität schwerwiegende Folgen haben – nämlich den Verlust eines Anspruchs auf die gesetzliche Erwerbsminderungsrente.

Wer in einer vergleichbaren Situation ist wie der Maurermeister, sollte sich die nächsten Schritte genau überlegen und Rat einholen – zum Beispiel bei seiner Handwerkskammer oder bei einem gesetzlich zugelassenen Rentenberater. Zu klären ist die Frage: Muss jemand wie Dieter Degenhardt unbedingt Pflichtbeiträge in die Rentenkasse zahlen, um den Invaliditätsschutz aufrechtzuhalten, oder ist dies auch mit freiwilligen Beiträgen in die gesetzliche Rentenversicherung möglich?

Manchmal reichen freiwillige Beiträge

Freiwillige Beiträge reichen aus, wenn vor dem 1. Januar 1984 bereits fünf Jahre an Versicherungszeiten (Pflichtbeiträge oder freiwillige Beiträge) und Ersatzzeiten in der gesetzlichen Rentenversicherung vorliegen und seither jeder Monat mit rentenrechtlichen Zeiten belegt ist.

Weil Dieter Degenhardt diese Vorgabe erfüllt, kann er sich von der Versicherungspflicht befreien lassen und mit dem freiwilligen Mindestbeitrag den Erwerbsminderungsschutz über das soziale Netzwerk aufrechterhalten.

Wenn ein selbstständiger Handwerksmeister mit Vorerkrankungen die genannten Bedingungen allerdings nicht erfüllt, kann er den gesetzlichen Erwerbsminderungsschutz nur als Pflichtmitglied der gesetzlichen Rentenversicherung beanspruchen. Bei fehlendem privaten Versicherungsschutz ist es einem Selbstständigen dann nicht zu empfehlen, die Pflichtmitgliedschaft zu beenden. Das Risiko, dass der Handwerksmeister aufgrund seiner Vorerkrankungen seine körperlich anspruchsvolle berufliche Tätigkeit nicht bis zum eigentlichen Rentenalter durchhalten kann, ist hoch. Daher wäre es äußerst wichtig, zumindest den Anspruch auf die gesetzliche Erwerbsminderungsrente zu wahren.

Privater Berufsunfähigkeitsschutz ist besser

Eine private Berufsunfähigkeitsversicherung wäre allerdings besser. Mit ihr hätte jemand wie Dieter Degenhardt einen deutlich umfangreicheren Schutz. Deshalb sollten Selbstständige, die einen privaten Versicherungsvertrag abschließen können, dies auch tun. Je jünger und je gesünder der Versicherte ist, desto leichter bekommt er einen Vertrag zu einem annehmbaren Preis.

Je nach ausgeübtem Beruf können aber Risikozuschläge auf den Versicherten zukommen. Maurer, Dachdecker und andere Handwerker müssen aufgrund des höheren Invaliditätsrisikos damit rechnen, tiefer in die Tasche greifen zu müssen. Wenn Interessenten nicht gleich beim ersten Versicherer ein Angebot für eine Berufsunfähigkeitsversicherung bekommen, sollten sie es auf jeden Fall an anderer Stelle weiterprobieren und Angebote vergleichen.

Versorgungswerke der Handwerkskammern

Wo gibt es das optimale Angebot für die Altersvorsorge? Ein Anlaufpunkt kann die Handwerkskammer sein, wenn sie ein eigenes Versorgungswerk unterhält. Hier können die Handwerker beispielsweise private Rentenversicherungen oder Kapitallebensversicherungen als Gruppenvertrag abschließen, sodass sie Rabatte bekommen. Doch Vorsicht: Trotz Rabatt muss der Gruppenvertrag nicht die günstigste Alternative sein. Schließen Sie den Vertrag nicht sofort ab, sondern vergleichen Sie das Angebot des Versorgungswerks mit dem anderer Versicherer.

Beim Sparen nicht alles auf Versicherungen setzen

Wenn Dieter Degenhardt aus der Pflichtmitgliedschaft in der gesetzlichen Rentenversicherung aussteigt, weil in seiner Situation freiwillige Beiträge an die Rentenkasse ausreichen, sollte er das Geld, das er dadurch zusätzlich zur Verfügung hat, nicht unbedingt in einen weiteren Versicherungsvertrag investieren. Mit Blick auf eine attraktive Mischung der Vorsorge wäre es besser, beispielsweise auf Banksparprodukte oder Fonds zu setzen.

Für den 45-Jährigen käme die Investition in einen Aktienfonds durchaus noch infrage, da sein Anlagehorizont bis zur Rente noch einigermaßen lang ist. Allerdings sollte er den Aktienanteil eher gering wählen. Mehr Sicherheit bietet ihm ein Rentenfonds, der das Geld seiner Anleger beispielsweise in Staats- und sichere Industrieanleihen investiert.

Selbstständige Künstler und Publizisten

Eine große Gruppe unter den rund 850 000 selbstständigen Freiberuflern bilden die Künstler und Publizisten. Für sie gilt nach dem Künstlersozialversicherungsgesetz die Versicherungspflicht in der gesetzlichen Rentenversicherung. Anders als selbstständige Hebammen oder Lehrer müssen sie allerdings nicht allein den kompletten Beitrag von 19,9 Prozent des Einkommens einzahlen, sondern sie bekommen jeweils die Hälfte ihres Kranken-,

Pflege- und Rentenversicherungsbeitrags von der Künstlersozialkasse (KSK) bezahlt.

Freie Künstler und Publizisten müssen sich selbst bei der Künstlersozialkasse anmelden. Voraussetzung für die Aufnahme ist nicht nur die Art der Tätigkeit, sondern auch, dass die Versicherten

- diese Tätigkeit erwerbsmäßig ausüben,
- diese Tätigkeit nicht nur vorübergehend ausüben,
- im Zusammenhang mit der Tätigkeit nicht mehr als einen Arbeitnehmer beschäftigen, es sei denn, die Beschäftigung erfolgt zur Berufsausbildung oder ist geringfügig.

Versicherungspflichtig ist, wer mit der künstlerischen Tätigkeit voraussichtlich mindestens 3 900 Euro im Jahr verdient. In den ersten drei Jahren nach Gründung gilt die Versicherungspflicht auch, wenn das Einkommen niedriger ist.

Die monatlichen Beiträge zur Sozialversicherung werden anhand des vom Versicherten selbst geschätzten Jahreseinkommens berechnet. Am Jahresende müssen die Mitglieder ihr Einkommen für das nächste Jahr schätzen.

Vorsicht bei der Schätzung

Die Vorstellung, das Einkommen besonders niedrig zu schätzen und so im kommenden Jahr Sozialversicherungsbeiträge zu sparen, erscheint für manchen Künstler und Publizisten verlockend. Doch diese Sparmöglichkeit ist nicht so vorteilhaft wie zunächst gedacht: Es lohnt sich, genau zu rechnen. Denn wird das Einkommen absichtlich sehr niedrig geschätzt, zahlen Mitglieder zwar selbst weniger Beiträge, doch sie verschenken auch staatliche Zuschüsse zur Rente. Außerdem riskieren sie, im Krankheitsfall weniger Krankengeld zu bekommen, als sie bräuchten. Die Höhe des Krankengeldes richtet sich nach der Einkommenshöhe, die bei der Künstlersozialkasse angegeben ist. Schätzt ein Künstler hingegen das Einkommen zu hoch, um das Rentenkonto aufzubessern, zahlt er selbst auch höhere Beiträge in die Krankenversicherung, ohne dafür Mehrleistungen zu bekommen.

Deutet sich im Laufe eines Jahres an, dass die Versicherten ihre Schätzung nicht erreichen oder deutlich überschreiten, können sie diese Änderung der Künstlersozialkasse melden. Sie passt die Beiträge den geänderten Verhältnissen an – allerdings nur für die noch ausste-

Stärkere Kontrolle

Um Missbrauch bei der Beitragszahlung zu vermeiden, sollen Künstler und Publizisten nun stärker kontrolliert werden als früher. Unter den Mitgliedern der Künstlersozialkasse werden jährlich Stichproben gezogen. Die jeweiligen Versicherten müssen dann ihr tatsächliches Einkommen aus künstlerischer Tätigkeit der vergangenen vier Jahre offenlegen sowie gegebenenfalls Einkünfte aus einer anderen Tätigkeit.

henden Monate. Der Versicherte kann zum Beispiel während einer eher schlechten Auftragslage nicht verlangen, Beiträge zur Renten-, Kranken- und Pflegeversicherung zurückerstattet zu bekommen.

Einkommensgerechte Beiträge

Künstler zahlen einkommensgerechte Beiträge zur Rentenversicherung. Berufsanfänger, die das Mindesteinkommen von jährlich 3900 Euro in den ersten drei Jahren nach der Existenzgründung nicht erreichen, werden trotzdem in der Künstlersozialkasse versichert. Sie zahlen 32,34 Euro im Monat (9,95 Prozent von 325 Euro) für die Rentenversicherung.

Deutlich über der Einkommensgrenze von 3900 Euro im Jahr liegt der Künstler im folgenden Beispiel.

Beispiel: *Der freischaffende Fotograf Erik Ellenbrink ist gut im Geschäft. Mehrere größere Aufträge haben dem 35-Jährigen in den vergangenen Monaten ein finanzielles Polster von einigen Tausend Euro und einen guten Namen in der Branche gebracht. Davor hatte er allerdings auch eine Zeitlang eine Durststrecke ohne große Aufträge durchzustehen. Er will unabhängig sein, Geld für Reisen haben und das Leben genießen. Andererseits möchte er auch im Alter noch etwas von seinem Verdienst haben und überlegt sich, zusätzlich zur Künstlersozialkasse noch Geld für das Alter zurückzulegen – 10000 Euro sofort und dann regelmäßig 300 Euro im Monat. Ein Freund hat ihm vorgeschlagen, das Geld in eine Rürup-Rente zu investieren, um den Steuervorteil zu nutzen.*

Als Mitglied der Künstlersozialkasse zahlt Erik Ellenbrink einkommensgerechte Beiträge für die Rentenversicherung. Solange er seinen Beruf ausübt, kann er Mitglied der Künstlersozialkasse bleiben – selbst dann, wenn sein Einkommen weiterhin steigen würde: Es gibt keine Einkommensobergrenze für die Mitgliedschaft in der Künstlersozialkasse. An die Rentenversicherung zahlt der Fotograf 9,95 Prozent seines Arbeitseinkommens bis zur Beitragsbemessungsgrenze (63000 Euro im Jahr in den alten und 54600 Euro im Jahr in den neuen Bundesländern). Selbst wenn sein Einkommen darüber liegen sollte, zahlt er maximal 522,38 Euro.

Riester ist möglich

Alle Künstler und Publizisten, die über die Künstlersozialkasse versichert sind, haben direkten Anspruch auf Riester-Förderung. Für alleinstehende Gutverdiener wie Erik Ellenbrink lohnt sich die vom Staat geförderte Altersvorsorge vor allem wegen des Steuereffekts. Sie können in der Steuererklärung 2007 bis zu 1575 Euro Riester-Beiträge geltend machen, ab 2008 sind es 2100 Euro. Mit einem Riester-Fondssparplan hätte Erik Ellenbrink die beste Chance, hohe Renditen zu erzielen.

Doch selbst wenn er 2007 den maximal geförderten Betrag von 1461 Euro aus eigener Tasche (umgerechnet 121,75 Euro pro Monat) plus 114 Euro staatliche Zulage auf seinen Riester-Vertrag einzahlt, bleibt in seiner Situation noch genügend Geld übrig, das er anderweitig investieren kann.

Rürup mit Mitte 30 noch kein Renditehit

In die von einem Freund vorgeschlagene Rürup-Rentenversicherung könnte Erik Ellenbrink die 10 000 Euro auf einmal einzahlen und von der staatlichen Förderung profitieren. Das Geld wäre sicher angelegt, allerdings ist der Rürup-Vertrag für einen jungen Sparer wie Erik Ellenbrink nicht unbedingt ein Renditehit.

Berechnungen der Stiftung Warentest haben ergeben, dass die Rürup-Versicherten bei Vertragslaufzeiten von beispielsweise 30 Jahren kaum vom Steuervorteil profitieren. Der Grund ist, dass sie die Rente im Alter voll versteuern müssen, aber während der Erwerbszeit nicht alle Beiträge als Sonderausgaben absetzen können.

Als Gutverdiener, der durch seine Mitgliedschaft in der Künstlersozialkasse Ansprüche auf eine relativ hohe, sichere gesetzliche Rente erwirbt und mit staatlicher Hilfe zusätzlich eine Riester-Rente anspart, kann er die Gelegenheit nutzen, bei der weiteren Vorsorge für das Alter mehr zu riskieren.

Will er flexibel bleiben, sind Fondssparpläne oder festverzinsliche Wertpapiere zunächst die besseren Alternativen. Hier könnte er je nach Auftragslage auch einmal größere Summen anlegen. Insgesamt wäre es sinnvoll, nicht das gesamte freie Vermögen in eine Anlageform zu investieren, sondern auf mehrere Karten zu setzen – etwa einen Teil der gerade verfügbaren 10 000 Euro in Aktienfonds zu investieren und den Rest beispielsweise in einen Sparbrief seiner Bank oder in Bundeswertpapiere.

Eine zusätzliche Rentenversicherung – ganz gleich ob in der klassischen Variante oder als Rürup-Rente – könnte Erik Ellenbrink dann auch in ein paar Jahren noch abschließen.

Vermietete Eigentumswohnung nichts für Freiheitsliebende

Bei der Entscheidung über die Geldanlage sollten Selbstständige wie der Fotograf aber auch berücksichtigen, ob sie ihr Geld mittelfristig für den Bau oder Kauf der eigenen vier Wände benötigen. Selbstständige Künstler, die den Wunsch nach einem Eigenheim hegen, sollten auf jeden Fall darauf achten, dass sie nicht ihr gesamtes Geld in Versicherungsverträgen binden. Besser sind Geldanlageprodukte, auf die sie – je nach individueller Planung – kurz- bis mittelfristig zurückgreifen können.

Als Alternative für die Altersvorsorge könnte Erik Ellenbrink auch auf die Idee kommen, sein Geld in eine Eigentumswohnung zu investieren, die er dann vermietet. Bevor er diesen Weg einschlägt, sollte er sich klar darüber sein, dass eine vermietete Eigentumswohnung in der Regel keine bequeme Altersvorsorge ist – Mietersuche, Verwaltung und Jahresabrechnung können viel Zeit und Mühe kosten. Keinesfalls sollte er diesen Schritt tun, ohne sich vorher gut zu informieren (→ Seite 200).

Weniger Spielraum

Beispiel: *Eva Ellenbrink geht es derzeit finanziell nicht so gut wie ihrem Bruder Erik. Die 30-Jährige hat ihren Job bei der Tageszeitung verloren und schlägt sich nun als freie Journalistin durch. Durch Tagespauschalen und Honorare verdient sie im Schnitt 1600 Euro im Monat. Aus ihrer Redakteurszeit hat sie noch eine Kapitallebensversicherung über das Presseversorgungswerk. Als sie noch als Angestellte tätig war, hat ihr Arbeitgeber einen Teil zu den Beiträgen dazugezahlt. Nun überlegt sie sich, was sie als Selbstständige mit dem Vertrag machen soll. Auf die Dauer wird er ihr zu teuer, doch sie hofft, vielleicht wieder in einem Verlag arbeiten zu können, sodass noch die Chance besteht, wieder Zuschüsse zu bekommen.*

Viele Künstler und Publizisten werden froh sein, wenn sie wie Eva Ellenbrink als Mitglied der Künstlersozialkasse nur den halben Beitrag zur Sozialversicherung selbst aufbringen müssen: Während ein selbstständiger Lehrer bei einem Arbeitseinkommen von 1600 Euro im Monat 318,40 Euro als einkommensgerechten Beitrag in die gesetzliche Rentenversicherung zahlen muss, zahlt die freie Journalistin nur 159,20 Euro. Bei einem monatlichen Einkommen von 1000 Euro liegt der Unterschied immerhin auch noch bei 99,50 Euro.

Diesen Vorteil der gesetzlichen Sozialversicherung zum halben Preis sollten selbstständige Künstler und Publizisten nutzen und zumindest einen großen Teil der gesparten Versicherungsbeiträge für eine ergänzende Altersvorsorge einsetzen. Für jemanden mit einem vergleichsweise geringen Einkommen ist ein Riester-Vertrag sinnvoll, denn dann hilft der Staat beim Sparen. Bei einem Jahreseinkommen von 19000 Euro müsste Eva Ellenbrink 2007 nur 456 Euro (38 Euro im Monat) aus eigener Tasche aufbringen, um in den Genuss der maximalen Zulagen zu kommen, ab 2008 wären es 606 Euro im Jahr.

Freiwilliger Schutz vor Arbeitslosigkeit

Als zusätzliche Sicherheit sollten Künstler und Publizisten, die sich wie Eva Ellenbrink in einer beruflich unsicheren Situation befinden, freiwillige Beiträge in die Arbeitslosenversicherung zahlen. Wenn sie im Monat 25,73 Euro in den alten beziehungsweise 22,05 Euro in den neuen Bundesländern in die freiwillige Arbeitslosenversicherung einzahlen, erwerben sie die Sicherheit, dass sie bei ausbleibenden Aufträgen nicht mit leeren Händen dastehen, sondern sich den Anspruch auf Arbeitslosengeld erhalten.

Um sich versichern zu können, ist für Neugründer jedoch Eile geboten: Sie müssen sich innerhalb eines Monats nach der Gründung für die freiwilligen Beiträge entscheiden, um sich den Leistungsanspruch zu erhalten.

Wer bereits länger selbstständig ist, kann sich nicht mehr für diese Versicherung entscheiden. Das war nur 2006 möglich.

Was wird aus der Kapitallebensversicherung?

Welche finanziellen Spielräume die 30-Jährige darüber hinaus hat, hängt insbesondere davon ab, wie sie sich hinsichtlich ihrer Kapitallebensversicherung über das Presseversorgungswerk entscheidet. Ohne die finanzielle Unterstützung ihres früheren Arbeitgebers fällt es Eva Ellenbrink schwer, die Beiträge aufzubringen. In dieser Situation sollte sie genau überlegen, was sie mit dem Vertrag macht: die Beiträge weiter einzahlen in der Hoffnung, dass sich bald wieder ein Arbeitgeber findet, der sich an den Kosten beteiligt? Den Vertrag beitragsfrei stellen, verkaufen oder sogar kündigen?

Jede Variante hat Vor- und Nachteile, die im Einzelfall abzuwägen sind: Durch eine Kündigung würde die Journalistin insgesamt Verluste machen, entginge aber in der derzeitigen Situation weiteren Zahlungen. Die Beitragsfreistellung hätte Auswirkungen auf die Leistungen im Alter, weil der Anbieter womöglich die Überschüsse neu berechnet. Führt sie den Vertrag komplett auf eigene Rechnung weiter, nagt das zwar an ihrem derzeitigen finanziellen Polster, doch sie verliert nichts. Selbstständige Künstler, die in einer solchen Situation sind, sollten sich vor der Entscheidung über ihren Vertrag Rat einholen – beispielsweise bei einem unabhängigen Versicherungsberater oder bei einer Verbraucherzentrale (Adressen → Seite 214).

Selbst vorsorgen:

Die geeigneten Produkte

Wie sieht das optimale Produkt für die Altersvorsorge aus? Am besten wäre es, wenn Sie mit Ihrer Anlage möglichst hohe Renditen erzielen, ohne dabei um Ihr Geld fürchten zu müssen. Außerdem müssen Sie im Notfall kurzfristig an das Gesparte herankommen, ohne Verluste zu riskieren. Sonst sollten Sie sich aber um nichts kümmern müssen. Und wenn die Geldanlage zudem noch steuerliche Vorteile brächte, blieben kaum Wünsche offen.

Doch leider können Sie sich auf der Stelle von dem Traum verabschieden, all diese Eigenschaften in einem Produkt vereint zu finden. Mehr noch: Sie sollten sofort hellhörig werden, wenn ein Anbieter für eine Altersvorsorge mit traumhaften Renditen bei absoluter Sicherheit und Steuervorteilen wirbt.

Denn dies widerspricht den Grundregeln der Geldanlage: Die Chance auf hohe Renditen bedeutet im Gegenzug ein erhöhtes Risiko. Das müssen zum Beispiel Aktienkäufer hinnehmen. Wer sich hingegen für sichere Produkte wie eine private Rentenversicherung entscheidet, muss Abstriche bei der Flexibilität und der Höhe der Renditen machen. Das perfekte Vorsorgeprodukt an sich gibt es somit nicht.

Sicherheit und Renditechancen müssen sich bei der Altersvorsorge trotzdem nicht ausschließen. Wichtig ist, dass Sparer nicht alles auf eine Karte setzen, sondern die einzelnen Produkte geschickt mischen. Das senkt das Risiko deutlich und erhöht die Flexibilität.

Die richtige Kombination aus Fonds, Sparprodukten der Banken und Wertpapieren des Bundes sowie Versicherungspolicen müssen sich Selbstständige individuell zusammenstellen. Das Alter und die persönliche Lebenssituation spielen dabei, wie im Kapitel „Vorsorgestrategien für Selbstständige", Seite 67 beschrieben, eine wichtige Rolle. Aber auch die unternehmerische Situation – zum Beispiel wie sicher Einkommen und Auftragslage sind – ist nicht zu unterschätzen.

Vermögen sammeln mit Fonds, Zinsanlagen und Versicherungspolicen

Auf den folgenden Seiten werden die Produkte der privaten und der staatlich geförderten Vorsorge vorgestellt, aus denen Selbstständige ihre Strategie für eine durchdachte Altersvorsorge unter Berücksichtigung ihrer ganz persönlichen Lebenssituation, ihrer finanziellen Möglichkeiten, Spielräume und Flexibilität sowie ihrer Risikobereitschaft entwickeln können.

Welches Vorsorgeprodukt eignet sich für wen?

Anlageform	20- bis 35-Jährige	35- bis 50-Jährige	50- bis 65-Jährige
Basisabsicherung für Selbstständige Wählen Sie den Umfang so, dass Sie gemeinsam mit möglichen Einnahmen aus der gesetzlichen Alterssicherung die unvermeidbaren Ausgaben im Alter decken können.			
Rürup-Rente	Geeignet, um Altersvorsorge mit staatlicher Unterstützung auf eine sichere Basis zu stellen; Einstieg, wenn die finanziellen Möglichkeiten absehbar sind	Geeignet, um Altersvorsorge mit staatlicher Unterstützung auf eine sichere Basis zu stellen; geeignet, um größere Summen für das Alter zu sparen	Besonders geeignet für diejenigen, die nur noch wenige Jahre bis zur Rente haben, da Steuervorteil dann besonders groß
Riester-Rente (für Förderberechtigte)	Geeignet, reicht allerdings nicht als alleinige Vorsorge		
Private Rentenversicherung	Geeignet, um Altersvorsorge auf sichere Basis zu stellen; Einstieg, wenn die finanziellen Möglichkeiten absehbar sind	Geeignet, um Altersvorsorge auf sichere Basis zu stellen	Geeignet, jedoch bringt ein Rürup-Vertrag bei kurzer Laufzeit deutlich höhere Renditen
Kapitallebensversicherung	Neuverträge nicht geeignet. Prüfen, ob sich Durchhalten eines bestehenden Vertrags lohnt.		
Produkte zur Ergänzung der Basisabsicherung			
Aktienfonds	Geeignet	Geeignet, aber Umfang langsam reduzieren	Geeignet, aber nur noch als Beimischung
Mischfonds	Geeignet: Fonds mit hohem Aktienanteil wählen	Geeignet: Fonds mit ausgewogenem Aktien- und Rentenanteil wählen	Geeignet: Fonds mit geringem Aktienanteil wählen
Rentenfonds	Geeignet, aber zunächst nur wenig im Depot beimischen	Geeignet, langsam den Anteil im Depot erhöhen	Geeignet
Sparangebote der Banken (Sparbriefe, Festgelder, Sparpläne)	Geeignet. Jüngere Anleger sollten den Anteil an Sparanlagen gering halten, ältere den Anteil der Sparanlagen erhöhen.		
Wertpapiere des Bundes	Geeignet als Alternative zu den Bankangeboten		

Sie finden Antworten auf die zentralen Fragen, die für die richtige Auswahl der Produkte entscheidend sind:

- Wie sind die Renditechancen?
- Wie ist es um die Sicherheit des investierten Kapitals bestellt?
- Ist es möglich, kurzfristig verlustfrei an das Geld heranzukommen?
- Wie ist der Anlagehorizont der einzelnen Produkte?
- Wie sind sie mit Blick auf die Steuer zu beurteilen?
- Wie viel Zeit und Mühe müssen Sie selbst investieren und
- was müssen Sie beim Kauf beachten?

Bei den Anlageprodukten, die sich vorrangig für die Altersvorsorge von Selbstständigen eignen, finden Sie darüber hinaus jeweils am Anfang des Abschnitts einen Übersichtskasten, der Ihnen einen Schnellüberblick über ihre wichtigsten Vor- und Nachteile verschafft.

Wie die Zusammenstellung letztlich aussieht, hängt zwar von den individuellen Möglichkeiten und Präferenzen ab. Erstes Ziel sollte für einen Selbstständigen aber sein, eine sichere finanzielle Basis für das Alter zu schaffen. Mehr noch als für einen Angestellten ist entscheidend, dass monatlich eine feste Summe zur Verfügung steht: Wenn die gesetzliche Rentenversicherung dafür nicht infrage kommt oder nicht ausreicht, sollte ein privater Versicherungsvertrag – entweder ein Rürup-Vertrag oder eine klassische private Rentenversicherung – die unverzichtbare Sicherheit bringen.

Eine Alternative wäre für die Förderberechtigten ein Riester-Vertrag. Da hier allerdings nur geringere Fördersummen angelegt werden können, dürfte allein ein solcher Vertrag für das Alter nicht ausreichen.

TIPP

Angebote vergleichen

Wenn Sie sich unter Berücksichtigung Ihrer individuellen Voraussetzungen wie finanzielle Möglichkeiten oder Risikobereitschaft für eine oder mehrere Anlageformen entschieden haben, greifen Sie nicht gleich beim ersten Anbieter zu: Vergleichen Sie mehrere Angebote und Verträge. Lassen Sie sich ausrechnen, was Ihnen beispielsweise Ihr Rürup-Vertrag oder Ihre klassische Rentenversicherung nach derzeitigem Stand im Alter garantiert bringen wird. Lassen Sie sich nicht bedrängen, sondern nehmen Sie sich die Zeit, die Sie brauchen, um sich für das passende Angebot zu entscheiden.

Laufzeiten und Fristen einkalkulieren

Die einzelnen Vorsorgeprodukte haben unterschiedliche Laufzeiten und Kündigungsfristen, die ein Selbstständiger im Auge behalten sollte: Gerade bei Versicherungsverträgen gehen die Kunden häufig eine über viele Jahre dauernde Bindung ein. Auf deutlich kürzere Laufzeiten sind hingegen viele Sparanlagen bei der Hausbank ausgerichtet. Zudem gibt es Bankprodukte mit Kündigungsrecht. Dieses geht allerdings häufig zulasten der Rendite.

Grundsätzlich ist absolute Vorsicht geboten, wenn Selbstständige auf ihre Altersvorsorge zurückgreifen, um einen Engpass des Unternehmens zu überbrücken: Denn möglicherweise reicht etwa eine Finanzspritze aus der beliehenen Kapitallebensversicherung nicht aus, um auf Dauer Kreditraten zurückzahlen zu können und den Betrieb zu retten. Trotz kurzfristiger Überbrückung wird er insolvent, sodass der Unternehmer im schlimmsten Fall nicht nur ohne Firma, sondern auch noch ohne Rücklagen dasteht.

Geförderte Altersvorsorge: Der Staat hilft beim Sparen

Die Möglichkeiten, vom Staat beim Sparen unterstützt zu werden, sind für Selbstständige im Vergleich zu Angestellten und Beamten beschränkt. Die betriebliche Altersvorsorge kommt für sie in der Regel nicht infrage, Chancen auf vermögenswirksame Leistungen haben sie auch nicht. In den Genuss der Riester-Förderung kommen sie anders als Arbeitnehmer nur unter bestimmten Voraussetzungen.

Als geförderte Vorsorge, die für jeden Selbstständigen möglich ist, bleibt damit die Basis- oder Rürup-Rente, die im Jahr 2005 eingeführt wurde. In der Anfangszeit war sie kaum bekannt und lohnte sich in erster Linie für gut verdienende Menschen, die nicht mehr viel Zeit bis zum Ruhestand hatten. Durch eine steuerliche Neuregelung hat sie nun auch für andere Sparer deutlich an Attraktivität gewonnen.

Rürup-Rente

Die nach dem deutschen Wirtschafts- und Sozialexperten Bert Rürup benannte Altersvorsorge wendet sich speziell an Selbstständige. Wer einen Vertrag abschließt, profitiert von einem Steuervorteil in der Ansparphase.

Das ursprüngliche Ziel, insbesondere für Selbstständige eine Rentenlücke zu schließen, bedeutet jedoch nicht, dass auch nur sie in den Genuss der Förderung kommen können. Auch Beamte und Angestellte können sie nutzen.

Wie funktioniert die Rürup-Rente?

Wer sich für eine Rürup-Rente entscheidet, profitiert von einem Steuervorteil in der Ansparphase, der im Laufe der Jahre immer größer wird. 2005 – im ersten Jahr der Förderung – konnten alleinstehende Sparer 60 Prozent ihrer Vorsorgebeiträge und maximal 12 000 Euro als Sonderausgaben in der Steuererklärung geltend machen. Im Jahr 2007 sind es schon 64 Prozent und maximal 12 800 Euro. Für Ehepaare ist der maximal geförderte Beitrag doppelt so hoch.

Im Jahr 2025 werden dann 100 Prozent der Vorsorgebeiträge – maximal 20 000 Euro für Ledige und 40 000 Euro für Verheiratete – steuerfrei sein. Selbstständige, die keinerlei Beiträge in ein gesetzliches Alterssicherungssystem einzahlen, könnten diese maximale Fördersumme komplett in einen Rürup-Vertrag stecken. Aber auch deutlich geringere Beiträge sind möglich.

Für Selbstständige, die hingegen Beiträge in die gesetzliche Rentenversicherung oder in ein berufsständisches Versorgungswerk zahlen, wird die Rechnung komplizierter. Denn auch diese Beiträge fließen in den Förderhöchstbetrag mit ein, sodass für einen Rürup-Vertrag weniger Beiträge in der Steuererklärung geltend gemacht werden können. Zahlt beispielsweise ein alleinstehender selbstständiger Architekt im Jahr 2007 rund 12 000 Euro an sein berufsständisches Versorgungswerk, könnte er maximal noch 8 000 Euro Beiträge für einen Rürup-Vertrag als Sonderausgaben in der Steuererklärung berücksichtigen. Von diesen 8 000 Euro würde das Finanzamt in diesem Jahr 5 120 Euro (64 Prozent) als Sonderausgaben berücksichtigen (→ Kasten, Seite 16).

Den Steuervorteil während der Sparphase müssen die Rürup-Rentner im Alter bezahlen: Denn die Leistungen aus der Rürup-Rente müssen sie beim Finanzamt abrechnen. Wie groß der steuerpflichtige Anteil ist, hängt wie bei der gesetzlichen Rente vom Beginn der Zahlung ab: Versicherte, die das Rentenalter im Jahr 2010 erreichen, rechnen 60 Prozent der Leistung beim Finanzamt ab. Ab 2040 ist die Rente dann zu 100 Prozent steuerpflichtig (→ Tabelle, Seite 15).

Rürup-Rentenversicherung (klassische Variante)

Geeignet als Basisvorsorge

\+

- Sichere und relativ bequeme Altersvorsorge, speziell für Selbstständige.
- Durch staatliche Förderung höhere Renditen als bei einer klassischen privaten Rentenversicherung.
- Berufsunfähigkeits- und Hinterbliebenenschutz können vereinbart werden. Auch diese Beiträge können steuerlich geltend gemacht werden.

–

- Unflexibler Vertrag, da keine Kapitalauszahlung oder Beleihung möglich ist.
- Vertrag ist nicht vererbbar und nicht übertragbar.
- Im Vergleich zu Riester-Verträgen ungünstige Verteilung der Vertragsabschlusskosten.

Panne zu Anfang

Die Rürup-Rente war zwar speziell als Vorsorge für Selbstständige geschaffen worden, doch gerade in der Anfangszeit waren es ausgerechnet viele Selbstständige, die gar nicht von der Förderung profitierten. Aufgrund einer steuertechnischen Panne konnten viele Freiberufler und Gewerbetreibende weniger von ihren Rürup-Beiträgen von der Steuer absetzen als vorgesehen. Eine Gesetzesänderung, die rückwirkend zum 1. Januar 2006 eingeführt wurde, hat diese Panne behoben, sodass die Beiträge für einen Rürup-Vertrag vom ersten Euro an in der Steuererklärung zählen.

Anfangs gab es Rürup-Verträge ausschließlich von den Versicherern, seit Anfang 2007 dürfen nun auch Banken und Investmentgesellschaften Produkte anbieten. Der gesteigerte Wettbewerb kann für die Kunden nur von Vorteil sein. Im Juni 2007 gab es aber noch keine entsprechenden Angebote auf dem Markt.

Versicherungen in zwei Varianten

Die Versicherer bieten Rürup-Verträge als klassische Rentenversicherungen oder als fondsgebundene Versicherung an. Nur bei den klassischen Produkten bekommt der Kunde eine garantierte Verzinsung, bei den fondsgebundenen nicht. Bei Letzteren hängt seine Rendite davon ab, wie sich der Fonds während der Ansparzeit entwickelt. Manche Gesellschaften garantieren jedoch wenigstens eine Rente, die sich aus den eingezahlten Beiträgen ohne Zinsen ergibt.

Neben der garantierten Leistung bekommt der Kunde eine Überschussbeteiligung, wenn der Versicherer mehr erwirtschaftet hat. Wie er an den Überschüssen beteiligt wird, kann der Versicherte wählen. Bei einer klassischen Rentenversicherung gibt es drei Varianten der Überschussbeteiligung in der Ansparphase: die Bonusrente, die verzinsliche Ansammlung und die Anlage in Investmentfonds.

Am günstigsten ist die Bonusrente. Hier werden die jährlichen Überschüsse als Einmalbeiträge in die Rürup-Rente investiert. Dies erhöht dann die garantierte Rente. Bei fondsgebundenen Verträgen fließen die Überschüsse immer in Fonds.

Die fondsgebundene Variante ist nur für risikobewusste Sparer geeignet, die bereits über eine Basisabsicherung verfügen. Doch weil eine fondsgebundene Versicherung meist mit hohen Kosten verbunden ist, sollten sie sich eher für einen Rürup-Fondssparplan entscheiden – wenn es dieses Angebot dann wirklich gibt. Bei Redaktionsschluss dieses Ratgebers war dies noch nicht der Fall.

Gute Renditen zulasten der Flexibilität

Um die Förderung zu bekommen, muss der Rürup-Vertrag einige Voraussetzungen erfüllen:

- Der Vertrag darf nicht vererbbar und auf eine andere Person übertragbar sein (aber Sie können zumindest eine Beitragsrückgewähr vereinbaren → Seite 158).
- Die Rente darf frühestens ausgezahlt werden, wenn der Versicherte 60 Jahre alt ist.
- Auszahlungen sind nur in Form einer lebenslangen Rente möglich, eine Kapitalentnahme zu Beginn der Auszahlungszeit ist nicht erlaubt.

Aufgrund dieser Voraussetzungen ist die Rürup-Rente deutlich unflexibler als eine klassische private Rentenversicherung (→ Seite 153). Durch den Steuervorteil bietet sie aber für viele Personen- und Altersgruppen bessere Renditen als die klassische Versicherung.

TIPP

So sichern Sie sich den Sonderausgabenabzug

Lassen Sie sich vom Versicherer oder einem anderen Vertragspartner bestätigen, dass Ihr Rürup-Vertrag die Voraussetzungen erfüllt, damit Sie die Beiträge als Sonderausgaben geltend machen können. Diese Bestätigung benötigen Sie, um den Steuervorteil bei der Steuererklärung in Anspruch nehmen zu können.

Weiteren Zusatzaufwand erfordert ein Rürup-Vertrag nicht. Sie müssen nur die Jahresbescheinigung der Versicherung über die jährlich eingezahlten Beiträge später der Steuererklärung als Beleg beifügen. Darüber hinaus sollten Sie jedes Jahr darauf achten, dass Sie die Fördergrenzen nicht überschreiten.

Für wen lohnt sich die Rürup-Rente?

Die Rürup-Rente hat einen großen Vorteil für den Fall, dass die Geschäfte schlechter laufen als erhofft: In einem Rürup-Vertrag können Sie Geld in unbegrenzter Höhe ansparen, ohne den Anspruch auf Arbeitslosengeld II („Hartz IV") zu verlieren. Im Ernstfall kann das für Selbstständige, die ihre Unternehmertätigkeit aufgeben müssen und keinen Anspruch auf Arbeitslosengeld I haben, ein großer Vorteil sein. Aber: Sie dürfen nicht, wenn Sie Arbeitslosengeld II beantragen möchten, vorher schnell noch eine größere Summe in den Rürup-Vertrag einzahlen, um so einen Anspruch auf Arbeitslosengeld II erst herbeizuführen.

Abgesehen davon lohnt sich die Rürup-Rente nicht für jeden selbstständigen Vorsorgesparer gleichermaßen. Wie hoch die Rendite einer Rürup-Rente ausfällt, hängt wesentlich von der Laufzeit des Vertrags und vom persönlichen Steuersatz des Sparers ab.

Der Vertragsabschluss rentiert sich vor allem für ältere Sparer mit einem hohen persönlichen Steuersatz, die nur noch wenige Jahre bis zur Rente haben. Sie profitieren von den Steuervorteilen in der Ansparphase und müssen im Gegenzug nur einen vergleichsweise geringen Anteil der Rürup-Rente versteuern. Angenommen, ein Rürup-Sparer hat 2006 einen Vertrag mit fünfjähriger Laufzeit abgeschlossen. Dann geht er 2011 in Rente und muss stets 62 Prozent seiner Rürup-Rente beim Finanzamt abrechnen. In den wenigen Jahren bis zur Auszahlung kann er aber deutlich mehr als 62 Prozent seiner Einzahlungen berücksichtigen, um seine Steuerlast zu mindern: Im Jahr 2007 setzt er 64 Prozent der Beiträge ab, 2008 sind es 66 Prozent. Der Anteil steigt weiter.

Setzt man voraus, dass ein Rürup-Vertrag ohne staatliche Förderung eine Rendite von 4 Prozent bringt, kommt ein Sparer, der in der Ansparphase 30 Prozent Steuern zahlen muss, mit staatlicher Förderung bei fünfjähriger Vertragslaufzeit auf 7,1 Prozent Gesamtrendite (→ Tabelle unten).

Die Renditen der Altersvorsorgeprodukte im Vergleich

	Riester		Rürup		Klassische private Rentenversicherung	
Steuersatz	**30%**	**44%**	**30%**	**44%**	**30%**	**44%**
Laufzeit						
3 Jahre	1)	1)	8,8%	10,0%	2,1%	0,8%
4 Jahre	1)	1)	7,8%	8,6%	2,5%	1,4%
5 Jahre	8,6%	9,7%	**7,1%**	7,7%	2,8%	1,9%
10 Jahre	6,4%	6,9%	5,5%	5,6%	3,3%	2,9%
15 Jahre	5,6%	5,9%	5,0%	5,0%	3,6%	3,2%
20 Jahre	5,2%	5,4%	4,7%	4,7%	3,7%	3,4%
25 Jahre	4,9%	5,1%	4,6%	4,5%	3,7%	3,6%
30 Jahre	4,7%	4,9%	4,4%	4,4%	3,8%	3,6%
35 Jahre	4,6%	4,8%	4,3%	4,3%	3,8%	3,7%
40 Jahre	4,5%	4,7%	4,3%	4,2%	3,9%	3,7%

Für diese Beispielsrechnung haben wir für die einzelnen Varianten der Altersvorsorge eine Grundrendite von 4 Prozent angenommen und untersucht, wie sie durch die staatliche Förderung steigt. Steuer- und Sozialabgabenlast im Berufsleben und im Alter sind berücksichtigt. Zum Vergleich wurde auch berechnet, wie viel bei einer nicht geförderten Rentenversicherung nach Steuern von 4 Prozent Grundrendite bleibt, wenn die Rente mit 65 Jahren beginnt. Bei Riester-Verträgen wird angenommen, dass die Steuerersparnis für die Beiträge günstiger als die Zulagen ist. Selbstständige erzielen die für die Rürup-Verträge berechneten Renditen, wenn sie für andere Vorsorgeaufwendungen mindestens 4 402 Euro im Jahr ausgeben.

Steuersätze

Die Stiftung Warentest ist hierbei von zwei verschiedenen Steuersätzen im Berufsleben ausgegangen und nimmt an, dass sie im Ruhestand jeweils um 10 Prozent sinken. Die Steuersätze betragen mit Solidaritätszuschlag im Berufsleben:

- 30 Prozent für zu versteuernde Einkommen ab 22 500/45 000 Euro (Alleinstehende/Ehepaare)
- 44 Prozent für zu versteuernde Einkommen ab 51 500/103 000 Euro im Jahr (Alleinstehende/Ehepaare)

1) Angaben nicht sinnvoll. Es werden geringe Einzahlungen gefördert, mit denen bei kurzen Laufzeiten nur Minirenten möglich sind.

Schlechter schneiden jüngere Sparer ab, die beispielsweise erst im Jahr 2041 in Rente gehen. Sie können zwar auch einen stetig steigenden Anteil ihrer Beiträge von der Steuer absetzen, aber eben nicht alles. Die Rentenleistung im Alter müssen sie zu 100 Prozent beim Finanzamt abrechnen. Das heißt: Im Vergleich zu älteren Versicherten profitieren sie weniger vom Steuervorteil. Aber sie profitieren auf jeden Fall.

Wer sich für einen Rürup-Vertrag entscheidet, geht oftmals eine lange Bindung ein. Umso wichtiger ist es, den Vertrag nicht beim erstbesten Vertreter abzuschließen, sondern unabhängigen Rat zu holen. Vereinbaren Sie darüber hinaus, dass ein Anbieterwechsel möglich ist. Nur dann können die Kunden in der Ansparphase den Vertragspartner wechseln, wenn sie unzufrieden sind. Allerdings entstehen bei jedem Vertragswechsel Kosten. Deshalb sollte man sich einen solchen Schritt gut überlegen.

Anstatt gleich den Anbieter zu wechseln, wäre eine Alternative, den Vertrag beitragsfrei zu stellen. Das heißt, der Sparer zahlt nicht mehr ein – wenn er beispielsweise sein Geld anderweitig anlegen möchte oder den Beitrag einfach nicht mehr aufbringen kann. Es ist allerdings nicht möglich, das bis dahin gesparte Kapital vorzeitig ausbezahlt zu bekommen.

Zusatzleistungen möglich

Sinnvoll ist es, einen Rürup-Vertrag abzuschließen mit Beitragsrückgewähr im Todesfall während der Ansparphase. So sind die eingezahlten Beiträge nicht verloren, falls der Versicherte vor Beginn der Rentenauszahlung stirbt, und die Familie profitiert davon. Die Abstriche bei der späteren Rente des Versicherten sind durch diese Zusatzleistung eher gering.

Vermeiden sollten Sie allerdings, im Vertrag eine Hinterbliebenenrente mit abzuschließen. Wenn Sie diese Leistung mit vereinbaren, verlieren Sie deutlich mehr Ihrer Rentenansprüche. Besser sind Sie dran, wenn Sie separat eine Risikolebensversicherung abschließen, um Ihre Angehörigen abzusichern.

Steuerlich attraktiv kann es sein, in den Rürup-Vertrag einen Berufsunfähigkeitsschutz mit einzuschließen. Wenn maximal 49 Prozent der Beiträge in den Zusatzschutz fließen, gilt der Steuervorteil in der Ansparphase nicht nur für die Aufwendungen für die Altersvorsorge, sondern auch für den Berufsunfähigkeitsschutz. Die Berufsunfähigkeitsrente aus einem Rürup-Vertrag ist dann allerdings auch nachgelagert zu versteuern – und nicht mit dem Ertragsanteil wie bei einer separaten Berufsunfähigkeitsversicherung. Für diejenigen, die keine separate Berufsunfähigkeitsversicherung bekommen, kann diese Zusatzleistung interessant

Und wenn ich die Beiträge nicht mehr zahlen kann?

Rürup-Sparer, die ihre Beiträge nicht mehr aufbringen können oder wollen, können ihren Vertrag beitragsfrei stellen. Dies kann dann zum Problem werden, wenn schon nach wenigen Jahren keine Beiträge mehr auf das Konto fließen. Bei Verträgen, bei denen die Abschluss- und Vertriebskosten auf einen Schlag von den Beiträgen abgezogen werden, reicht das vorhandene Geld auf dem Konto dann womöglich nicht aus für eine Rente. Die Beiträge sind entweder komplett verloren, oder der Kunde erhält Geld zurück. Die Steuervorteile muss er zurückzahlen. Kunden sollten Verträge bevorzugen, bei denen die Abschlusskosten auf mehrere Jahre verteilt werden. Bei Riester-Verträgen müssen die Abschlusskosten auf fünf Jahre verteilt werden. Bei Rürup-Verträgen gibt es dafür keine Vorschriften.

sein, weil die Gesundheitsprüfung nicht so streng ist. Allerdings müssen Sie auch mit dieser Zusatzleistung spürbare Einschnitte bei der Altersrente in Kauf nehmen.

Riester-Rente

Riester-Produkte kommen zwar nicht für alle Selbstständigen infrage, aber doch für einen großen Teil. Denn nicht nur Arbeitnehmer haben direkten Anspruch auf die Riester-Förderung, sondern unter anderem auch die Selbstständigen, die in der gesetzlichen Rentenversicherung pflichtversichert sind wie Lehrer, Hebammen oder Künstler und Publizisten. Und auch für alle anderen Selbstständigen gibt es noch eine Chance, in den Genuss der Förderung zu kommen: Wenn ihr Ehepartner beispielsweise als Angestellter Anspruch auf die Riester-Förderung hat. Diese „indirekte Förderung“ ist aber nur möglich, wenn der förderberechtigte Partner einen eigenen Vertrag abgeschlossen hat. Hat ein Sparer keinen Anspruch mehr auf die Förderung oder kann er seine Beiträge nicht mehr aufbringen, hat er die Möglichkeit, den Vertrag ruhen zu lassen und gegebenenfalls später wieder einzuzahlen.

Eingeführt wurde die Riester-Förderung im Jahr 2002. Sie soll helfen, die Lücken der gesetzlichen Rentenversicherung zu schließen. Nachdem Riester-Verträge in der Anfangszeit nur wenig verkauft wurden, erlebten die Produkte in jüngster Vergangenheit einen regelrechten Boom. Bis Ende 2006 wurden rund 8 Millionen Verträge abgeschlossen.

Wie funktioniert die Riester-Förderung?

Riester-Angebote gibt es in Form von Fondssparplänen, Banksparplänen und Rentenversicherungen. In der Ansparphase sind Riester-Produkte steuerfrei, während die Leistungen im Alter voll steuerpflichtig sind.

Der Staat unterstützt Riester-Sparer mit finanziellen Zulagen und Steuervorteilen. Vor allem kinderreiche Familien profitieren von der Zulagenregelung. Gut verdienende Singles haben hingegen eher Vorteile, weil sie ihre Beiträge als Sonderausgaben in der Steuererklärung geltend machen können.

Für jeden Riester-Sparer prüft das Finanzamt nach Abgabe der Steuererklärung, ob neben den Zulagen, auf die die Sparer Anrecht haben, noch eine Steuerersparnis möglich ist. Bei dieser Günstigerprüfung zieht das Finanzamt die selbst eingezahlten Beiträge und Zulagen als Sonderausgaben ab, sodass das zu versteuernde Einkommen sinkt. Ist die Steuerersparnis für den Riester-Sparer dadurch höher als die vom Staat gezahlten Zulagen, erstattet das Finanzamt die Differenz.

Für alle Riester-Produkte – egal ob Rentenversicherung, Fondssparplan oder Banksparplan – ist die Förderung gleich. Ein Sparer kann immer sicher sein, dass er mit einem Riester-Produkt ein Plus macht – selbst dann, wenn eine Geldanlage überhaupt keine positive Entwicklung nehmen würde. Ihm sind zumindest seine eingezahlten Beiträge und die staatlichen Zulagen im Alter sicher. Jeder kann sein Riester-Vermögen komplett in Form einer Rente ausbezahlt bekommen. Möglich ist aber auch, zu Rentenbeginn maximal 30 Prozent des gesparten Kapitals auf einmal zu entnehmen, wenn dies im Vertrag vereinbart wurde.

Riester-Rente

Geeignet als Teil der Basisvorsorge

+

- Sichere und bequeme Altersvorsorge für Selbstständige, die Anspruch auf die staatliche Förderung haben.
- Durch staatliche Förderung hohe Renditechancen.
- Möglichkeit, aus verschiedenen Produkten (Versicherung, Fonds- oder Banksparplan) zu wählen.
- Möglichkeit, zumindest 30 Prozent des Kapitals auf einen Schlag ausgezahlt zu bekommen.

–

- Nicht jeder Selbstständige hat Anspruch auf die Förderung.
- Vergleichsweise geringe Anlagesumme möglich, daher als alleinige Altersvorsorge nicht ausreichend.

Riester für direkt Förderberechtigte

Pflichtversicherte Selbstständige, die sich für einen Riester-Vertrag entscheiden, bekommen auf Antrag eine oder mehrere Zulagen. Für 2007 gibt es maximal 114 Euro für einen Erwachsenen, für jedes Kind 138 Euro Zulage. Haben beide Eltern einen Riester-Vertrag, müssen sie sich überlegen, wer den Zuschuss für die Kinder erhält.

Die volle Zulage für 2007 bekommen Sparer, die 3 Prozent ihres Bruttoeinkommens aus dem Vorjahr minus Zulagen aus eigener Tasche in den Riester-Vertrag zahlen. Wer weniger spart, kriegt entsprechend weniger Zulage. Geringverdiener zahlen mindestens 60 Euro im Jahr. Mehr als 1575 Euro im Jahr aus Eigenleistung und Zulagen werden 2007 nicht gefördert.

Ab 2008 gelten neue Fördergrößen. Für die volle Grundzulage müssen 4 Prozent des Bruttoeinkommens des Vorjahres abzüglich der Zulagen eingezahlt werden. Die Grundzulage pro Person beträgt dann 154 Euro, die Zulage je Kind liegt bei 185 Euro. Für Kinder, die ab dem 1. Januar 2008 geboren werden, gibt es sogar 300 Euro Zulage im Jahr. Kinderzulage erhalten die Eltern, solange sie Kindergeld für ein Kind bekommen. Der geförderte Höchstbeitrag liegt ab 2008 bei 2100 Euro.

Grundzulage und Kinderzulage

Zeitraum	Grundzulage	Kinderzulage
2007	114 Euro	138 Euro
ab 2008	154 Euro	185 Euro oder 300 Euro [1])

[1]) für Kinder, die ab dem 1. Januar 2008 geboren werden

Zusätzlich steuerlich profitieren können Anleger, die direkt förderberechtigt sind, weil sie ihre Beiträge (einschließlich Zulagen) absetzen können. Um eventuell bestehende Steuervorteile über die Zulagen hinaus zu nutzen, müssen sie der Steuererklärung eine Bestätigung ihres Anbieters beilegen, aus der hervorgeht, wie viel sie selbst eingezahlt haben.

Indirekt Förderberechtigte rechnen anders

Auch als indirekt Förderberechtigter – zum Beispiel der selbstständige Ehemann einer angestellt tätigen Ehefrau – haben Sie Anspruch auf die Grundzulage. Sie können allerdings keinen eigenen Anspruch auf steuerfreie Beiträge erheben. Ob Sie einen Steuervorteil haben, hängt davon ab, ob Ihr Partner seinen Förderhöchstbetrag (2007 also 1575 Euro) schon ausgeschöpft hat oder nicht.

Überschreiten die Beiträge und Zulagen beider Partner zusammen den zulässigen Höchstbetrag nicht, werden die Beiträge des indirekt geförderten über die Steuererklärung rückwirkend noch steuerfrei.

Die einzelnen Produkte

Riester-Angebote unterscheiden sich vor allem hinsichtlich der Anlageform und der Kosten. Möglich ist, in einen Fondssparplan, in einen Banksparplan oder in eine Rentenversicherung zu investieren. Welches Produkt sich eignet, ist vor allem eine Frage des Alters.

Jüngere Anleger, die noch Zeit bis zum Rentenalter haben, können das Risiko eines Fondssparplans in Kauf nehmen, für ältere Anleger ist dieses Produkt hingegen nur noch bedingt geeignet. Bleiben bis zum Ruhestand nur noch zehn Jahre Zeit, sollte sich der Sparer besser für einen geförderten Banksparplan entscheiden. Dieser ist sicherer als Fondsinvestments.

Riester-Fondssparplan

Fondssparpläne bieten auf der einen Seite die höchsten Renditechancen, sind auf der anderen Seite allerdings riskanter als die übrigen Riester-Angebote. Das heißt jedoch nicht, dass Sparer bei einem Riester-Fonds einen Verlust fürchten müssen, sofern sie den Vertrag nicht vor Rentenbeginn kündigen: Liegt der Kurs der Fondsanteile zu Rentenbeginn unter der Summe der eingezahlten Beiträge, muss die Fondsgesellschaft dennoch das eingezahlte Kapital und die staatlichen Zulagen als Rente auszahlen. Auch diese Vorstellung erscheint bitter genug, doch sie ist nicht sehr wahrscheinlich, da es bei den meisten Angeboten schon zu einem Totalverlust der in Aktien angelegten Beitragsanteile kommen müsste, damit dieser Fall eintritt.

Die Renditen der Angebote können sich bisher sehen lassen, sie liegen bei den besten Angeboten bei über 11 Prozent pro Jahr. Das Fonds-Investment eignet sich vor allem für junge Sparer, die noch viele Jahre Zeit bis zum Rentenalter haben und so vorübergehende Schwächen an den Börsen abwarten können.

Die Anleger können durch die Produktauswahl selbst mit beeinflussen, wie hoch Risiko und Renditechancen sind. Ihren Riester-Fondssparplan schließen sie entweder bei einer Bank oder bei freien Vermittlern ab.

TIPP

Den richtigen Riester-Fondssparplan finden

- Es gibt derzeit (Stand: Juni 2007) nur sieben Gesellschaften, die Riester-Fondssparpläne anbieten. Dies sind (in alphabetischer Reihenfolge) Allianz/dit, BHW, cominvest, Deka, DWS, HansaInvest und Union Investment.
- Teilweise bieten Fondsvermittler diese Sparpläne günstiger an als die Gesellschaften selbst. Wichtiger als ein guter Rabatt ist aber ein guter Sparplan.
- FINANZtest untersucht Riester-Fondssparpläne regelmäßig. Sie finden die jeweils aktuelle Untersuchung und Adressen von Fondsvermittlern unter **www.finanztest.de**, Suche nach „Riester-Fondssparplan". Der Download kostet 2 Euro.

Riester-Banksparplan

Wer plant, ein Haus zu bauen, kann dafür seinen Riester-Vertrag beleihen. Sparer, die dies vorhaben, sollten nicht auf einen Fondssparplan setzen, sondern eher auf einen Banksparplan. Riester-Banksparpläne sind flexibel und sehr sicher. Sie eignen sich vor allem für ältere Sparer. Diejenigen, die sich für einen Banksparplan entscheiden, können sich auf eine angemessene Rendite verlassen und haben so gut wie keine Nebenkosten. Allerdings ist es nicht so einfach, das wirklich passende Angebot zu finden, da es nur wenige Anbieter von Riester-Banksparplänen gibt und unterschiedliche Zinsbedingungen und Bonusregeln den Vergleich der Angebote erschweren. Treffen die Sparer die falsche Produktauswahl, verschenken sie Rendite.

TIPP

Den richtigen Riester-Banksparplan finden

Leider gibt es kein flächendeckendes Angebot an Riester-Banksparplänen, denn die großen Banken bieten sie nicht an. Eher fündig werden Sie bei regional tätigen Sparkassen und Genossenschaftsbanken. Viele dieser Institute nehmen auch ortsfremde Kunden an. Finanztest untersucht regelmäßig Riester-Banksparpläne. Die aktuellen Tests mit einer Übersicht der Anbieter und Adressen finden Sie unter **www.finanztest.de**, Suche nach „Riester-Banksparplan“. Der Download kostet 2 Euro.

Riester-Rentenversicherung

Unter den drei Riester-Produkten wird am häufigsten die Riester-Rentenversicherung verkauft, obwohl mit ihr höhere Abschlusskosten verbunden sind als mit den anderen Produkten. Trotzdem ist die Riester-Rentenversicherung unter den Sparern sehr beliebt – vielleicht, weil sie schon zum Vertragsabschluss eine Mindestrente garantiert. Wer sein Geld in einen klassischen Riester-Rentenversicherungsvertrag investiert, hat eine geringe garantierte Verzinsung sicher. Darüber hinaus kann er noch eine Überschussbeteiligung bekommen, die jedoch nicht garantiert ist (→ klassische private Rentenversicherung, Seite 155).

Möglich wäre auch, das Geld in eine häufig angebotene fondsgebundene Riester-Rentenversicherung zu stecken. Doch die Kombination aus Fonds-Sparen und Versicherung in einem Riester-Vertrag verursacht höhere Kosten als ein reiner Fondssparplan oder eine klassische Riester-Rentenversicherung. Sie kommt eigentlich nur für Anleger infrage, die sich die Fonds aus einer größeren Fondspalette selbst zusammenstellen möchten und dafür die höheren Kosten in Kauf nehmen.

Riester-Vermögen vererben

Wer Geld in einen Riester-Vertrag einzahlt, muss sich keine Sorgen machen, dass seine Angehörigen leer ausgehen, falls er während der Einzahlphase stirbt. Das Vermögen, das in Fonds- oder

Banksparverträgen steckt, kann in der Sparphase immer vererbt werden, ohne dass dafür extra gezahlt werden muss. Auch bei Riester-Rentenversicherungen ist das möglich – allerdings muss dazu im Vertrag eine Leistung bei Tod in der Ansparphase vereinbart sein. Das ist jedoch üblich.

Der Ehepartner, mit dem der Riester-Sparer bis zu seinem Tod verheiratet war, kann das gesamte Gesparte erben. Dafür muss er das Geld auf einen eigenen Riester-Vertrag übertragen lassen. Das funktioniert auch, wenn er den Vertrag erst nach dem Tod des Partners abschließt. Im Vertrag des Verstorbenen muss diese Möglichkeit genannt sein, was in der Regel auch der Fall ist. Ob der erbende Partner selbst förderberechtigt war oder ist, ist nicht von Bedeutung. Andere Hinterbliebene können das Riester-Gesparte nicht komplett bekommen: Sie müssen die gewährten Zulagen und Steuervorteile zurückerstatten.

Es kann sein, dass die Angehörigen auch noch vom Riester-Vermögen profitieren, wenn der Sparer zu einem Zeitpunkt stirbt, zu dem die Rente schon ausgezahlt wurde. Floss eine Rente aus der Riester-Rentenversicherung, stellt der Versicherer die Zahlung nach dem Tod des Versicherten ein – es sei denn, es wurde eine Rentengarantiezeit vereinbart. Dann wird bis zum Ablauf dieser Frist weiter gezahlt.

Haben Riester-Sparer hingegen zunächst einen Auszahlplan vereinbart, geht das Restkapital an die Erben.

Schutz für Geduldige: Versicherungen

Viele Selbstständige haben nie oder nicht ihr gesamtes Erwerbsleben lang in ein gesetzliches Alterssicherungssystem eingezahlt. Ihnen fehlt damit die Sicherheit, im Alter jeden Monat eine gesetzliche Rente auf ihr Konto zu bekommen, von der sie ihren Lebensunterhalt bestreiten könnten. Diese Sicherheit müssen sie sich nun privat schaffen. Eine Möglichkeit ist die geförderte Rürup-Rente (→ Seite 141), eine andere die klassische private Rentenversicherung. Wenig geeignet ist hingegen eine Kapitallebensversicherung, die über Jahrzehnte für viele das private Vorsorgeprodukt überhaupt war.

Die Entscheidung für eine Versicherungspolice als Altersvorsorge will gut vorbereitet sein. Der Kunde geht häufig eine jahrzehntelange Bindung mit dem Versicherer ein, ein vorzeitiger Ausstieg ist meist nur unter großen Verlusten möglich.

Private Rentenversicherung

Eine klassische private Rentenversicherung bedeutet im Alter ein garantiertes Zusatzeinkommen, das nur zu einem relativ geringen Anteil versteuert werden muss. Auf der anderen Seite ist die Rentenversicherung vergleichsweise unflexibel: Wer sich für eine klassische ansparende Versicherung entscheidet, muss regelmäßig Beiträge einzahlen. Kann er diese Summe nicht aufbringen und muss den Vertrag beitragsfrei stellen oder womöglich sogar kündigen, riskiert er im schlimmsten Fall, einen Teil seiner gezahlten Beiträge zu verlieren. Deshalb sollte jeder vor Abschluss der Versicherung wissen, wie viel Geld er regelmäßig einzahlen kann.

Speziell für Selbstständige gilt: Für diejenigen, die keinerlei oder kaum Ansprüche aus der gesetzlichen Rentenversicherung haben, ist eine private Rentenversicherung unbedingt sinnvoll. Denn auch sie benötigen eine gewisse Sicherheit für ein Einkommen im Alter.

Klassische private Rentenversicherung

Geeignet als Basisvorsorge

+
- Sichere und bequeme Altersvorsorge für Sparer, die sich die Beiträge bis zum Vertragsende leisten können.
- Vergleichsweise geringer Steuersatz im Alter.
- Einmalige Einzahlung oder jahrelange regelmäßige Beiträge möglich.

–
- Mäßige Rendite.
- Ein Vorsorgesparer bekommt nur dann mehr heraus, als er eingezahlt hat, wenn er lange lebt.
- Absicherung der Angehörigen schmälert die Altersrente.
- Verlustrisiko bei frühzeitiger Beitragsfreistellung oder Kündigung.

Wann den Vertrag abschließen?

Hier stellt sich nun die Frage: Wann ist der beste Zeitpunkt für den Abschluss einer klassischen Rentenversicherung und wie viel soll eingezahlt werden? Die private Rentenversicherung können Selbstständige schon im jungen Alter abschließen. Wenn sie den Vertrag durchhalten, hat der frühe Abschluss den Vorteil, dass sie sich auf jeden Fall einen finanziellen Grundstock für das Alter aufbauen. Die Möglichkeit, mal eben an das Ersparte heranzugehen, wenn es im Betrieb nicht so gut läuft, ist von Anfang an erschwert. Außerdem ist das Geld, das in einem Altersvorsorgevertrag steckt, im Insolvenzfall bis zu einer bestimmten Höhe geschützt, wenn kein Kapitalwahlrecht vereinbart wurde (→ Seite 157).

Das heißt, der Selbstständige hat die Sicherheit, zumindest einen Teil seiner Altersvorsorge zu behalten, selbst wenn er in der Schuld von Gläubigern steht.

Problematisch wird der frühe Vertragsabschluss, wenn der Selbstständige die Versicherungsbeiträge nicht mehr aufbringen kann und den Vertrag im schlimmsten Fall kündigen muss. Das bedeutet Verluste. Existenzgründer, Kleinunternehmer oder Freiberufler sollten sich daher erst an einen solchen Versicherungsvertrag binden, wenn sie genau abschätzen können, dass sie die Beiträge regelmäßig entbehren können. Bis dahin sollten sie jedoch nicht tatenlos bleiben, sondern trotzdem versuchen, zumindest etwas zurückzulegen. Dabei sollten sie auf flexiblere Produkte wie etwa einen Bank- oder Fondssparplan setzen, bei denen sie im Notfall problemlos und ohne Verluste zu riskieren mit den Zahlungen aussetzen können.

Eine klassische private Rentenversicherung können Selbstständige auch noch deutlich später abschließen. Die Notwendigkeit, sicher für das Alter vorsorgen zu müssen, sollten sie jedoch auch bis dahin nicht aus dem Auge verlieren. Anstatt 35 Jahre lang in eine Rentenversicherung einzuzahlen, können sie auch erst 20 Jahre vor Rentenbeginn einsteigen – dann allerdings mit einem höheren Beitrag. Vor Vertragsabschluss kann sich der Kunde ausrechnen lassen, wie viel er regelmäßig einzahlen müsste, um beispielsweise eine monatliche Privatrente von 1200 Euro zu bekommen.

Es ist auch möglich, erst jenseits der 50 einen Vertrag für eine klassische Rentenversicherung abzuschließen. Wollen Kunden offenhalten, ob sie sich im Rentenalter womöglich doch eine größere Summe auf einmal auszahlen lassen, sollte der Vertrag aber mindestens eine Laufzeit von 12 Jahren haben. Denn dann sind bei einer Kapitalauszahlung die Erträge von Sparern, die mindestens 60 Jahre alt sind, zur Hälfte steuerfrei.

Eine weitere Alternative wäre, kurz vor dem Rentenalter eine große Summe einzuzahlen, die dann in Form einer Sofortrente ausbezahlt wird. Diese Variante kann beispielsweise für gesunde Selbstständige interessant sein, wenn ihnen etwa aus dem Verkauf ihrer Praxis oder ihres Handwerksbetriebs eine größere Summe zur Verfügung steht und sie das Geld sicher anlegen wollen. Um finan-

TIPP

Die Beiträge nicht zu niedrig wählen

In Rentenversicherungsverträge können Sie schon kleine Beiträge von zum Beispiel 40 Euro monatlich einzahlen. Aber dann geht oft ein überproportional hoher Anteil für Kosten drauf. Wer das nicht wünscht, sollte ein Angebot für verschiedene Beiträge, am besten jährliche, von zum Beispiel 1200 bis 2400 Euro einholen und die Leistungen dafür vergleichen. Es gilt die Faustregel: 600 Euro Jahresbeitrag dürfte mit Blick auf die Kosten eine sinnvolle Untergrenze sein. Eine monatliche Zahlungsweise kostet häufig 5 Prozent Zuschlag.

ziell flexibel zu bleiben, sollten sie jedoch nicht ihr ganzes Vermögen in die Sofortrente stecken. Der finanzielle Erfolg der Rentenversicherung hängt stark davon ab, wie lange der Versicherte von der Zahlung profitiert. Stirbt er kurz nach Rentenbeginn, ist das Geld für die Erben unter Umständen komplett verloren.

Wie funktioniert die klassische Rentenversicherung?

Bei einer klassischen, ansparenden privaten Rentenversicherung zahlt der Kunde über mehrere Jahre – vielleicht sogar Jahrzehnte – Beiträge ein. Jeder Versicherte kann selbst entscheiden, wie hoch sein Beitrag ist. Allerdings sollte er seine Beiträge nicht monatlich, sondern jährlich zahlen, weil ihm das meist etwa 5 Prozent Rabatt bringt.

Welche Rente der Versicherte im Alter für seine geleisteten Beiträge herausbekommt, ist je nach Versicherer unterschiedlich. Umso wichtiger ist es, dass sich die Kunden vor Vertragsabschluss genau informieren und Angebote vergleichen. Dabei sollten sie nicht auf die genannte Gesamtrente achten, sondern zunächst auf die garantierte Rente schauen. Je höher die Garantieleistung, desto besser ist das Angebot.

Die Leistungen einer privaten Rentenversicherung unterteilen sich in Garantierente und Überschussbeteiligung. Die Renditen der garantierten Renten sind häufig eher mäßig. Interessant wird die Rentenversicherung in erster Linie durch das, was der Kunde darüber hinaus an Überschüssen vom Versicherer bekommt. Die Höhe dieser Überschussbeteiligung hängt wiederum stark davon ab, wie erfolgreich der Versicherer die Beiträge angelegt hat.

Für die Auszahlung der Renten sollte sich der Kunde für die „volldynamische Variante" entscheiden. Dann muss er keine Kürzungen befürchten, wenn die Überschüsse einbrechen oder die Unternehmen sie wegen weiter steigender Lebenserwartung senken. Hat der Versicherer hingegen eine gute Anlagestrategie parat, kann die Rente im Laufe der Jahre sogar kontinuierlich ansteigen. Dann kann der Selbstständige seinen Lebensstandard trotz Inflation sichern.

Rente oder große Summe zu Beginn?

Vereinbart der Kunde im Vertrag ein Kapitalwahlrecht, hat er den Vorteil, dass er entscheiden kann, ob er sein Geld im Alter als monatliche Rente erhält oder ob er einen Teil der Leistung auf einen Schlag ausgezahlt bekommt, weil er beispielsweise für eine umfangreiche Renovierung seines Hauses eine größere Summe benötigt. Doch Achtung: Für die Auszahlungen gelten unterschiedliche Steuerregeln.

Rentenzahlungen muss der Versicherte nur mit dem Ertragsanteil versteuern. Wie hoch dieser ist, hängt davon ab, ab wann die Rente erstmals gezahlt wird. Beginnt die Zahlung mit dem 65. Geburtstag, sind nach derzeitigem Stand nur 18 Prozent der Rente steuerpflichtig. Zahlt der Versicherer schon ab dem 60. Geburtstag, muss der Kunde 22 Prozent versteuern. Bei einer Rente von 1000 Euro wären das 220 Euro.

Bekommt der Kunde hingegen auf einmal eine größere Summe ausgezahlt, kann die Steuerlast deutlich höher sein. Entscheidend ist, wann der Rentenversicherungsvertrag abgeschlossen wurde. Versicherte, die ihren Vertrag vor 2005 unterzeichnet haben, haben Glück: Sie müssen auf das ausgezahlte Kapital keine Steuern zahlen, wenn der Vertrag mindestens zwölf Jahre Laufzeit hatte und sie mindestens fünf Jahre Beiträge eingezahlt haben.

Bei Neuverträgen wird die Rechnung komplizierter: Von der ausgezahlten Summe werden die bis dahin eingezahlten Beiträge abgezogen. Vom Rest muss der Versicherte die Hälfte beim Finanzamt abrechnen, wenn er die Auszahlung nach seinem 60. Geburtstag bekommt und der Vertrag mindestens zwölf Jahre lief.

Steuerpflichtiger Anteil bei privaten Renten

Alter bei Rentenbeginn	Steuerpflichtiger Anteil der Rente	Steuerpflichtig bei einer Rente von 1000 Euro
50 Jahre	30 %	300 Euro
51 Jahre	29 %	290 Euro
53 Jahre	28 %	280 Euro
54 Jahre	27 %	270 Euro
55 Jahre	26 %	260 Euro
57 Jahre	25 %	250 Euro
58 Jahre	24 %	240 Euro
59 Jahre	23 %	230 Euro
60 Jahre	22 %	220 Euro
62 Jahre	21 %	210 Euro
63 Jahre	20 %	200 Euro
64 Jahre	19 %	190 Euro
65 Jahre	18 %	180 Euro
67 Jahre	17 %	170 Euro
68 Jahre	16 %	160 Euro
69 Jahre	15 %	150 Euro

TIPP

So finden Sie den richtigen Versicherungsvertrag

Die meisten Verträge werden über haupt- oder nebenberufliche Vertreter verkauft, sogenannte Einfirmenvertreter. Sie vermitteln ausschließlich Produkte einer einzigen Versicherungsgesellschaft. Diese klassischen Vertreter sollen den Kunden beraten, können ihm aber nur einen Vertrag ihrer eigenen Gesellschaft vermitteln. Ihr Angebot ist also sehr begrenzt. Besser ist es, sich unabhängigen Rat zu holen:

- Die STIFTUNG WARENTEST erstellt regelmäßig Untersuchungen zu privaten Rentenversicherungen. Sie können die Tests kostenpflichtig im Internet unter **www.finanztest.de** abrufen.

- Auch die Verbraucherzentralen (Adressen → Seite 214) beraten in Versicherungsfragen.

- Unabhängige Versicherungsmakler arbeiten stets mit vielen Gesellschaften zusammen und halten daher eine große Auswahl an Angeboten bereit. Sie ermitteln im Auftrag des Kunden eine günstige Police, vermitteln sie dann – und haften auch persönlich, wenn sie bei der Beratung Fehler machen.

- Eindeutig ist die Trennung von Beratung und Verkauf bei den rund 50 gerichtlich zugelassenen Versicherungsberatern, die ihre Kunden ausschließlich beraten und keine Policen vermitteln. Sie können völlig frei von Provisionszwängen arbeiten. Das heißt: Versicherungsberater leben nicht wie Vermittler von der Provision, die ihnen der Versicherer zahlt, sondern werden vom Kunden entlohnt. Das sichert unabhängigen Rat.

Sind diese beiden Bedingungen nicht erfüllt, sind die Erträge komplett steuerpflichtig.

Den Vertrag gestalten: Was sollte er enthalten, was kostet zu viel?

Mit einer privaten Rentenversicherung geht der Kunde eine lang andauernde Bindung ein. Das gilt für die Ansparphase und im günstigsten Fall auch für die Auszahlung. Wer sich für eine solche Bindung entscheidet, sollte bei der Gestaltung des Vertrags gut aufpassen. Manche Leistungen, die inbegriffen sind, benötigt der Versicherte nicht, und dennoch kosten sie ihn unnötigerweise einen Teil der garantierten Rente. Andere sollte er bei Vertragsabschluss auf jeden Fall berücksichtigen.

- **Kapitalwahlrecht:** Das bereits erwähnte Kapitalwahlrecht sollte der Versicherte vereinbaren, um gegebenenfalls an eine große Summe Geld heranzukommen. Doch Vorsicht: Bei einer Insolvenz wäre es dann verloren (→ Seite 78).

- **Dynamische Beitragssteigerungen:** Bei der Auszahlung ist die volldynamische Variante zwar zu empfehlen, doch Sie sollten aufpassen, wenn Ihnen ein Vertrag mit dynamischen Beitragssteigerungen angeboten wird, also die Summe, die Sie in den Vertrag einzahlen, stetig steigen soll. Dynamische Beiträge kosten den Versicherten unnötig Geld. Erhöht sich jährlich der Beitrag, wird der Kunde zur Kasse gebeten, da der Versicherer neue Abschlusskosten geltend macht. Ein weiterer Nachteil eines solchen Vertrags ist, dass ein steigender Beitrag den Überblick über die zu erwartende Leistung erschwert. Für Versicherte wird es schwierig abzuschätzen, ob sich der Sparaufwand am Ende gelohnt hat und welche Rendite tatsächlich bleibt.
- **Zuzahlungsoption:** Besser als die dynamische Beitragszahlung ist, wenn der Vertrag eine Klausel enthält, nach der der anfänglich vereinbarte Beitrag im weiteren Verlauf auf Wunsch des Kunden erhöht werden kann: So hat jemand, der mit 200 Euro im Monat in den Vertrag einsteigt, die Möglichkeit, beispielsweise nach fünf Jahren – wenn er sich einen höheren Beitrag leisten kann – den Betrag aufzustocken, ohne einen ganz neuen Vertrag abschließen zu müssen. Das dürfte für ihn günstiger sein als ein Zweitvertrag.
- **Abruf- und Aufschuboption:** Sinnvoll ist eine Abruf- und Aufschuboption, die in den meisten Versicherungsbedingungen enthalten ist. Die Abrufoption bietet dem Versicherten die Chance, früher als ursprünglich geplant an sein Geld zu kommen – meist ab 60 Jahren. Die Rente fällt dann niedriger aus. Die Aufschuboption bewirkt das Gegenteil: Die erste Auszahlung kann hinausgeschoben werden, die Rentenzahlungen werden höher ausfallen als ursprünglich geplant.
- **Berufsunfähigkeitsschutz:** Selbstständige sollten vorher genau überlegen, ob sie den Schutz vor Berufsunfähigkeit in die private Rentenversicherung mit einschließen wollen, unter anderem weil Schutz wegfällt, falls Sie die Rentenversicherung nicht mehr bezahlen können. Wer schon eine private Berufsunfähigkeitsversicherung hat, kann darauf an dieser Stelle verzichten. Alle anderen sollten sich ausrechnen lassen, wie sich der Berufsunfähigkeitsschutz auf die garantierte Rente auswirkt und ob es günstiger wäre, beide Leistungen voneinander zu trennen.
- **Beitragsrückgewähr:** Der Versicherte kann für die Ansparphase eine Beitragsrückgewähr vereinbaren. Diese Zusatzleistung, die sich vergleichsweise gering auf die garantierte Rente auswirkt, ist *unbedingt zu empfehlen*. Dann zahlt der Versicherer die eingezahlten Beiträge zurück, wenn der Kunde in dieser Zeit stirbt. Und sie ist Voraussetzung für das Recht auf einen Rückkaufswert. Das

TIPP

Einen bereits unterschriebenen Vertrag optimieren

Wenn Sie bereits einen Vertrag unterschrieben haben und Ihnen nun Zweifel kommen, haben Sie Möglichkeiten, Renditefallen zu beseitigen:

- Wie Sie mit einer im Vertrag eingeschlossenen Berufsunfähigkeitsversicherung umgehen, sollten Sie aus Ihrer individuellen Situation heraus entscheiden: Sie sollten diese Zusatzleistung in der Lebensversicherung auf jeden Fall behalten, falls Sie keinen separaten Schutz für den Fall der Invalidität mehr bekommen können. Behalten Sie die Zusatzleistung, müssen Sie jedoch aufpassen, falls Sie die Lebensversicherung einmal beitragsfrei stellen möchten. Denn dann müssten Sie im Fall einer Berufsunfähigkeit mit deutlich reduzierten Leistungen rechnen oder verlieren den Schutz sogar ganz.
- Ist im Vertrag eine Unfalltod-Zusatzversicherung eingeschlossen, sollten Sie diese kündigen, denn sie schmälert die Rendite. Notwendig ist diese Leistung nicht: Warum sollten Angehörige nach einem Unfalltod des Versicherten mehr Geld benötigen als nach einem Tod durch Krankheit?

es, Hinterbliebene durch eine Risikolebensversicherung für den Todesfall zu schützen. Und ähnlich wie bei einer klassischen, ansparenden Rentenversicherung binden sich die Kunden bei einer Kapitallebensversicherung mit ihren Beitragszahlungen für viele Jahre – oft Jahrzehnte – an einen Versicherungsvertrag. Die Versicherten können nicht kurzfristig an ihr Geld heran, wenn sie es im Notfall benötigen. Kündigen sie den Vertrag, weil sie beispielsweise die Beiträge nicht mehr aufbringen können, müssen sie meist große finanzielle Verluste in Kauf nehmen.

Steuerliche Änderungen kosteten Attraktivität

Durch das Alterseinkünftegesetz hat die Kapitallebensversicherung einen attraktiven Vorteil verloren. Bei einem Versicherungsvertrag, der vor dem 31. Dezember 2004 geschlossen wurde, können die Versicherten die Auszahlung steuerfrei kassieren. Aufgrund einer Gesetzesänderung müssen die Versicherten nun die Erträge aus Verträgen, die nach dem 31. Dezember 2004 geschlossen wurden, beim Finanzamt abrechnen.

Bei Neuverträgen, die 2005 oder später unterschrieben wurden, eine Laufzeit von mindestens zwölf Jahren haben und frühestens im Alter von 60 Jahren ausgezahlt werden, wird der Ertragsanteil (die Auszahlung abzüglich der eingezahlten Beiträge) zur Hälfte steuerpflichtig.

Hohe Kosten – schwankende Renditen

Mit einer Kapitallebensversicherung sind oft hohe Kosten für Verwaltung und Vertrieb verbunden, die am Kunden hängen bleiben und für ihn kaum zu überschauen sind. Sie mindern die Rendite der Sparleistung. Beim Blick auf die möglichen Renditen der Kapitallebensversicherung erleben viele Versicherte eine negative Überraschung.

Die garantierten Zinsen eines solchen Vertrages sinken seit Jahren. Zuletzt fiel der Zinssatz zu Beginn des Jahres 2007: Derzeit liegt er bei gerade mal 2,25 Prozent auf den Sparanteil. Das ist die Summe, die übrigbleibt, nachdem von den Beiträgen die Kosten für Verwaltung, Vertrieb und für den Todesfallschutz abgezogen wurden. Ende 2003 lag der Garantiezins immerhin noch bei 3,25 Prozent.

Der Versicherte hat aber die Chance, über den Garantiezins hinaus zu profitieren. Wie stark, hängt davon ab, wie erfolgreich der Versicherer ist, wenn er das Geld seiner Kunden am Kapitalmarkt anlegt. An den erwirtschafteten Überschüssen muss er den Kunden beteiligen. Doch wie viel mehr dieser dadurch bekommt, ist schwer vorherzusehen. Die Vorsorgesparer sollten deshalb vor Abschluss des Vertrages anhand der Garantieleistung vergleichen, was ihnen die Versicherer versprechen. Nur sie ist sicher. Alles was darüber hinaus an verlockenden Versprechungen gemacht wird, sind unverbindliche Hochrechnungen.

Wie gehe ich mit einem bestehenden Vertrag um?

Nicht immer laufen die Geschäfte eines Selbstständigen so wie gewünscht. Um kurzfristig an Geld zu kommen, wird manch einer zunächst daran denken, seine Kapitallebensversicherung zu kündigen und von dem Rückkaufswert den aktuellen finanziellen Engpass zu überbrücken. Ein solcher Schritt bedeutet allerdings Verluste, da der Kunde nicht das wieder herausbekommt, was er im Laufe der Jahre eingezahlt hat.

Doch es gibt Alternativen zur Kündigung des Vertrags:

- **Policendarlehen:** Kunden können beim Versicherer auf ihre Police ein Darlehen aufnehmen. Der Versicherer gewährt meist ein Darlehen bis zur Höhe des aktuellen Rückkaufswertes. Dieses Darlehen kann jederzeit ohne Einhaltung einer Frist getilgt werden. Es muss aber spätestens bei Ablauf oder im Leistungsfall der Versicherung zurückgezahlt werden. Das geschieht meist so, dass das Darlehen mit der Leistung verrechnet wird. Wer diesen

Wer hilft weiter?

Welche finanziellen Folgen haben Kündigung, Beitragsfreistellung, Policendarlehen oder Verkauf der Police auf dem Zweitmarkt? Kunden, die über einen dieser Schritte nachdenken, weil ihnen die Beiträge über den Kopf wachsen, sollten sich objektiven Rat holen. Ansprechpartner finden Sie unter anderem bei den Verbraucherzentralen (→ Adressen, Seite 214) oder auch bei einem unabhängigen Versicherungsberater. Für die Beratungen müssen Sie zwar bezahlen, doch mit der richtigen Entscheidung zum weiteren Umgang mit Ihrem Vertrag können Sie diese Ausgaben wieder hereinholen.

Schritt gehen will, sollte sich im Klaren darüber sein, dass der Darlehenszins deutlich höher ist als die Verzinsung der Police selbst. Das Policendarlehen lohnt sich deshalb in der Regel nur für diejenigen, die eine kurze Zeit bis zur eigentlichen Auszahlung der Lebensversicherung überbrücken müssen.

- **Vertrag beitragsfrei stellen:** Bringt ein Kunde die Versicherungsbeiträge nicht mehr auf, kann er seinen Vertrag beitragsfrei stellen. Dann friert der Versicherer den Vertrag auf dem bestehenden Niveau ein. Der Kunde wird aber weiterhin an den Überschüssen des Versicherers beteiligt.
- **Beiträge stunden lassen:** Es ist möglich, die Beiträge auszusetzen und zu einem späteren Zeitpunkt nachzuzahlen. Dann werden allerdings Zinsen fällig.
- **Dynamik streichen:** Wenn die Beiträge für die Versicherung von Jahr zu Jahr steigen, erhöht sich zwar der Versicherungsschutz, doch gleichzeitig werden auch jedes Jahr zusätzliche Abschlusskosten fällig. Diese lassen sich sparen, wenn die Dynamik aus dem Vertrag genommen wird.
- **Zahlung umstellen:** Wer seine Beiträge zum Vertrag jährlich zahlt, muss auf einmal eine große Summe bereitstellen. Wer dazu nicht in der Lage ist, könnte alternativ auf monatliche Raten umsteigen. Dann muss er allerdings in der Regel insgesamt etwa 5 Prozent mehr an Beiträgen in Kauf nehmen.

Verkaufen statt kündigen?

Versicherte, die ihren Vertrag für eine Kapitallebensversicherung oder eine private Rentenversicherung in der bisherigen Form nicht mehr wollen oder aufrechterhalten können, haben noch eine weitere Alternative zur Kündigung: Sie können ihren Vertrag auf dem Zweitmarkt verkaufen. Die Unternehmen, die Versicherungspolicen aufkaufen, zahlen dem Versicherten mehr als die Summe, die er bei Kündigung des Vertrags erhalten hätte. Sie führen die Police weiter und bekommen so am Ende der Vertragslaufzeit die Gewinne ausgezahlt.

Allerdings bekommt nicht jeder Versicherte tatsächlich ein Angebot für seine Police. Die Aufkäufer suchen sich die Policen gut aus und knüpfen den Kauf an bestimmte Voraussetzungen. Zum Beispiel muss der Rückkaufswert in der Regel bei mindestens

5 000 Euro liegen. Auch die Restlaufzeit des Vertrages muss häufig begrenzt sein, beispielsweise maximal 15 oder 20 Jahre. Fondsgebundene Versicherungen wollen die meisten Käufer ebenfalls nicht.

Früh beginnen: Renditechancen mit Fonds

Selbstständige, die sich – in welcher Form auch immer – die Basis für ein sicheres Einkommen im Alter geschaffen haben, können noch mehr tun: Schon mit 50 Euro im Monat können sie in Investmentfonds wie zum Beispiel in einen Aktienfondssparplan einsteigen und ihre Chance auf hohe Renditen wahren. Gute Fonds können im Schnitt zwischen 8 und 10 Prozent Rendite erwirtschaften. So kann im Laufe der Jahre allein durch kleine Einzahlungen eine beachtliche Summe zusammenkommen. Ganz ohne Risiko gibt es die Renditechancen allerdings nicht.

Aktien und Aktienfonds

Ende der 1990er-Jahre wollten viele Bürger einfach mit dabei sein: Steigende Kurse und der Boom an den Börsen lockten zahlreiche Anleger an, die sich sonst womöglich nie für den Kauf von Aktien oder Fondsanteilen entschieden hätten. Die Aussicht auf Dividenden und Verkaufsgewinne, die deutlich über den Erträgen traditioneller Banksparprodukte liegen können, war einfach zu verlockend. Das böse Erwachen kam dann jedoch wenige Jahre später, als zahlreiche Kurse in den Keller rutschten.

Mittlerweile hat sich die Situation an den Börsen entspannt, doch der kurze Blick in die Vergangenheit zeigt eine wichtige Eigenschaft von Aktien und Aktienfonds: Sie bieten zwar die Chance auf hohe Renditen, allerdings ist diese Chance mit einem deutlich größeren Risiko verbunden als bei anderen Geldanlageprodukten. Während der Sparer zum Beispiel bei Bundesschatzbriefen oder festverzinsten Banksparplänen genau weiß, was er am Ende der Laufzeit herausbekommt, haben Aktieninhaber diese Garantie nicht. Kursgewinne und hohe Dividenden sind möglich, aber auch

Kursverluste, wenn die Ertragslage der Unternehmen schlechter ist als gewünscht oder der Markt insgesamt schlecht läuft.

Wer über einen längeren Zeitraum auf sein Geld verzichten und so einen möglichen Kursverlust aussitzen kann, ist im Vorteil. Weiß jemand jedoch, dass er sein Kapital zwingend zu einem bestimmten Zeitpunkt wieder benötigt, sollte er sich nach einer sichereren Geldanlage umsehen.

Aktien: Der Käufer wird zum Mitunternehmer

Wer Aktien kauft, beteiligt sich am Eigenkapital eines Unternehmens und wird zum Mitunternehmer. Dadurch profitiert er vom Erfolg der Aktiengesellschaft. Er hat Anspruch auf die Dividenden, bei denen es sich um die jährliche Gewinnausschüttung der Aktiengesellschaft handelt. Die Höhe der Ausschüttung richtet sich danach, wie erfolgreich das Unternehmen gewirtschaftet und welche Erträge es erzielt hat.

Je erfolgreicher die Gesellschaft ist, desto größer ist auch die Nachfrage nach deren Aktien. Umso größer werden die Möglichkeiten eines Aktionärs sein, die eigenen Anteile zu einem guten Preis wieder zu verkaufen. Im Gegenzug muss der Anleger aber auch in Kauf nehmen, dass seine Unternehmensanteile an Wert verlieren können. Ist die Ertragslage schlecht, kann die Nachfrage nach den Anteilspapieren sinken. Wer dann verkaufen will oder unbedingt muss, bekommt womöglich deutlich weniger Geld für die Aktien, als er selbst dafür gezahlt hat.

Um dieses Risiko einzugrenzen, ist es wichtig, seinen Aktienbesitz zu streuen und nicht alles auf eine Aktie zu setzen. Doch selbst diejenigen, die auf mehrere Papiere setzen, sind nicht davor geschützt, bei einem allgemeinen Abwärtstrend an den Börsen Kursverluste einzufahren.

Wie funktioniert der Aktienkauf?

Auch wenn die Geldanlage in Aktien eher auf längere Sicht ausgerichtet sein sollte, ist es doch theoretisch möglich, an der Börse gehandelte Papiere täglich zu kaufen oder wieder loszuwerden. Möglich sind Kauf und Verkauf aber nur, wenn der Anleger bei einer Bank ein Depot hat, über das die Papiere verwaltet werden. Der Anleger selbst kann die Aktien nicht einfach an der Börse bekommen.

Für den Kauf der Aktien und die Verwaltung des Depots muss der Anleger bezahlen. Je nach Bank können die Depotkosten unterschiedlich hoch sein. Für die Wahl der Bank werden unterschiedliche Kriterien entscheidend sein: Ein Anleger nimmt höhere Gebühren in Kauf, weil er auf die Beratung seiner Hausbank vertraut. Ein anderer setzt lieber auf die günstigen Konditionen einer Direktbank und verzichtet dafür auf eine umfassende Beratung.

Aktienfonds

Weniger riskant als die Investition in einzelne Aktien ist die Beteiligung an einem Aktienfonds. Sie ist auch für Börsenneulinge interessant, denen die Möglichkeiten, das Wissen oder einfach die Bereitschaft fehlen, die Kurse einzelner Aktien zu verfolgen.

Bei einem Aktienfonds legt eine sogenannte Fondsgesellschaft Geld in Aktien mehrerer Unternehmen an. Die Anteile des Fonds bietet sie über Banken und Finanzvermittler (Fondsshops) zum Kauf an. Wer Fondsanteile kauft, wird Miteigentümer an den Unternehmen, in die der Fonds sein Geld investiert. Es können 25 Firmen sein oder aber auch 200 und mehr. Das hängt davon ab, wie das Fondsmanagement die Einlagen der Investoren streut.

Es gibt Fonds, die das Geld ihrer Anleger nur in Unternehmen bestimmter Regionen oder Branchen investieren – zum Beispiel Europafonds oder Biotechnologie-Fonds. Spezialfonds wie Fonds,

Abrechnung beim Finanzamt: Besteuerung von Aktien und Aktienfonds

Für Anleger, die ihr Geld in Aktien und Aktienfonds inländischer Unternehmen investieren, ist eine Hälfte der Dividendenzahlungen steuerpflichtig. Ist der Sparerfreibetrag bereits ausgeschöpft oder hat der Anleger der depotführenden Stelle keinen Freistellungsauftrag erteilt, führt sie 20 Prozent Kapitalertragsteuer an das Finanzamt ab. Diese vorab gezahlte Steuer wird am Jahresende in der Steuererklärung verrechnet.

Verkauft der Anleger seine Aktien oder Fondsanteile, sind die Kursgewinne (Veräußerungsgewinne) steuerfrei, wenn der Anleger die Papiere mindestens zwölf Monate lang gehalten hat. Erzielen Anleger während der Spekulationsfrist von einem Jahr Veräußerungsgewinne von mehr als 511 Euro, werden sie bei Aktien zur Hälfte und bei Aktienfonds komplett steuerpflichtig.

Ab Anfang 2009 wird sich das derzeitige Steuerrecht ändern. Dann zahlen Anleger auf Verkaufsgewinne, Zinsen und Dividenden über dem Sparerpauschbetrag (801/1602 Euro im Jahr) einheitlich 25 Prozent Abgeltungsteuer. Das Halbeinkünfteverfahren für Dividenden fällt weg, und auch die einjährige Spekulationsfrist wird es nicht mehr geben. Kursgewinne werden steuerpflichtig, es sei denn die Papiere wurden vor dem 1. Januar 2009 gekauft.

Aktienfonds (Welt, Europa und Euroland)

Geeignet als ergänzende Altersvorsorge

- Unter allen Altersvorsorgeprodukten auf lange Sicht die besten Renditechancen.
- Einstieg mit kleinen Beträgen (50 Euro im Monat) möglich.
- Hohe Flexibilität, da Aus- oder Umstieg jederzeit möglich.

- Risiko von deutlichen Kursverlusten.
- Nicht geeignet für Anleger, die das Geld in wenigen Jahren benötigen, da das Risiko von Kursverlusten zu groß ist.
- Regelmäßige Kontrolle notwendig.

die nur Aktien von Firmen einzelner Länder kaufen (Länderfonds) oder einzelner Branchen wie Telemedien- oder Energie-Fonds, sind nicht für die Altersvorsorge geeignet, da die begrenzte Ausrichtung mit einem höheren Risiko von Wertschwankungen verbunden ist.

Besser geeignet sind Aktienfonds Welt, Europa und Euroland. Da sie die Einlagen breit über Branchen und Länder streuen, besteht eine gute Chance, dass sich der Wert der Anteile kontinuierlich positiv entwickelt.

Jüngere Anleger sollten zugreifen

Die Chance, auf diese Weise hohe Renditen zu erzielen, sollten sich insbesondere jüngere Anleger nicht entgehen lassen, die noch viele Jahre Zeit bis zur Rente haben. Sie sollten sich aber bei der Altersvorsorge nicht nur auf Aktienfonds verlassen, denn das Risiko, dass die eigenen Anteile an Wert verlieren, besteht immer.

Doch solange der Anleger sein Kapital nicht von heute auf morgen zurückhaben möchte oder muss, ist noch nichts verloren. Er kann ein Tief an der Börse in Ruhe aussitzen und die Anteile erst dann verkaufen, wenn die Kurse wieder gestiegen sind, was allerdings auch einige Jahre dauern kann. Gerade in den letzten Jahren vor dem Rentenalter sollten Aktienfonds-Anleger das Börsengeschehen genauer im Auge behalten, damit sie nicht die passende Gelegenheit versäumen, ihre Anteile mit Gewinn zu verkaufen und ihr Vermögen in sicherere Anlagen umzuschichten.

Wenn kurz vor Rentenbeginn die Kurse schlecht stehen, sollten Anleger finanziell so flexibel sein, dass sie ihr Geld aus den Fondsanteilen nicht pünktlich zum 65. oder 67. Geburtstag benötigen. Sind sie bereit und in der Lage, noch ein oder zwei Jahre weiterzusparen, kann das schon enorme Vorteile bringen. Deshalb kann der Rat nur lauten, selbst das Börsengeschehen zu beobachten, um zum passenden Zeitpunkt den Absprung zu schaffen.

Mit wenig Geld dabei

Der große Vorteil von Aktienfonds ist neben der hohen Renditechance die Möglichkeit, schon mit besonders kleinen Beträgen etwas zu erreichen. Bei vielen Fonds können Anleger bereits mit

TIPP

Den richtigen Fonds finden

Die Auswahl an Aktienfonds ist unglaublich groß. Sie sollten sich daher die Fondszusammensetzung ansehen oder Fondsbewertungen von Experten hinzuziehen. Die STIFTUNG WARENTEST veröffentlicht in ihrer Zeitschrift FINANZtest und unter **www.finanztest.de** im Internet regelmäßig Fondsbewertungen. Dort finden Sie die Fonds, die aufgrund ihrer Wertentwicklung und ihrer Stabilität im Dauertest besonders gut abgeschnitten haben. Entscheiden Sie sich wenn möglich nicht nur für einen Fonds, sondern besparen Sie gleich mehrere, um das Risiko noch breiter zu streuen.

monatlichen Zahlungen von 50 Euro einsteigen. Sie müssen sich nicht an eine feste Laufzeit halten wie etwa bei einem Versicherungsvertrag. Gerade für Selbstständige ist das von Bedeutung, denn sie sind nicht auf Dauer an feste Beiträge gebunden, sondern können ihre Zahlungen erhöhen oder auch einmal reduzieren oder aussetzen, wenn die Geschäfte nicht so gut laufen. Natürlich ist es auch möglich, eine größere Summe zu investieren.

Indexfonds

Neben den aktiv gemanagten Aktienfonds gibt es sogenannte Indexfonds. Sie werden wie aktiv gemanagte Fonds von Fondsgesellschaften aufgelegt und verkauft. Allerdings muss sich der Fondsmanager nicht um die Aktienauswahl kümmern, denn mit den Fondsgeldern wird ein Index nachgebildet. Der Index gibt die Aktienauswahl vor.

Wer Indexfonds über seine Bank von der Fondsgesellschaft bezieht, muss in der Regel einen Ausgabeaufschlag zahlen. Mitunter können Anleger solche Fonds auch über die Börse beziehen, das ist jedoch nicht die Regel.

Im Unterschied dazu sind börsengehandelte Indexfonds extra dafür geschaffen worden, um an der Börse gehandelt zu werden und ähnlich flexibel zu sein wie einzelne Aktien. Anfangs wurden diese Fonds, abgekürzt ETFs (Exchange Traded Funds), deshalb oft als Indexaktien bezeichnet. Die Frankfurter Börse hat ein eigenes Segment (Teilmarkt) für die ETFs eingerichtet.

Exchange Traded Funds

Das Börsensegment der ETFs erfährt zurzeit enorme Zuwächse. Noch sind es meistens institutionelle Investoren, die ETFs kaufen. Das liegt daran, dass Banken sie ungern an private Anleger verkaufen. Sie verdienen ja kaum etwas damit, Ausgabeaufschläge bringen wesentlich mehr ein als die Spesen für den Börsenkauf.

An der Frankfurter Börse sind rund 200 ETFs gelistet. Es gibt sie auf zahlreiche Indizes, zuallererst den Heimatindex der Deutschen, den Dax, außerdem auf den MDax, den Index der zweiten Reihe. Europa wird repräsentiert durch den allumfassenden MSCI Europa der Investmentbank Morgan Stanley Capital International oder den DJ Stoxx 600 der Firma Dow Jones. Die größten Euro-

TIPP

Das sollten Sie beim Kauf von Indexfonds beachten

- Ein guter aktiv gemanagter Fonds ist besser als ein Indexfonds oder ein Indexzertifikat (→ Seite 177). Zwar ist die Wahrscheinlichkeit, einen guten Fonds zu finden, rein rechnerisch geringer, als einen schlechten zu erwischen – das gilt aber nur, sofern man blind, und ohne eine Fondsbewertung zurate zu ziehen, zugreift. Wenn Sie Ihr Depot wenigstens ein-, besser zweimal pro Jahr checken können, kaufen Sie kein Indexprodukt, sondern einen aktiv gemanagten Fonds. Gehören Sie hingegen zu den Menschen, die es gern bequem haben oder die Finanzdinge gerne auf die lange Bank schieben, sind Indexprodukte besser. Da sie immer knapp hinter dem Index liegen, benötigen sie weniger regelmäßige Pflege.

- Kaufen Sie Indexfonds möglichst über die Börse und beziehen Sie sie nicht über die Fondsgesellschaft. Dort müssen Sie einen Ausgabeaufschlag zahlen, der in der Regel teurer ist als die Börsenspesen.

päer finden sich im DJ Stoxx 50 wieder. Weltweite Aktienindizes sind der MSCI World und der DJ Global Titans, der die 50 weltgrößten Konzerne enthält.

Für den Aufbau der Altersvorsorge geeignet sind vorrangig die marktbreiten Indizes für die internationalen Aktienmärkte wie der MSCI Welt oder die europäischen Märkte wie der MSCI Europa.

Anleihen und Rentenfonds

Selbstständigen, die trotz der guten Renditechancen vor dem Kauf von Aktien oder Aktienfonds zurückschrecken, bietet sich eine sicherere, aber dafür auch weniger rentable Alternative: Rentenfonds. Rentenfonds investieren ihr Geld in Anleihen. Anleihen werden unter anderem von Staaten und großen Industriekonzernen herausgegeben, die auf diese Weise zusätzliches Kapital sammeln wollen. Wer sich für eine Anleihe entscheidet, gewährt dem Herausgeber Kredit: Der Käufer bekommt Zinsen für sein investiertes Kapital, das ihm am Ende der Laufzeit wieder ausgezahlt wird.

Bundesanleihen: Wenn der Staat Geld benötigt

Einer der wichtigsten Herausgeber von Anleihen ist der Bund. Je nachdem, wie es um die Staatsfinanzen steht, gibt er die sogenannten Bundesanleihen aus. Diese sind auf eine Laufzeit von 10 bis 30 Jahren ausgerichtet. Interessenten können Bundesanleihen über die Bank erwerben, bei der sie ein Wertpapierdepot haben.

Da die Anleihen an der Börse gehandelt werden, sind Kursschwankungen während der Laufzeit möglich: Steigen die Zinssätze am Markt, verlieren die Anleihen an Wert. Das kann ein Risiko für den vorzeitigen Ausstieg sein. Andererseits besteht natürlich auch die Chance auf Kursgewinne. Selbstständige, die sich für Bundesanleihen entscheiden, sollten deshalb finanziell so flexibel sein, dass sie auf den besten Verkaufszeitpunkt oder bis zur Fälligkeit warten können.

Sicher sind dem Anleger die bei Vertragsabschluss festgelegten Zinsen, die jährlich ausgezahlt werden. Diese lagen im Sommer 2007 bei einer Restlaufzeit von zehn Jahren bei rund 4,6 Prozent. Hält der Anleger seine Bundesanleihe bis zum Ende der Laufzeit, hat er keine zusätzlichen Kosten und keine Mühe damit. Will er aber zwischenzeitlich verkaufen oder kaufen, muss er Transaktionskosten hinnehmen.

Nicht nur der Bund sucht Kreditgeber

Was der Bund kann, können andere Staaten, Unternehmen und Banken auch: Um an zusätzliches Kapital zu gelangen, leihen sie sich Geld, indem sie Anleihen herausgeben. Der Erwerb von Industrieanleihen oder sogenannten Bankschuldverschreibungen kann ein Risiko sein – er kann dem Käufer aber auch erheblich höhere Renditen bescheren als der Kauf von Bundesanleihen. Doch was nutzt die Renditechance, wenn der Herausgeber der Anleihe (Emittent) am Ende der Laufzeit die Einlage nicht zurückzahlen kann und der Anleger sein Kapital abschreiben muss?

Bei Bundesanleihen besteht diese Gefahr nicht, weil der deutsche Staat als kreditwürdiger Vertragspartner gilt. Bei Anbietern der freien Wirtschaft oder Staaten mit großen wirtschaftlichen Problemen könnte es aber vielleicht passieren, dass der Anleger sein Kapital nicht zurückbekommt. Umso wichtiger ist es, sich für Anleihen eines solventen Herausgebers zu entscheiden.

Wie findet man sichere Anleihen?

Ein Orientierungspunkt für Anleger auf der Suche nach sicheren Anleihen sind die Bewertungen der Rating-Agenturen, die die Kreditwürdigkeit von Staaten, Unternehmen, Banken und anderen Emittenten untersuchen. Sie alle bekommen eine Bewertung dafür, inwieweit sie in der Lage sind, ihren finanziellen Verpflichtungen nachzukommen. Anleihen von Herausgebern, die beispielsweise von der US-amerikanischen Rating-Agentur Standard-&-Poor's die Bewertung „AAA" bekommen, gelten als hochquali-

Vorsicht bei Direktemissionen

Nicht immer werden Anleihen über Banken oder an der Börse verkauft. Manche Anleihen bekommen Sie nur direkt beim Herausgeber. Das Angebot mag verlockend klingen, doch woher wissen Sie, ob der Herausgeber Ihnen Ihr Geld nach Ende der Laufzeit zurückzahlen kann? Gehen Sie den sichereren Weg, wenn Sie in Anleihen investieren wollen, und kaufen Sie bewertete Papiere über Ihre Bank oder die Börse.

tative Anleihe. Das Risiko ist gering, da die Zahlungen als außergewöhnlich sicher gelten. Entsprechend niedrig sind jedoch die Zinsen. Die Noten sinken über AA und A hin zur Bewertung „BBB": Hier gehen die Rating-Agenturen nur noch von einer durchschnittlichen Bonität aus. Die Wertungen gehen weiter abwärts bis hin zu C und D.

Privatanleger sollten ihr Geld nur in Anleihen stecken, die im schlechtesten Fall „BBB" erhalten. Alles andere wäre zu riskant. Die Bewertungen der Agenturen bei Erwerb der Anleihe bieten allerdings keine absolute Sicherheit: Hat die Anleihe eine Laufzeit von mehreren Jahren, kann sich in dieser Zeit die Situation eines Unternehmens deutlich verändern. Deshalb sollten Sie für die Altersvorsorge überwiegend in sichere Zinspapiere investieren. Es ist weniger wichtig, dass Sie mit Ihrem Geld Papiere verschiedener Herausgeber kaufen, wie es etwa bei Aktien der Fall wäre. Ihr Anleihedepot kann durchaus nur aus Bundesanleihen bestehen.

Rentenfonds: Viele zahlen ein

Viele Privatanleger stoßen bei der Investition in einzelne Unternehmensanleihen schnell an ihre Grenzen – zum einen, weil sie nicht wissen, welche die passende Emission ist, und zum anderen, weil sie sich diese häufig gar nicht leisten können: Nicht selten werden mindestens 1 000 Euro für den Einstieg verlangt, möglich sind auch 5 000 oder 10 000 Euro. Für Privatanleger, die diese Summen nicht zahlen können oder wollen, lautet die Alternative deshalb: Investition in einen Rentenfonds.

Wie funktioniert ein Rentenfonds?

Rentenfonds funktionieren im Prinzip genau wie Aktienfonds. Der einzige Unterschied: Die Einlagen der Fondskäufer investiert das Fondsmanagement nicht in Aktien, sondern in Anleihen, die auch als „Renten" bezeichnet werden. Die Renditechancen sind zwar geringer als bei Aktienfonds, doch auf lange Sicht ist es auch hier möglich, Renditen zwischen 5 und 7 Prozent zu erzielen.

Um erfolgreich und sicher Geld anzulegen, eignen sich am ehesten Rentenfonds Euro. Bei diesen Fonds investiert der Manager das Geld nur in Anleihen, die kreditwürdige Staaten wie Deutschland oder andere Länder aus dem Euro-Raum herausgegeben haben. Kombiniert werden diese Anleihen mit Papieren zahlungs-

Euro-Rentenfonds

Geeignet als ergänzende Altersvorsorge

+

- Auf lange Sicht sichere und bequeme Geldanlage, die höhere Renditen als Sparangebote der Banken und Bundeswertpapiere bringen kann.
- Steuergünstige Varianten erhältlich.
- Einstieg mit kleinen Beträgen (50 Euro im Monat) möglich.
- Hohe Flexibilität, da Aus- und Umstieg jederzeit möglich.

–

- Geringe Kursverluste sind möglich.

kräftiger Unternehmen aus diesen Ländern, wie Banken und Versicherungen. Dadurch, dass alle Anleihen auf Euro lauten, umgeht der Kunde das Risiko von Kursschwankungen, das sich beispielsweise bei auf Dollar lautenden Anleihen ergeben könnte.

Rentenfonds Euro eignen sich für alle Anleger, die für ihr Alter vorsorgen wollen. Der Anleger profitiert bei Rentenfonds zum einen von den vereinbarten Zinszahlungen. Zum anderen hat er die Chance auf Kursgewinne.

Doch Vorsicht: Der Wert der Fondsanteile kann auch sinken, aber längst nicht so stark wie bei Aktienfonds. Ein guter Fonds wird sich von einem zwischenzeitlichen Tief auch wieder erholen und auf lange Sicht Renditen bringen.

Die Kursentwicklung bei Rentenfonds hängt vom allgemeinen Zinssatz ab. Steigt der Zins am Markt, sinkt der Wert der Fondsanteile. Sinkt der allgemeine Zinssatz, steigt der Wert der Fondsanteile. Auf Anleihen, die nur noch eine kurze Restlaufzeit haben, haben diese Schwankungen weniger starke Auswirkungen als auf die Papiere, die womöglich noch mehrere Jahre laufen. Die Herausforderung für den Fondsmanager besteht darin, eine gute Mischung aus Anleihen unterschiedlicher Laufzeit zu erzielen.

Rentenindexfonds

Nicht nur die Aktienmärkte, auch die Anleihemärkte können sich Anleger in Form von Indexprodukten erschließen. Den Rentenmarkt Euro bildet zum Beispiel der Index Germany Government ab, der sich auf deutsche Staatsanleihen bezieht.

Auch für Rentenmärkte gibt es ETFs (→ Seite 168). Statt eines Rentenfonds Euro können Anleger ETFs auf Rentenindizes kaufen. Geeignet ist entweder ein Index auf deutsche oder europäische Staatsanleihen, die alle auf Euro lauten müssen, oder ein Index für Pfandbriefe. Außerdem sollten in diesem Index sowohl kurze als auch lange Laufzeiten abgebildet sein. Weitere Informationen dazu finden Sie unter **www.boerse-frankfurt.com**.

Bei Rentenfonds ist es besonders schwer für aktive Manager, gegenüber dem Markt einen Mehrwert zu erzielen. Diese Märkte sind sehr effizient und die Renditen nicht hoch genug, als dass

TIPP

Regelmäßig informieren!

Die Stiftung Warentest hilft, in der Vielfalt der Rentenfonds nicht den Überblick zu verlieren. Sie untersucht die Wertentwicklung und Stabilität der Fonds über einen Zeitraum von fünf Jahren und ermittelt auf diese Weise monatlich aktuell ein Punkteranking der Fonds. Die aktuellen Fondstabellen finden Sie zum einen unter **www.finanztest.de**, zum anderen in den monatlich erscheinenden Heften.

Fehlentscheidungen durch gute Entscheidungen so leicht kompensiert werden könnten. Da haben es Manager von Aktienfonds einfacher.

Besteuerung von Rentenfonds

Die Anleger, die ihr Geld in Anleihen und Rentenfonds investieren, erhalten regelmäßige Zinszahlungen. Sie belasten den Sparerfreibetrag. Wenn dieser ausgeschöpft ist, führt die Bank 30 Prozent als Zinsabschlagsteuer an das Finanzamt ab. Werden Anleihen verkauft, sind Veräußerungsgewinne derzeit noch steuerfrei, sofern die Papiere mehr als zwölf Monate gehalten wurden. Doch das soll sich wie bei Aktienfonds in Zukunft ändern. Ab 2009 wird auf alle Zinsen, Dividenden und Veräußerungsgewinne die Abgeltungsteuer von 25 Prozent fällig.

Mischfonds: Aktien und Renten in einem Topf

Eine Kombination aus der Investition in Aktien und Anleihen bieten die sogenannten Mischfonds. Das Fondsmanagement entscheidet je nach aktueller Situation auf den Kapital- und Finanzmärkten, wie es Aktien, Zinspapiere und Währungen kombiniert. Während eines Börsentiefs kann es verstärkt auf Anleihen setzen, um dann wieder mehr Aktien zu kaufen, wenn die Kurse steigen.

Häufig ist der Manager dabei an bestimmte Vorgaben gebunden: Oftmals ist zum Beispiel vorgegeben, wie hoch der Aktien- und wie hoch der Anleihenanteil jeweils sein darf. Für den Anleger bedeuten diese Vorgaben, die im Verkaufsprospekt vermerkt sein

Mischfonds

Geeignet als ergänzende Altersvorsorge

+
- Bequeme Fondsanlage, da Aktien und Renten in einem Produkt.
- Besonders für den kleinen Geldbeutel geeignet.
- Hohe Flexibilität, da Aus- und Umstieg jederzeit möglich.

–
- Etwas geringere Renditechancen als beim Ansparen in separate Aktien- und Rentenfonds.
- Risiko ist höher als zum Beispiel bei Sparprodukten der Banken und abhängig vom Aktienanteil.

sollten, größere Planungssicherheit. Sie können leichter abschätzen, welches Risiko sie eingehen.

Ein Mischfonds ist zwar bequem, doch insgesamt könnte es auf lange Sicht rentabler sein, anstatt dieser Kombination einen separaten Aktienfonds und einen separaten Rentenfonds oder entsprechende Indexfonds (ETFs) zu besparen. So könnte der Anleger sein Geld in zwei gute Produkte investieren, um am Ende höhere Renditen zu erzielen.

Wer allerdings aufgrund seiner finanziellen Möglichkeiten nur *einen* Fonds besparen kann und nicht zu viel riskieren will, für den ist beispielsweise ein Mischfonds mit hohem Aktienanteil eine gute Alternative zum reinen Aktienfonds. Für ältere Vorsorgesparer eignen sich Mischfonds mit einem höheren Rentenanteil besser.

Je nach Ausrichtung des Fonds waren in den letzten fünf Jahren Renditen von deutlich über 10 Prozent im Jahr möglich.

Offene Immobilienfonds

Als die Börsenkurse nach dem 11. September 2001 in den Keller rutschten, suchten viele Anleger nach Alternativen. Sie fanden sie in den offenen Immobilienfonds, die ihr Geld zum Beispiel in Bürogebäude, Einkaufszentren und Hotels investieren. Offene Immobilienfonds gelten als sicher: genauso sicher wie Rentenfonds und deutlich sicherer als Aktienfonds.

Doch das Image dieser Fonds hat ein wenig gelitten, zum Beispiel als die Tochter der Deutschen Bank – die DB Real Estate – Ende 2005 ihren Immobilienfonds Grundbesitz-Invest geschlossen hatte. Anleger konnten vorübergehend ihre Anteile nicht verkaufen und keine neuen erwerben.

Das kann passieren, wenn viele Anleger in einen Fonds einsteigen oder alle auf einmal wieder aussteigen wollen. Im ersten Fall benötigt der Fonds dringend neue Investitionsobjekte, die sich meist nicht im Handumdrehen finden lassen, im zweiten Fall dringend Bargeld, um die Investoren auszuzahlen, die ihre Fondsanteile wieder zurückgeben wollen. In der Regel sollte ein offener Immobilienfonds aber über ausreichend flüssige Mittel ver-

Offener oder geschlossener Fonds?

Immobilienfonds ist nicht gleich Immobilienfonds. Bei einem offenen Fonds, der in gewerblich genutzte Gebäude und Grundstücke sowie Zinspapiere investiert, ist der Ausstieg in aller Regel problemlos möglich. Anders ist das bei geschlossenen Immobilienfonds. Dabei handelt es sich um eine langfristige unternehmerische Beteiligung an nur wenigen Immobilien.

Eine Kündigung vor Ende der Laufzeit ist nicht möglich. Wer dennoch vorzeitig aus einem geschlossenen Fonds aussteigen will, kann versuchen, seine Fondsanteile am Zweitmarkt zu verkaufen. Das ist jedoch schwierig und regelmäßig mit Verlusten verbunden. Als Altersvorsorge sind geschlossene Immobilienfonds wegen der finanziellen Risiken nicht zu empfehlen.

fügen, um Anleger auszahlen zu können, wenn sie aussteigen wollen. Denn es kommt durchaus vor, dass das Fondsmanagement bis zu 30 Prozent des Fondsvermögens nicht in Immobilien, sondern in festverzinslichen Wertpapieren angelegt hat. Dann sollte die Auszahlung kein Problem sein.

Anleger, die sich für einen offenen Immobilienfonds entscheiden, sollten die Investition nicht als kurzfristige Geldanlage sehen, sondern mindestens fünf Jahre einplanen, um nach Abzug des Ausgabeaufschlags in Höhe von meist 3 bis 5 Prozent noch eine angemessene Rendite erzielen zu können. Diese lag in den vergangenen fünf Jahren zwischen 0,9 und 6,4 Prozent im Jahr. Als Basis für die Altersvorsorge sind offene Immobilienfonds nicht geeignet, wohl aber als Beimischung für das Depot.

Wie bekomme ich den passenden Fonds?

Viele Anleger, die sich für Fonds interessieren, werden zunächst den Weg zu ihrer Hausbank gehen. Doch dieser einfache Weg ist beim Fondskauf nicht unbedingt der beste. Fondssparer, die bereit sind, sich vorab zu informieren, Gebühren zu vergleichen und die Geschäfte telefonisch oder über das Internet abzuschließen, können eine Menge Geld sparen.

Wer sein Geld in Aktienfonds oder anderen Investmentfonds anlegen will, benötigt ähnlich wie bei Aktien ein Depot. Das ist jedoch häufig kostenpflichtig. Außerdem verlangt die Fondsgesellschaft für die Verwaltung des Fonds eine interne Gebühr. Davon werden unter anderem die Fondsmanager bezahlt.

Wegweiser für Fondskäufer und -sparer

Kaufquelle	Geeignet für Anleger und Fondssparer, ...	Gibt es Rabatte auf den Ausgabeaufschlag?	Wie hoch sind die jährlichen Depotverwaltungskosten?	Wie sind die Konditionen beim Umschichten?	Ist das Depot offen für andere Wertpapiere?
Banken und Sparkassen	... die persönliche Beratung wollen und ihre Fonds nicht online oder per Telefon kaufen möchten.	Gelegentlich auf Nachfrage. Börsenkauf prüfen.	Mittel bis hoch, meist abhängig vom Depotwert.	Meist voller Ausgabeaufschlag.	Ja
Direktbanken/ Discountbroker	... die nicht auf Beratung angewiesen sind und auch andere Wertpapiere im Depot haben wollen.	Meist ja, bei Einmalanlagen häufiger. Börsenkauf prüfen.	Günstig bis mittel, gelegentlich kostenlos.	Die üblichen Rabatte auf den Ausgabeaufschlag.	Meist ja
Fondsgesellschaften	... die ihre Fonds häufig wechseln, aber bei einer Gesellschaft bleiben wollen. Sie sollten keine Beratung benötigen.	Sehr selten.	Oft keine. Sonst bis rund 35 Euro, selten mehr.	Meist günstig, weil kein neuer Ausgabeaufschlag anfällt.	Nein
Fondsvermittler in Zusammenarbeit mit Fondsbanken	... die nicht auf Beratung angewiesen sind.	Meist ja, häufig bis zu 100 Prozent, auch auf viele Sparpläne.	Günstig bis mittel, gelegentlich kostenlos.	Meist günstig, da häufig hohe Rabatte auf den Ausgabeaufschlag.	Meist nein

Die nächste Ausgabe, die auf die Anleger zukommt, ist der sogenannte Ausgabeaufschlag. Diese Gebühr bekommt der Verkäufer der Fondsanteile, also zum Beispiel die eigene Bank, für die Dienstleistung, dass sie die Fondsanteile für die Fondsgesellschaft an den Anleger verkauft.

Bei Aktienfonds beträgt der Ausgabeaufschlag etwa 5 Prozent der Anlagesumme. Wenn jemand also beispielsweise 20 000 Euro investiert, gehen 1 000 Euro an die Bank oder Sparkasse, die den Fonds verkauft. Günstiger kann es sein, den Kauf über eine Direktbank, einen Discountbroker oder einen Fondsvermittler abzuwickeln (Adressen finden Sie kostenlos unter **www.finanztest.de/freie-fondsvermittler.de**). Sie geben fast immer Rabatte auf den Ausgabeaufschlag oder verzichten sogar ganz darauf. Wer an dieser Stelle spart, muss in der Regel Abstriche bei der Beratung in Kauf nehmen.

Anleger, die trotz höherer Kosten weiter auf ihre Hausbank setzen, sollten versuchen, dort über den Ausgabeaufschlag zu ver-

Wie funktioniert der Fondskauf?
Meist persönlich. Geldtransfer meist über Lastschrift vom Girokonto.
Per Telefon, Fax oder online. Es gibt ein Abrechnungskonto, von dem Geld abgebucht wird.
Meist per Telefon oder Fax. Geldtransfer mit Lastschrift oder Überweisung vom Konto.
Vor allem online, auch per Telefon oder Fax möglich. Geldtransfer meist per Lastschrift vom Girokonto.

handeln. Vielleicht gelingt es ihnen, auch dort Rabatt zu bekommen – gerade dann, wenn es sich um einen treuen Kunden handelt oder wenn eine besonders große Summe angelegt werden soll.

Eine andere Alternative wäre noch, die Fonds direkt über die Börse zu ordern. Der Anleger müsste dafür etwa bei seiner Hausbank eine Börsenorder in Auftrag geben. Dafür sind keine Ausgabeaufschläge fällig, sondern Orderspesen. Welche Variante günstiger ist, wäre im Einzelfall zu prüfen.

Zertifikate: Eine Alternative zu Investmentfonds?

Als Alternative zu Aktien- oder Rentenfonds haben die sogenannten Zertifikate in den vergangenen Jahren an Bedeutung gewonnen. Zertifikate werden von Banken herausgegeben und beziehen sich auf die Kursentwicklung bestimmter Angebote.

Anders als bei Anleihen profitiert der Käufer eines Zertifikats nicht von Zinszahlungen und den Verkaufserlösen am Ende der Laufzeit, sondern davon, dass sich beispielsweise der Markt für einen bestimmten Rohstoff wie Silber oder Öl positiv entwickelt. Die gängigsten Zertifikate beziehen sich aber auf einen Aktienindex wie zum Beispiel den Dax oder auch auf einzelne Aktien.

Bei einem Zertifikat auf den Dax heißt das zum Beispiel: Steigt der Dax, steigt auch der Wert des Zertifikats. Fällt er allerdings, verliert auch das Zertifikat an Wert. Anders als bei einer Anleihe erhält der Besitzer des Zertifikats am Ende der Laufzeit keinen vorab festgelegten Betrag zurück, sondern den Betrag, der dem Punktestand der Dax-Aktien zum Verkaufszeitpunkt entspricht.

Nicht alle Produkte eignen sich zur Altersvorsorge

Das Angebot an Zertifikaten ist immens: Neben den bereits erwähnten Indexzertifikaten haben die Banken unter anderem Strategie-, Themen-, Discount-, Bonus- oder auch Garantiezertifikate im Angebot. Um Geld für das Alter anzusparen, sind viele der Angebote nicht geeignet, da sie zu undurchsichtig und riskant sind.

Indexzertifikate können allerdings eine interessante Alternative zum Fondsinvestment sein, da die Kosten meist deutlich niedriger sind. Teilweise ist es vor allem bei Direktbanken und Discountbrokern auch möglich, ähnlich wie bei Fonds Geld in Form eines Sparplans anzulegen. Indexzertifikate können wie Indexfonds für Anleger attraktiv sein, die ihr Geld bequem und günstig anlegen wollen und sich nicht häufiger als einmal im Jahr um ihre Geldanlage kümmern möchten.

TIPP

Bei langfristiger Anlage besser Indexfonds

Ziehen Sie für die langfristige Geldanlage Indexfonds den Indexzertifikaten vor. Das Geld in einem Fonds ist vor dem Zugriff Dritter geschützt, etwa wenn die Fondsgesellschaft pleitegehen sollte. Zertifikate dagegen sind Schuldverschreibungen. Wenn der Herausgeber der Zertifikate insolvent wird und seine Schulden nicht mehr begleichen kann, zahlt er auch das in Zertifikate investierte Geld nicht mehr oder nur teilweise zurück. Noch einen Vorteil haben die Fonds gegenüber den Zertifikaten: Die Dividenden fließen dem Fondsvermögen zu. Zertifikatesparer bekommen die Dividende nur, wenn sich ihr Zertifikat auf einen sogenannten Performanceindex bezieht – im Punktestand des deutschen Aktienindex Dax zum Beispiel sind Dividendenausschüttungen berücksichtigt. Die meisten Indizes sind aber Preisindizes. Sie zählen nur Kursgewinne, von der Dividende sieht der Anleger nichts.

Allerdings sind die Chancen und Risiken wie bei Indexfonds auch eng mit der aktuellen Entwicklung am jeweiligen Markt verbunden. Um die Risiken möglichst gering zu halten, sollten Anleger deshalb bestimmte Grundsätze beachten:

- Es sollte sich um einen Performanceindex, nicht um einen Kursindex handeln, da Zertifikate auf einen Performanceindex wesentlich rentabler sind. Perfomanceindizes berücksichtigen die Dividendenzahlungen: Bei der Berechnung wird so getan, als würden sämtliche Dividenden sofort wieder angelegt. Bei der Kursindexvariante bleiben Dividendenzahlungen unberücksichtigt.
- Sie sollten sich für ein Zertifikat auf einen breit streuenden Index wie beispielsweise den MSCI World oder den Dow Jones Eurostoxx (→ Seite 168) entscheiden. Das Risiko ist geringer als etwa bei einem Länderindex wie dem Dax.
- Sie sollten darauf achten, dass das Zertifikat eine möglichst lange Laufzeit hat, sodass Sie an keinen Verkaufstermin gebunden sind.
- Ein bestimmtes Restrisiko geht zudem von der Bank aus, die die Zertifikate ausgibt. Anleger sollten daher sicher sein, dass die Bank wirklich kreditwürdig ist. Könnte sich eine Bank nicht mehr auf dem Markt halten, wäre die Anlage des Sparers weg. In dieser Hinsicht ist die Investition in einen Fonds sicherer, denn selbst wenn die Fondsgesellschaft pleiteginge, wäre das Fondsvermögen geschützt.

Sicher ist sicher: Sparangebote von Banken und vom Bund

Die Investition in Aktien- oder Rentenfonds ist manchem sicherheitsbewussten Selbstständigen vielleicht zu riskant. Für diejenigen, die vor allem mittelfristig flexiblere Geldanlagen wünschen und gleichzeitig nicht auf feste Zinsen und eine Kapitalgarantie für ihre Geldanlage verzichten wollen, sind die Sparangebote der Banken und Sparkassen besonders geeignet. Sie bieten die Möglichkeit, entweder auf einmal eine größere Summe anzulegen oder regelmäßig Geld in einen Banksparplan einzuzahlen.

Der Kunde muss nicht fürchten, sein Geld nicht zurückzubekommen, denn anders als bei Fondsangeboten sind ihm die vorab vereinbarten Zinsen bei vielen Angeboten sicher. Doch hat der große Vorteil Sicherheit seinen Preis: Die Chance auf ähnlich hohe Renditen wie etwa bei der Geldanlage in Aktien oder Investmentfonds besteht hier nicht.

Wie funktionieren die Sparangebote?

Wie viel Zinsen der Sparer bekommt, hängt nicht nur vom allgemeinen Zinsniveau ab, sondern auch von der Laufzeit und der Flexibilität des Vertrages. Wer für einige Jahre eine größere Summe zurücklegen möchte, sich aber eine Kündigungsmöglichkeit im Vertrag wünscht, muss Abstriche bei der Verzinsung in Kauf nehmen. Sie sollten sich daher vorab gut überlegen, wie lange Sie Ihr Geld anlegen wollen.

Trotz zum Teil vorgegebener Laufzeiten der Banksparprodukte bleiben Sparer immer noch deutlich flexibler als beispielsweise mit einer Kapitallebens- oder einer privaten Rentenversicherung. Während dort die Beiträge meist sogar über Jahrzehnte gezahlt werden, können Verträge über Banksparangebote auf einige Jahre oder sogar wenige Wochen und Monate beschränkt werden.

Zahlreiche Sparangebote bekommen Selbstständige natürlich zuerst von ihrer Hausbank. Doch oft lohnt es sich, genauer hinzu-

Das Sparbuch

Sicherheit, Flexibilität, Bequemlichkeit: All das hat das wohl bekannteste Sparprodukt der Banken zu bieten, das fast jeder zumindest aus Kindertagen kennt – das Sparbuch. Allerdings sind die Zinsen, die die Banken zahlen, so gering, dass es nicht zu empfehlen ist, sein Geld für die Altersvorsorge einfach dort zu lagern. Bei anderen Produkten können Sie deutlich mehr herausholen.

schauen und vergleichbare Angebote für Sparbriefe, Banksparpläne, Tages- oder Festgeld einzuholen. Häufig sind es nicht die großen und bekannten Geldhäuser, die die besten Konditionen für die einzelnen Sparprodukte bieten, sondern Direktbanken und weniger bekannte Institute.

Zinsen und Steuern

Zinsen sind bis zur Höhe des Sparerfreibetrags steuerfrei. Was über den Sparerfreibetrag hinausgeht, muss der Anleger mit dem persönlichen Steuersatz beim Finanzamt abrechnen. Der Sparerfreibetrag ist zuletzt Anfang 2007 reduziert worden: von 1370 Euro auf 750 Euro für Alleinstehende und von 2740 Euro auf 1500 Euro für Ehepaare.

In der Steuererklärung können Sparer zusätzlich Werbungskosten geltend machen: Wenn keine höheren Werbungskosten nachgewiesen werden, erkennt das Finanzamt für Alleinstehende pauschal 51 Euro an, für Ehepaare 102 Euro, sodass 801 / 1602 Euro an Zinsen steuerfrei sind. Die steuerfreie Grenze erreichen Alleinstehende bereits, wenn sie 26 700 Euro mit einem Zinssatz von 3 Prozent im Jahr anlegen, 2006 war es noch möglich, 47 367 Euro zu diesem Zinssatz steuerfrei anzulegen. Ab 2009 werden auch Zinsen nicht mehr mit dem persönlichen Steuersatz versteuert, sondern wie Dividenden und Kursgewinne pauschal mit 25 Prozent.

So viel Vermögen ist seit Anfang 2007 steuerfrei

Sparzins (Prozent)	Vermögen Alleinstehende in Euro	Vermögen Ehepaare in Euro
2	40 050	80 100
3	26 700	53 400
4	20 025	40 050
5	16 020	32 040

Banksparpläne

Viele Selbstständige werden sich wünschen, auf einmal eine größere Summe zur Seite legen zu können, doch der Regelfall wird es nicht sein. In der Realität wird es häufiger so aussehen, dass sie jeden Monat eine bestimmte Summe anlegen und so schrittweise sparen.

Sie können schon mit kleinen Summen wie 25 oder 50 Euro im Monat in einen Banksparplan einsteigen. Höhere Raten von 100 oder 200 Euro im Monat bringen natürlich mehr. Gut sind für Selbstständige Banksparpläne, bei denen sie während der Laufzeit problemlos die Ansparrate erhöhen oder senken können – je nach den finanziellen Möglichkeiten.

Wie funktionieren Banksparpläne?

Sparpläne können über viele Jahre laufen, müssen es aber nicht. Um diese Bindung optimal zu planen, sollten sich diejenigen, die sich für einen Banksparplan entscheiden, über die Höhe der Zinsen, über die Art der Verzinsung – variabel oder fest – und über die Ausstiegsmöglichkeiten informieren.

Trotz einer langen Laufzeit ist es in der Regel besser, einen Sparplan mit fester Verzinsung oder mit einer fest vereinbarten Zinstreppe zu wählen, selbst wenn der Sparer dadurch allgemein steigende Zinsen am Finanzmarkt verpasst. So hat er aber Gewissheit über das, was am Ende herauskommt. Und die Bank hat keine Chance, den Zinssatz zuungunsten des Kunden zu verändern.

Häufig kombinieren die Banken bei Sparplänen Zinszahlungen mit Bonusleistungen und Prämien, die beispielsweise am Jahresende oder zum Ende der Vertragslaufzeit gezahlt werden. Sparer, die lange durchhalten, haben so zwar Chancen auf eine etwas höhere Gesamtverzinsung, aber die Rendite dieser Angebote lässt sich oft schwer mit anderen Produkten vergleichen.

Bietet die Bank einen Sparplan mit variabler Verzinsung und späterer Bonuszahlung an, muss sie dem Kunden zumindest eine Bezugsgröße nennen, an der sich die Zinsen orientieren. Das geht aus einem Urteil des Bundesgerichtshofs hervor (BGH, Az. XI ZR 140/03). Bezugsgröße für die Zinsanpassung könnte beispielsweise ein Geldmarktsatz (zum Beispiel Euribor) sein, der angibt, zu welchen Zinssätzen sich die Banken untereinander Geld leihen. Alternativ bietet sich auch die Umlaufrendite als Maßstab an. Sie spiegelt das Zinsniveau längerfristiger festverzinslicher Wertpapiere wider. Oder es handelt sich um eine Mischung kurz- und langfristiger Referenzzinsen.

Um ganz sicherzugehen, sollte der Sparer auch überprüfen, wann und unter welchen Bedingungen er aus dem Vertrag aus-

Banksparpläne

Geeignet als ergänzende Altersvorsorge

\+
- Sicherer und bequemer Vermögensaufbau mit kleinen Beträgen.
- Häufig flexibler Ausstieg möglich.

–
- Bei vielen Produkten mäßige Verzinsung.

TIPP

Die Rendite von Banksparplänen berechnen

Viele Banken weigern sich, die Rendite von Sparplänen anzugeben, und kaum ein Sparer kann diese Informationen allein mit dem Taschenrechner ausrechnen. Die STIFTUNG WARENTEST bietet daher kostenlos im Internet ein Rechenprogramm an. Das Programm kalkuliert die Rendite aller gängigen Angebotsvarianten – Pläne mit jährlicher Prämie ebenso wie einmalige Schlussboni. Das Programm finden Sie unter **www.finanztest.de**: „Geldanlage + Banken“ anklicken und dann die Rubrik: Rechner.

steigen kann. Es empfiehlt sich, einen Vertrag zu wählen, den er nach spätestens zwei bis drei Jahren ohne Verluste kündigen kann. Dann könnte er von allgemein steigenden Zinsen profitieren, wenn er ein neues Angebot abschließt. Und er bleibt flexibel, falls sich seine Lebensumstände geändert haben.

Im Sommer 2007 brachten Sparpläne je nach Laufzeit und Ausgestaltung eine Rendite zwischen 2,5 und 4,5 Prozent.

CHECKLISTE

Das sollten Sie beim Abschluss von Sparplänen beachten

- Wenn Sie die Wahl haben zwischen einem Sparplan mit variabler Verzinsung und einem mit garantiertem Zins, sollten Sie bei ähnlicher Rendite das Festzinsangebot bevorzugen. Einen Sparplan mit variabler Verzinsung sollten Sie nur abschließen, wenn eine Bezugsgröße für die Zinsänderungen genannt wird.
- Lassen Sie sich nicht von hohen Boni blenden. Bestehen Sie auf der Angabe einer jährlichen Rendite, oder lassen Sie sich zumindest die Höhe des Guthabens am Ende der Laufzeit ausrechnen. Sonst haben Sie keine Möglichkeiten, verschiedene Banksparpläne miteinander zu vergleichen.
- Prüfen Sie auch, ob ein vorzeitiger Ausstieg möglich ist und ob Ihnen dadurch Nachteile entstehen. Bevorzugen Sie Verträge, die Sie spätestens nach zwei bis drei Jahren ohne Verlust kündigen können.
- Wichtig ist auch die Flexibilität der Ratenzahlungen. Prüfen Sie deswegen, ob Sie die Raten während der Laufzeit senken können, ohne dass Ihnen Nachteile entstehen.

Tages- und Festgeldkonto

Zu den typischen Altersvorsorgeprodukten zählen Tages- und Festgeldkonten eher nicht, doch gerade das Tagesgeld kann aufgrund seiner äußerst kurzfristigen Verfügbarkeit für die persönliche Vorsorgestrategie eine wichtige Hilfe sein. Sind die Zinsen auf dem Geldmarkt insgesamt niedrig, können Anleger hier ihr Geld vorübergehend parken. Steigen die Zinsen wieder, kommen sie problemlos an das Vermögen heran, um es in rentablere Anlagen zu investieren. Außerdem ist es sinnvoll, auf dem Tagesgeldkonto eine kleine Finanzreserve zu lagern, die Sie bei unvorhergesehenen Ausgaben einsetzen können.

Auch wenn Sie unregelmäßig Geld zurücklegen möchten, kann ein gut verzinstes Tagesgeldkonto die passende Anlageform sein.

Im Sommer 2007 erzielten die Spitzenangebote eine Rendite von 3,5 bis 4,1 Prozent.

Tagesgeld

Geeignet als Parkplatz für Notgroschen und zum Ansparen größerer Summen

+
- Vergleichsweise hohe Zinsen bei jederzeitiger Verfügbarkeit.
- Sichere und relativ bequeme Anlageform.

−
- Die Zinshöhe ist nicht garantiert.

Wie funktioniert das Tagesgeldkonto?

Die Eröffnung eines Tagesgeldkontos ist in der Regel kostenlos. Privatanleger können täglich auf das Vermögen zurückgreifen, das sie auf einem Tagesgeldkonto ansparen. Genauso flexibel ist ein solches Konto aber auch für die Bank: Die Zinsen sind nicht festgeschrieben, sodass das Geldinstitut sie theoretisch täglich ändern könnte.

Das Geld ist auf einem Tagesgeldkonto sicher angelegt – selbst dann, wenn das Geldinstitut Insolvenz anmelden müsste. In Deutschland gewährleisten der Einlagensicherungsfonds des Bundesverbandes deutscher Banken sowie das Sicherungssystem der Sparkassen und Genossenschaftsbanken, dass das Geld der Privatanleger in einem solchen Ernstfall erhalten bleibt oder erstattet wird.

Bis auf wenige Ausnahmen bekommen die Kunden ihre Einlage bei einer Pleite komplett zurück. Es gibt allerdings einige Institute wie die Umweltbank in Nürnberg, die nur den „gesetzlichen Einlagensicherungsschutz" bieten: Kunden dieser Banken werden im Ernstfall nur 90 Prozent des Kapitals – maximal 20 000 Euro – erstattet.

Diese Summe sollten auch Anleger beachten, die ihr Geld auf ein Konto einer Bank aus Österreich, den Niederlanden oder Luxem-

Service der Stiftung Warentest zu Tages- und Festgeld

Die Zeitschrift Finanztest veröffentlicht in jeder Ausgabe jeweils eine Liste mit den 20 besten überregionalen Tages- und Festgeldangeboten. Eine Liste der Gesamtstichprobe mit aktuellen Konditionen für Tagesgeldkonten und Festgelder können Sie auch per Fax abrufen: 0 90 01 / 51 00 10 86 24 (1,50 Euro zzgl. 80 Cent Verbindungspauschale). Oder für 1,50 Euro über das Internet: **www.finanztest.de** unter „Infodokumente", „Geldanlage + Banken".

burg einzahlen: Beträge bis 20 000 Euro werden hier zu 100 Prozent erstattet, Beträge darüber nicht oder nicht vollständig.

Wie eröffne ich ein Tagesgeldkonto?

Sparer, die sich ein Tagesgeldkonto zu guten Konditionen wünschen, sollten sich nicht darauf verlassen, einfach in die Filiale ihrer Bank zu gehen und das Konto dort zu angemessenen Bedingungen eröffnen zu können. Viele Banken, die überdurchschnittliche Zinsen für Tagesgeld bieten, betreiben kein Filialnetz. Der Kunde erreicht sie per Computer oder Telefon. Er bekommt den Antrag für die Kontoeröffnung zugeschickt. Den ausgefüllten Antrag bringt er zur Post, wo anhand des Personalausweises die Identität überprüft wird (Post-Ident-Verfahren). Nach ein paar Tagen bekommt er seine Kontounterlagen.

Eine Mindesteinlage verlangen die meisten Banken nicht. Es gibt jedoch einige Institute, die die Einzahlung von mindestens 1 000 oder 2 000 Euro, vereinzelt noch mehr fordern. Hierauf muss sich aber kein Sparer einlassen. Wer sucht, findet immer ein gut verzinstes Konto ohne Mindestanlagesumme.

Festgeldkonto: Alternative mit fester Laufzeit bis zu einem Jahr

Vergleichbar mit einem Tagesgeldkonto – allerdings nicht ganz so flexibel – ist das Sparen auf einem Festgeldkonto. Hier vereinbaren Kunde und Bank von Anfang an eine feste Laufzeit der Einlage, zum Beispiel einen Monat, drei Monate oder ein halbes Jahr. So lange bleibt der Zins konstant. Je nach allgemeiner Zinslage kann der festgeschriebene Satz ein Vorteil oder ein Nachteil sein.

Sich kümmern, wenn das Geld fällig wird!

Merken Sie sich, wann die Laufzeit für Ihr Festgeldkonto endet, und sprechen Sie früh genug mit der Bank. Sonst kann es passieren, dass die Bank Ihr Geld mit derselben Laufzeit gleich wieder anlegt. Sie kommen nicht an das Geld heran und müssen womöglich einen schlechteren Zinssatz hinnehmen, weil das Zinsniveau insgesamt gesunken ist.

Steigt der allgemeine Zinssatz, geht diese Entwicklung an der Einlage auf dem Festgeldkonto vorbei: Der Kunde kann nicht eben mal an sein Geld heran, denn die Bank ist nicht verpflichtet, ihm das Geld vor Ablauf der Zeit auszuzahlen.

Für Selbstständige, die ihr Geld über eine längere Zeit binden wollen, bedeutet das wiederum, dass sie prüfen müssen, ob sie diese Summe tatsächlich entbehren können. Bei Unsicherheit fahren sie mit einem Tagesgeldkonto besser, denn über dieses Geld können sie jederzeit verfügen.

Im Sommer 2007 boten Top-Festgeldangebote für eine Mindestanlagesumme von 5 000 Euro und bei einer Laufzeit von 90 Tagen einen jährlichen Nominalzins zwischen 3,0 und 3,75 Prozent. In der Regel gilt: Je länger die vereinbarte Laufzeit und je höher der Anlagebetrag, desto mehr Zinsen gibt es.

Geldmarktfonds

Als zwischenzeitlicher „Parkplatz“ für Kapital können auch Geldmarktfonds infrage kommen. Das hier investierte Geld legt das Fondsmanagement in kurzlaufende Wertpapiere an, die normalerweise Laufzeiten von bis zu einem Jahr haben. Die Renditechancen sind im Vergleich zu anderen Investmentfonds niedrig. Daher sollten sich Anleger nur für Geldmarktfonds entscheiden, bei denen sie keinen Ausgabeaufschlag zahlen müssen. Günstig ist es, wenn Sie einen Geldmarktfonds dort kaufen, wo Sie bereits ein Depot haben. Denn sonst können zusätzliche Kosten anfallen.

Einmalanlagen ab einem Jahr

Wer eine größere Summe auf einmal anlegen möchte, findet bei Banken und Sparkassen ein vielfältiges Angebot. Ist unklar, für wie lange Sie das Geld entbehren können, sollten Sie sich für ein Produkt entscheiden, aus dem Sie vorzeitig aussteigen können. Verzichten Sie hingegen von vornherein auf die Ausstiegsmöglichkeit, winken höhere Renditen.

Einmalanlagen mit vorzeitiger Ausstiegsmöglichkeit

Bei Sparverträgen mit vorzeitiger Ausstiegsmöglichkeit heißt das Zauberwort Flexibilität. Selbstständige, die eine höhere Summe anlegen wollen, können jedoch nicht so kurzfristig auf ihr Vermögen zurückgreifen wie beispielsweise auf Tagesgeld. Häufig gelten für solche Sparverträge Sperrfristen zwischen neun Monaten und einem Jahr nach Vertragsabschluss: Während dieser Zeit ist ein Ausstieg aus dem Vertrag nicht möglich. Meist gibt es außerdem eine dreimonatige Kündigungsfrist. Das sollten Sie bedenken, bevor Sie einen Vertrag unterschreiben, und sich die Bedingungen genau durchlesen.

Es gibt jedoch Anbieter, bei denen diese Kündigungsfristen zwar ebenfalls gelten, aber trotzdem wie bei einem Sparbuch jeden Monat bis zu 2 000 Euro verfügbar sind. Häufig ist die Zahl der Abhebungen begrenzt, oder die Bank setzt voraus, dass der Sparer einen Mindestbetrag stehen lässt.

Belohnt werden bei solchen Sparverträgen diejenigen, die nicht vorzeitig aussteigen, sondern bis zum Ende durchhalten: Denn meist funktionieren solche Angebote mit einer Zinstreppe. Von Jahr zu Jahr steigt der Zinssatz.

Als Vorbild für solche Produkte dient der Bundesschatzbrief. Wenn Sie sich für ein entsprechendes Angebot der Bank entscheiden, sollten Sie darauf achten, dass das Bankprodukt über die gesamte Laufzeit höher verzinst ist als ein Bundesschatzbrief.

CHECKLISTE

Das sollten Sie bei Einmalanlagen beachten

- In Zeiten vergleichsweise niedriger Zinsen sollten Sie bei Einmalanlagen ohne vorzeitige Kündigungsmöglichkeiten nur zu Angeboten mit kürzeren Laufzeiten (bis drei Jahre) greifen.
- Die Messlatte für Einmalanlagen mit vorzeitiger Ausstiegsmöglichkeit sind die Renditen der Bundesschatzbriefe. Entscheiden Sie sich nur für eine Einmalanlage, wenn sie eine höhere Rendite abwirft als ein Bundesschatzbrief.
- Vom Zinseszinseffekt profitieren Sie nur, wenn Sie ein Produkt wählen, das Zinsen ansammelt, anstatt sie jährlich auszuschütten.

Sparbriefe und mehr: Einmalanlagen ohne Ausstiegsmöglichkeit

Wenn Sie genau wissen, dass Sie eine bestimmte Summe beispielsweise für drei Jahre nicht benötigen, holen Sie aus einem Sparangebot mehr heraus, wenn Sie auf die vorzeitige Kündigungsmöglichkeit verzichten. Denn die Banken belohnen den Verzicht auf das Kündigungsrecht mit höheren Zinsen. Benötigt der Kunde dann aber das Geld früher als geplant, hat er meist nur die Möglichkeit, sein Vermögen zu beleihen. Das kann teuer werden.

Häufig werden längerfristige Anlagen in Form von Sparbriefen mit einer Laufzeit von einigen Jahren abgeschlossen. Es gibt aber auch andere Festzinssparanlagen und Festgelder mit Laufzeiten von einem oder mehreren Jahren. Anders als bei den Angeboten mit Ausstiegsmöglichkeit bieten die Banken für die gesamte Laufzeit in der Regel einen einheitlichen Zins und keine Zinstreppe.

Mit Blick auf die steuerlichen Regelungen und den Sparerfreibetrag kann es für viele Sparer sinnvoll sein, sich für eine Sparanlage mit jährlicher Zinszahlung zu entscheiden. Im Gegensatz dazu gibt es andere Angebote, bei denen die Zinsen und Zinseszinsen erst am Ende der Vertragslaufzeit ausgezahlt werden. Das ist bei den sogenannten „aufgezinsten" oder „abgezinsten" Sparbriefen der Fall.

Da die Zinsen hier dem Sparer nicht über die Jahre verteilt gutgeschrieben werden, kann es leichter passieren, dass er im Auszahlungsjahr seinen Sparerfreibetrag überschreitet und Steuern zahlen muss, während er in den Vorjahren womöglich einen Teil des Freibetrags verschenkt hat. Wer allerdings seinen Freibetrag ohnehin jedes Jahr ausschöpft und einen persönlichen Steuersatz von über 25 Prozent hat, fährt mit der Zinszahlung am Ende besser, sofern er sich noch 2007 oder 2008 für eine Sparanlage entscheidet: Denn durch die neue Abgeltungsteuer muss er Kapitalerträge ab 2009 nur noch mit 25 Prozent versteuern.

Bei Sparanlagen mit jährlicher Auszahlung der Zinsen sollten Sparer darauf achten, dass der jährlich gutgeschriebene Zins zu den gleichen Konditionen wieder angelegt wird wie der Rest. So profitieren auch sie vom Zinseszinseffekt.

Einmalanlagen mit Festzins (zum Beispiel Sparbrief oder Festgeld)

Geeignet als ergänzende Altersvorsorge

+

- Bequeme Geldanlage für Vorsorgesparer, die mittelfristig ihr Geld sicher anlegen wollen.
- Fest kalkulierbare Zinsen bis Ende der Laufzeit.
- Durch die pauschale Besteuerung ab 2009 werden Sparangebote der Banken für steuersensible Anleger mit hohem Einkommen attraktiver.

−

- Keine vorzeitige Verfügbarkeit bis Ende der Laufzeit.
- Begrenzte Renditechancen.

Wertpapiere des Bundes

Auf der Suche nach einer sicheren Geldanlage werden viele Selbstständige zunächst an die Angebote ihrer Bank denken. Doch es geht auch anders. Um ihr Geld kurz-, mittel- oder langfristig anzulegen, können Interessenten unter den Wertpapieren des Bundes fündig werden. Wer sich beispielsweise für Finanzierungsschätze, Bundesobligationen oder Bundesschatzbriefe entscheidet, leiht sein Geld nicht der Bank, sondern dem Bund. Wie bei den Bundesanleihen bereits kurz vorgestellt (→ Seite 169), geben die Sparer dem Staat Kredit und bekommen dafür Zinsen ausgezahlt.

Bundesschatzbriefe

Geeignet als ergänzende Altersvorsorge

\+

- Sichere Geldanlage für Sparer, die mittel- bis langfristig ihr Geld anlegen wollen.
- Bequemer Einstieg und kostenlose Kontoführung möglich.
- Hohe Flexibilität, da nach einem Jahr ohne Verlust einlösbar.
- Durch die pauschale Besteuerung ab 2009 können Bundeswertpapiere für steuersensible Anleger mit hohem Einkommen attraktiver werden.

−

- Flexibilität geht zulasten der Rendite.

Bundesschatzbriefe: Einmal anlegen oder auf Dauer sparen

Bundesschatzbriefe sind die beliebtesten Bundeswertpapiere. Das liegt an ihrer komfortablen Konstruktion: Mit 52 Euro ist ihre Mindestanlagesumme vergleichsweise niedrig. Höhere Summen – auch ungerade – sind problemlos möglich.

Außerdem ist der Sparer mit diesen Papieren sehr flexibel. Sie haben zwar eine feste Laufzeit, aber nach Ablauf einer einjährigen Sperrfrist kann der Anleger sie jederzeit zurückgeben oder gegen besser verzinste eintauschen – allerdings nur bis zu einem Höchstbetrag von 5 000 Euro alle 30 Tage pro Serie. Im Gegensatz zu vielen Banksparprodukten eignet sich ein Bundesschatzbrief sowohl als Sparplan als auch zur einmaligen Einzahlung.

Es gibt zwei Schatzbrief-Varianten: Typ A und Typ B. Beide Varianten sind mit einem jährlich steigenden Zinssatz ausgestattet. Sie unterscheiden sich insbesondere dadurch, wann die Zinsen ausgezahlt und versteuert werden. Für Typ A bekommt der Kunde nach Ende der Laufzeit von sechs Jahren sein Kapital zurück. Die Zinsen werden ihm vorher Jahr für Jahr ausgezahlt.

Schatzbriefe vom Typ B laufen hingegen sieben Jahre. Hier werden die Zinsen einbehalten und weiter verzinst. Erst am Ende der Laufzeit bekommt der Käufer dann nicht nur das Kapital, sondern auch die gesamte Zinsleistung ausbezahlt.

Achtung: Sparerfreibetrag!

Auf der einen Seite hat Typ B den entscheidenden Vorteil gegenüber seinem Bruder, dass sich der Anleger nicht darum kümmern muss, was mit den Zinsen passiert. Er kann also ohne große Mühe vom Zinseszinseffekt profitieren. Mit Blick auf die Steuerpflicht kann Typ B aber nachteilig sein: Alle Zinserträge werden am Ende der Laufzeit in einer Summe steuerpflichtig. Je nachdem, welche anderen Geldanlagen mit Zinseinkünften zusätzlich bestehen, kann die Aufteilung der Zinszahlungen günstiger sein, um den Sparerfreibetrag nicht zu überschreiten.

Auf der anderen Seite können Bundesschatzbriefe Typ B für jemanden, der kurz vor der Rente steht, steuerlich interessant sein: Denn im Rentenalter wird der Sparer in der Regel einen niedrigeren Steuersatz haben, sodass er die ausgezahlten Zinsen, die oberhalb des Sparerfreibetrags liegen, zu einem geringeren Steuersatz beim Finanzamt abrechnen muss. Auch wer seinen Freibetrag ohnehin jedes Jahr ausschöpft und einen hohen persönlichen Steuersatz hat, profitiert bei Schatzbriefen, die er vor 2009 kauft, von einer Zinszahlung am Ende mehr: Denn ab 2009 muss er Kapitalerträge nur noch mit 25 Prozent versteuern (→ Seite 16).

Aktuelle Konditionen der Bundeswertpapiere

	Finanzierungsschätze	Bundesobligationen	Bundesschatzbrief	
			Typ A	Typ B
Laufzeit	1 oder 2 Jahre	5 Jahre	6 Jahre	7 Jahre
Mindestanlage	500 Euro	110 Euro	52 Euro	52 Euro
Vorzeitige Rückgabe	Nicht möglich	Börsennotiert, täglicher Verkauf möglich	Nach dem ersten Laufjahr können Anleger bis zu 5 000 Euro pro Monat und Serie zurückgeben	
Rendite *)	4,00/4,10	4,47	4,31/4,39	
Verwahrung	Banken, Sparkassen oder direkt bei der Deutschen Finanzagentur (kostenlos)			

*) Stand: Anfang Juli 2007

Für die kurzfristige Geldanlage: Finanzierungsschätze

Finanzierungsschätze haben eine Laufzeit von einem oder zwei Jahren, sie sind nicht vorzeitig kündbar, und sie haben eine Mindestzeichnungssumme von 500 Euro. Dies sind ihre wichtigsten Eigenschaften. Es handelt sich um abgezinste Papiere. Das bedeutet, dass das Papier am Ende der Laufzeit verzinst wird, indem beim Kauf die Zinsen vom Nennwert des Papiers abgezogen wer-

Wo bekomme ich Bundeswertpapiere?

Um Finanzierungsschätze, Bundesschatzbriefe und Bundesobligationen zu erwerben, müssen Sie nicht den Umweg über ihre Hausbank nehmen. Sie können die Papiere direkt bei der Deutschen Finanzagentur per Telefon oder Internet kaufen und lagern. Dann fallen, anders als beim Kauf über Banken, keine Extrakosten an.

Die Käufer müssen bei der Finanzagentur ein sogenanntes Schuldbuch eröffnen. Den Eröffnungsantrag können sie sich im Internet unter **www.deutsche-finanzagentur.de** herunterladen oder telefonisch unter 0800/2225510 bestellen.

An dieser Stelle kommt die Hausbank allerdings doch noch einmal ins Spiel: Die Bank, bei der der Kaufinteressent sein Girokonto führt, muss die Unterschrift unter den Eröffnungsantrag bestätigen. Diese Leistung ist kostenlos.

den. Zum Ende der Laufzeit bekommt der Kunde dann den Nennwert ausgezahlt.

Wenn also jemand einen Finanzierungsschatz über 500 Euro mit einer Laufzeit von einem Jahr erwirbt, zahlt er dafür nicht 500 Euro, sondern beispielsweise 482,40 Euro. Die Verzinsung bezogen auf den Verkaufspreis entspricht 3,65 Prozent Rendite. Nach dem Jahr bekommt er die 500 Euro ausgezahlt.

Bundesobligationen: Vorzeitiger Verkauf möglich

Bundesobligationen haben eine Laufzeit von fünf Jahren. Sie sind flexibler als Finanzierungsschätze, weil der Anleger die Papiere theoretisch täglich wieder verkaufen könnte. Bundesobligationen werden direkt nach der Emission an der Börse gehandelt. Wenn die Papiere vor Ende der Vertragslaufzeit wieder verkauft werden, kann das aber auch Verluste bedeuten, wenn zwischenzeitlich die Marktzinsen gestiegen sind. Die Mindestanlagesumme beträgt 110 Euro.

Immobilien kaufen: Meist eine Entscheidung fürs Leben

Auf lange Sicht erscheint vielen der Bau oder Kauf eines Eigenheims als bessere Alternative zur Mietwohnung. Und wer ein Haus oder eine Wohnung erwirbt, um sie zu vermieten, kann im Alter seine Rente durch die Mieteinnahmen aufbessern. Gegenüber vergleichsweise einfachen Anlagen wie Sparkonten, festverzinslichen Wertpapieren oder Investmentfonds weist die Investition in Immobilien allerdings eine Reihe von Besonderheiten auf:

- **Kreditfinanzierung:** Üblicherweise muss der Großteil der Kosten auf Kredit finanziert werden. Ein solider Grundstock an Eigenkapital sollte aber vorhanden sein. Denn je höher der Kreditanteil, desto größer sind auch die Risiken.
- **Hoher Aufwand:** Bauen oder Kaufen fordert hohen persönlichen Einsatz. Viel Zeit muss sich der Käufer vor allem für die Suche der geeigneten Immobilie nehmen. Selbst für Experten ist es nicht einfach, den Wert eines Hauses oder einer Wohnung zu beurteilen. Transparente Preise wie an den Wertpapierbörsen gibt es auf dem Immobilienmarkt nicht. Auf eine gründliche Marktrecherche und die Besichtigung möglichst vieler Objekte sollte kein Immobilienkäufer verzichten. Auch der Abschluss von Bau-, Kauf- und Kreditverträgen erfordert Sorgfalt und Geduld. Fehler beim Kauf lassen sich hinterher nicht oder nur mit erheblichen Verlusten korrigieren. Und schließlich muss sich ein Immobilienbesitzer um die laufende Bewirtschaftung und Instandsetzung kümmern – oder dafür gegen Entgelt eine professionelle Hausverwaltung beauftragen.
- **Unflexibel:** Immobil heißt unbeweglich – und das ist auch der treffende Ausdruck für die mangelnde Flexibilität einer Immobilie als Geldanlage. Von einem Haus kann sich der Eigentümer nicht so leicht trennen. In der Regel dauert es länger als ein halbes Jahr, bis ein Käufer gefunden, der Kaufvertrag abgeschlossen und das Geld auf dem Konto ist. Und je schneller der Eigentümer verkaufen will oder muss, desto eher ist damit zu rechnen, dass ihm der Verkauf nur mit Preiseinbußen gelingt. Vor allem für junge Leute, die beruflich mobil bleiben wollen oder müssen, kann die eigene Immobilie zum Klotz am Bein werden.

Eine Immobilie lässt sich auch nicht wie andere Anlagen aufteilen und peu à peu zu Geld machen. Wer in Immobilien investiert, sollte deshalb sicher sein, dass er sein Geld mindestens für die nächsten zehn Jahre nicht benötigt. Besser ist ein Anlagehorizont von zwanzig Jahren und länger.

Leben in den eigenen vier Wänden

Die Entscheidung für ein Eigenheim kann natürlich allein aufgrund finanzieller Überlegungen fallen, doch mehr als bei allen anderen Vorsorgevarianten spielen beim Immobilienerwerb die individuellen Vorstellungen eine Rolle: der Wunsch, einmal in den eigenen vier Wänden zu leben, unabhängig von Vermietern und Mieterhöhungen zu sein und das eigene Heim komplett nach den eigenen Vorlieben und Bedürfnissen gestalten zu können.

Welchen Vorteil bringt das eigene Haus oder die eigene Wohnung?

Auch finanziell kann sich das Großprojekt der eigenen Immobilie trotz allem lohnen, denn der Eigenheimbesitzer muss im Alter nicht jeden Monat eine feste Summe für den Vermieter abzweigen. Das bedeutet aber nicht, dass die Bewohner der eigenen vier Wände im Alter gar keine Ausgaben mehr für die Unterkunft haben. Bau- und Kaufwillige sollten bei der Kalkulation nicht vergessen, dass Betriebs- und Renovierungskosten anfallen.

Der Ertrag, den ein Eigenheim als Geldanlage abwirft, setzt sich aus folgenden Faktoren zusammen.

- **Mietersparnis:** Eigentümer sparen die Miete, die sie als Mieter einer vergleichbaren Wohnung heute und in Zukunft zahlen müssten. Da die Mieten langfristig nach aller Erfahrung steigen, ist ein wachsender Ertrag programmiert. Steigen die Mieten zum Beispiel um durchschnittlich 1,5 Prozent pro Jahr, wächst eine ersparte Monatsmiete von anfänglich 800 Euro nach 25 Jahren auf 1161 Euro. Bei 3 Prozent Mietsteigerung spart der Eigentümer nach 25 Jahren monatlich sogar 1675 Euro.
- **Wertsteigerung:** Eigentümer, die ihre Immobilie zu einem angemessenen Preis kaufen und gut in Schuss halten, können damit rechnen, dass ihr realer Wert langfristig erhalten bleibt. Der Geldwert wird daher im Schnitt etwa in Höhe der Inflationsrate steigen. Allerdings ist die Wertentwicklung auch stark von der Lage der Immobilie und der wirtschaftlichen Entwicklung der Region abhängig.
- **Steuervorteil:** Die eigenen vier Wände bieten einen oft unterschätzten Zusatzvorteil. Die Mietersparnis und eine eventuelle Wertsteigerung sind steuerfrei. Zinsen und Dividenden einer

alternativen Geldanlage sind dagegen steuerpflichtig, sobald sie den Sparerfreibetrag (801/1602 Euro für Ledige/Ehepaare) übersteigen. Unterm Strich ergibt sich für Eigenheimbesitzer daher oft eine attraktive Nachsteuerrendite.

Dennoch sollte jeder sorgfältig kalkulieren, ob sich der Bau oder Kauf für ihn lohnt. Entscheidend sind

- die Baukosten oder der Kaufpreis einschließlich aller Nebenkosten,
- die Miete für ein vergleichbares Objekt,
- Annahmen über künftige Miet- und Wertsteigerungen,
- das Einkommen und das vorhandene Eigenkapital,
- die Zinsen für Hypothekendarlehen und
- die Höhe der staatlichen Förderung.

Die einfache Formel im Kasten unten liefert allerdings nur die langfristig erzielbare Rendite. Solange das Haus oder die Wohnung nicht entschuldet ist, können hohe Kreditzinsen einen Strich durch die Rechnung machen. Denn für den kreditfinanzierten Teil der Immobilie zahlt der Eigentümer oft mehr Zinsen, als sein Haus an Ertrag bringt. Dadurch sinkt die Rendite in der Finanzierungsphase. Je höher das Zinsniveau, je höher der Finanzierungsanteil und je länger die Kreditlaufzeit, desto unrentabler wird das Eigenheim. Für Eigenheimbesitzer kann die Devise daher nur lauten: Möglichst viel Eigenkapital einsetzen und Kredite so schnell wie möglich tilgen.

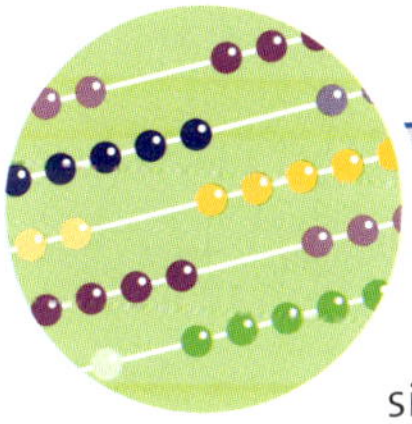

Rendite berechnen

Die Rendite einer selbst genutzten Immobilie lässt sich grob mithilfe der folgenden Formel schätzen:

$$\text{Rendite} = \frac{M \times 100}{K} + W$$

M Mietersparnis im ersten Jahr
K Kaufpreis oder Baukosten (inklusive Nebenkosten)
W Geschätzte Wert- und Mietsteigerung in Prozent pro Jahr

Dabei wird unterstellt, dass der Immobilienwert in gleichem Maß steigt wie die Miete – langfristig eine realistische Annahme. Die Mietersparnis ergibt sich aus der Kaltmiete für eine vergleichbare Wohnung abzüglich einer Pauschale für Instandhaltungskosten und -rücklagen.

Beispiel: *Familie Schmidt kauft ein Reihenhaus für 250 000 Euro (235 000 Euro Kaufpreis plus 15 000 Euro Nebenkosten). Die Miete für eine Vergleichswohnung beträgt 900 Euro. Bei einer Instandhaltungsrücklage von 100 Euro monatlich beträgt die Mietersparnis im ersten Jahr 9 600 Euro (800 Euro × 12). Bei einer jährlichen Miet- und Wertsteigerung von 1,5 Prozent beträgt die steuerfreie Rendite:*

$$\frac{9\,600 \times 100}{250\,000} + 1{,}5 = 5{,}34 \text{ Prozent}$$

Das ist zwar kein Spitzensatz, für eine relativ sichere Anlageform aber dennoch eine attraktive Nachsteuerrendite. Um auf die gleiche Rendite nach Steuern zu kommen, müsste zum Beispiel ein festverzinsliches Wertpapier (Kurs 100) bei einem Steuersatz von 25 Prozent eine Rendite von 7,12 Prozent [5,34 / (100 – 25)] abwerfen.

Den langen Weg richtig angehen

Um im Alter den finanziellen Vorteil nutzen zu können, sollten die Besitzer alles daransetzen, die Hypothekenkredite noch während der Erwerbstätigkeit abzuzahlen. Gelingt ihnen das schon mehrere Jahre vor Rentenbeginn, können sie noch während der Erwerbstätigkeit von ihrer Altersvorsorge profitieren. Bevor ein Eigenheimbesitzer in den Genuss dieser Vorteile kommt, liegt jedoch ein sehr langer Weg vor ihm. Erst wenn das Haus oder die Wohnung schuldenfrei ist, befindet er sich auf der sicheren Seite.

Selbstständige, die den Weg zum Eigenheim einschlagen, müssen sicherstellen, dass ihnen genügend Eigenkapital zur Verfügung steht. Das erste Etappenziel sollte es sein, so lange zu sparen, bis mindestens 20 Prozent der kompletten Bausumme sowie Nebenkosten wie Grundbuch- und Notargebühren aus eigener Tasche finanziert werden können.

Wissen Selbstständige, dass sie ihr Geld irgendwann in den kommenden Jahren in ein Eigenheim investieren wollen, sollten sie es so anlegen, dass sie zum gewünschten Zeitpunkt oder relativ kurzfristig ohne Verluste herankommen. Aktienfonds wären hier als Geldanlage zu riskant, wenn das Bauvorhaben in weniger als zehn Jahren Wirklichkeit werden soll.

Um das Eigenkapital für Bauvorhaben anzusparen, die kurz- oder mittelfristig realisiert werden sollen, sind flexible Banksparpläne, Euro-Rentenfonds und Anleihen, Bundeswertpapiere und Bausparen (→ Seite 198) geeigneter. Die Chancen auf Spitzenrenditen sind zwar geringer, doch Sicherheit und Flexibilität sollten in dem Fall Vorrang haben.

Baufinanzierung als Hürde

Mitentscheidend für den Erfolg des Eigenheimprojekts ist, zu welchen Bedingungen der Teil finanziert wird, der nicht aus der eigenen Tasche geleistet werden kann. Wer ein Eigenheim kauft oder baut, wird in der Regel über einen langen Zeitraum an einen Kredit gebunden sein.

Selbstständige mit dem Traum von den eigenen vier Wänden sollten sicher sein, dass ihr Einkommen ausreicht, um die Kredit- und Bewirtschaftungskosten fürs Eigenheim langfristig zu tragen. Vor allem in den ersten Jahren nach dem Bau oder Kauf wird die monatliche Belastung in der Regel deutlich höher sein als für eine vergleichbare Mietwohnung.

Beispielsweise werden bei einem Zinssatz von 5 Prozent für 100 000 Euro Kreditsumme jeden Monat 660 Euro fällig, wenn der Kredit in 20 Jahren abbezahlt sein soll. Ein Bauherr, der 150 000 Euro von der Bank bekommen hat, müsste unter diesen Bedingungen jeden Monat 990 Euro zahlen. Dazu kommen die laufenden Bewirtschaftungskosten und auch Rücklagen für künftige Instandhaltungen. Kann der Bauherr der finanziellen Belastung nicht mehr gerecht werden, riskiert er Verluste, wenn das Haus oder die Eigentumswohnung früh verkauft werden muss.

Es wäre fatal, wenn Kauf- oder Bauwillige sich und ihre finanziellen Möglichkeiten überschätzen. Wenn sie sich nicht sicher sind, sollten sie im Vorfeld Beratungsangebote nutzen. Bei der Verbraucherzentrale (Adressen → Seite 214) können sie zum Beispiel Bauverträge prüfen lassen oder gemeinsam mit dem Berater ein mögliches Finanzierungskonzept erstellen.

Sie können Hypothekendarlehen auch individuell berechnen: Unter **www.finanztest.de/downloads** lassen sich entsprechende Excelprogramme kostenlos herunterladen (zum Beispiel der „Zinsbindungsrechner").

So hoch ist die Monatsrate, damit Sie in ... Jahren schuldenfrei sind

Laufzeit	Monatsrate (Euro) pro 100 000 Euro Kredit bei einem Zinssatz von ... Prozent *)				
von ... Jahren	**4,00**	**4,50**	**5,00**	**5,50**	**6,00**
10	1012	1036	1061	1085	1110
15	740	765	791	817	844
20	606	633	**660**	688	716
25	528	556	585	614	644
30	477	507	537	568	600

*) Nominalzins bei 100 Prozent Auszahlung

Was ist beim Kreditabschluss zu beachten?

Um ein solches Großprojekt wie das Eigenheim zu finanzieren, kommen viele Bau- und Kaufwillige nicht daran vorbei, sich eine Menge Geld von der Bank zu leihen. Gerade Selbstständige müssen sich jedoch gegebenenfalls darauf einstellen, dass sie ihren Kredit nicht so einfach bekommen wie viele Angestellte, oder dass die Bank ihnen womöglich nur ein Darlehen mit höherem Zins anbietet.

Selbst wenn es zunächst nicht mit einer angemessenen Baufinanzierung klappt, etwa weil der Bank bei einem Jungunternehmer die Sicherheiten fehlen, sollten die Bau- und Kaufwilligen nicht gleich aufgeben, sondern nach weiteren Angeboten suchen.

Auch ohne solche erschwerten Rahmenbedingungen sollten sich Selbstständige genügend Zeit nehmen, um mehrere Angebote zu vergleichen. Die Finanzierung muss nicht unbedingt über die Hausbank laufen. Kleine Unterschiede im Vertrag können bei einer Kreditsumme von 100 000 Euro und mehr immense Wirkung haben. Schon eine Zinsdifferenz von einem halben Prozent bedeutet bei hohen Kreditsummen gleich einen Kostenunterschied von einigen Tausend Euro.

Wichtig ist außerdem, den Kredit so schnell wie möglich zu tilgen. Aufpassen müssen künftige Eigenheimbesitzer, wenn im Kreditvertrag eine Anfangstilgung von 1 Prozent zugrunde gelegt wird. Das kann bedeuten, dass sie bis zu 40 Jahre und länger ihre Schulden abbezahlen müssten. Das sollte auf jeden Fall vermieden

TIPP

Fördermöglichkeiten

Wenn Sie planen, eine Immobilie zu bauen oder zu kaufen, sollten Sie die Chance nutzen, einen Teil der Kosten über einen günstigen Kredit der staatlichen KfW-Bank zu finanzieren. Die Bank hilft mit günstigen Darlehen für Bau, Kauf und Modernisierung der eigenen vier Wände.

Sie bekommen dort zum Beispiel für den Bau oder Kauf eines selbst genutzten Eigenheims einen Kredit für bis zu 30 Prozent der Gesamtkosten und maximal 100 000 Euro. Besonders attraktiv sind die KfW-Kredite für energiesparende Bau- und Modernisierungsmaßnahmen. Weitere Informationen erhalten Sie im Internet unter **www.kfw.de** sowie telefonisch unter 0 18 01/33 55 77.

Wenn Sie als Selbstständiger in einem 150 Quadratmeter großen Haus 50 Quadratmeter für Ihr Architektenbüro einplanen, wird das von der KfW-Bank berücksichtigt. Den Förderkredit zu günstigen Konditionen bekommen Sie dann für 30 Prozent der Baukosten für die 100 Quadratmeter Wohnbereich.

werden. In einer Niedrigzinsphase (wie wir sie derzeit noch haben) sollte der Zinssatz lange festgeschrieben sein – mindestens zehn Jahre, besser wären 15 oder 20 Jahre.

CHECKLISTE

Das sollten Sie beim Bau oder Kauf eines Hauses beachten

- Setzen Sie für die Eigenheimfinanzierung so viel Eigenkapital ein wie möglich. Für unvorhergesehene Ausgaben sollten Sie aber eine jederzeit verfügbare Reserve von drei bis sechs Nettomonatsgehältern behalten.
- Erkundigen Sie sich bei der Gemeinde oder beim Landratsamt, ob Sie für Ihr Bauvorhaben öffentliche Fördermittel in Anspruch nehmen können. So vergeben die Bundesländer – einkommensabhängig – zinsverbilligte Darlehen und Zuschüsse. Informationen dazu finden Sie unter **www.baufoerderer.de**. Günstige Kredite gibt es auch von der KfW-Förderbank (→ Seite 196).
- Sichern Sie sich niedrige Zinsen langfristig. In einer Niedrigzinsphase ist eine Zinsbindung von mindestens zehn Jahren zu empfehlen. Bei vielen Banken lassen sich Zinsen auch für 15 oder 20 Jahre festschreiben. Kredite mit so langer Zinsbindung können Sie nach 10 Jahren jederzeit mit einer Frist von sechs Monaten kündigen.
- Nutzen Sie das zurzeit niedrige Zinsniveau zu einer höheren Tilgung als 1 Prozent.
- Versuchen Sie, sich im Kreditvertrag das Recht auf Sondertilgungen während der Zinsbindung zu sichern. Jährliche Sondertilgungen bis zu 5 oder 10 Prozent der Kreditsumme sind inzwischen bei vielen Banken auch ohne Zinsaufschlag möglich.
- Besonders wichtig für Selbstständige: Achten Sie darauf, dass Sie das Recht haben, während der Zinsbindung die Tilgungsrate zu senken oder zu erhöhen. So können Sie Ihre Finanzierung veränderten Einkommensverhältnissen anpassen.
- Lassen Sie sich stets einen langfristigen Finanzierungsplan erstellen. Bestehen Sie darauf, dass die Bank für die Zeit nach Ablauf der ersten Zinsbindung eine Zinserhöhung auf 7 bis 8 Prozent einkalkuliert. So können Sie mögliche Zinsrisiken erkennen.
- Holen Sie sich mehrere Kreditangebote ein. Bei den meist hohen Darlehenssummen und langen Laufzeiten summieren sich bereits Zinsunterschiede von wenigen Zehntel Prozentpunkten zu mehreren Tausend Euro.
- Vergleichen Sie Kreditangebote mit gleicher Zinsbindung anhand des Effektivzinses. Achten Sie zusätzlich auf eventuelle Schätzkosten und Bereitstellungszinsen, die nicht im Effektivzins enthalten sind.
- Es würde den Rahmen dieses Ratgebers sprengen, die Details der Finanzierung und alles, was Sie beim Hauskauf darüber hinaus beachten sollten, zu beschreiben. Bevor Sie ein so langfristiges Projekt wie den Bau oder Kauf eines Eigenheims angehen, sollten Sie sich umfassend informieren. Weiterführende Literatur der STIFTUNG WARENTEST und der Verbraucherzentralen zu diesem Thema finden Sie auf Seite 212.

Wohnen und Arbeiten in den eigenen vier Wänden

Selbstständige, die in den eigenen vier Wänden nicht nur leben wollen, sondern dort beispielsweise ihre Anwaltskanzlei oder ihre Arztpraxis mit einrichten möchten, sollten vor Kauf oder Bau eines solchen Objekts besonders aufmerksam sein und den Rat eines Steuerberaters einholen: Welcher Anteil des Gebäudes gehört zum Betrieb, welcher zur Privatsphäre? Was ist bei den Abrechnungen zu beachten, damit sich die Ausgaben den jeweiligen Bereichen zuordnen lassen? Welche Möglichkeiten bestehen, Verluste geltend zu machen? Fragen wie diese sollten Sie vorab klären und schon im Kaufvertrag den Kaufpreis auf beide Bereiche aufteilen.

Beispiel: *Der Architekt Stefan Schneider plant den Kauf eines Einfamilienhauses, in dem er mit seiner Familie wohnen und gleichzeitig sein Architekturbüro einrichten will. Der Kaufpreis der Immobilie beträgt 500 000 Euro. Den Kaufpreis teilt er bereits im Kaufvertrag folgendermaßen auf: Auf das Architekturbüro entfallen 200 000 Euro, auf den Wohnbereich 300 000 Euro.*

Wenn Stefan Schneider nun beispielsweise aufgrund einer Erbschaft Eigenkapital von 200 000 Euro zur Verfügung steht, kann er dieses Geld für den Wohnbereich nutzen, sodass er hier noch ein Darlehen von 100 000 Euro benötigt. Den beruflich genutzten Teil muss er dann komplett fremdfinanzieren. Vorteil: Er kann einen größeren Teil der Kreditkosten steuerlich geltend machen, als wenn er Eigen- und Fremdkapital zu gleichen Teilen auf Wohn- und Arbeitsfläche aufgeteilt hätte.

Damit das klappt, sollte der Architekt zwei Konten einrichten, von denen die Darlehen bedient werden. Auch die Auszahlungen durch die Bank auf das Notaranderkonto sollten in Etappen erfolgen. So gelingt die wirtschaftliche Zuordnung der Darlehen.

Bausparvertrag: Für Bauherren geeignet

Ein Eigenheim ohne eigenes Kapital lässt sich nur sehr schwer finanzieren. Um das nötige Eigenkapital anzusparen, bietet sich als Alternative oder Ergänzung zu den Sparprodukten der Banken oder zu Bundeswertpapieren ein Bausparvertrag an. Er lohnt sich, wenn der Inhaber plant, mittel- oder langfristig Geld in die eigenen vier Wände zu investieren. Als reines Sparprodukt rentiert sich allenfalls ein kleiner Bausparvertrag für Sparer, die Anspruch auf die Wohnungsbauprämie (→ Seite 199) haben.

Wie funktionieren Bausparverträge?

Bauwillige, die einen Bausparvertrag abschließen, sparen regelmäßig Geld an und erhalten dafür vergleichsweise niedrige Zinsen, die unter denen anderer Anlageprodukte bleiben. Im Gegenzug bekommt der Bauherr sein Hypothekendarlehen zu einem niedrigen Zinssatz, den ihm die Bausparkasse schon heute für seine künftige Finanzierung garantiert. Der Kunde hat die Sicherheit, dass dieser Darlehenszinssatz für die gesamte Laufzeit des Vertrags gilt. Daraus ergibt sich: Ein Bausparvertrag lohnt sich dann, wenn Bauherren durch den günstigen Darlehenszinssatz mehr Kreditzinsen sparen, als sie vorher an Sparzinsen einbüßen.

Ein Risiko, sein Geld zu verlieren, besteht nicht. Plant ein Selbstständiger allerdings zunächst, Geld in ein Eigenheim zu investieren, und verwirft den Plan doch wieder, muss er damit leben, seine Beiträge nicht zu einem optimalen Zinssatz angelegt zu haben. Hätte er seine regelmäßigen Beiträge in einen Banksparplan oder gar in einen Fondssparplan gesteckt, wären höhere Renditen möglich gewesen.

Worauf ist bei Vertragsabschluss zu achten?

Zu jedem Angebot sollten sich künftige Bausparer einen Spar- und Tilgungsplan erstellen lassen. Daraus müssen die Laufzeit bis zur Zuteilung der Bausparsumme, das Guthaben zu diesem Zeitpunkt sowie die Höhe, die Laufzeit und die Monatsrate des Bauspardarlehens hervorgehen.

Wichtig ist, dass der Bausparvertrag ungefähr zum gewünschten Zeitpunkt zugeteilt wird. Bei manchen Angeboten besteht heute die Möglichkeit, sich für eine Wahlzuteilung zu entscheiden. Wer diese Leistung wählt, kann weitgehend selbst entscheiden, wann sein Vertrag zugeteilt wird. Er muss nicht warten,

Wohnungsbauprämie

Anspruch auf eine Wohnungsbauprämie haben alleinstehende Bausparer mit einem zu versteuernden Jahreseinkommen von maximal 25 600 Euro (Ehepaare: 51 200 Euro). Die Prämie beträgt derzeit jährlich bis zu 45 Euro (Ehepaare: 90 Euro). Sie ist allerdings schon seit einigen Jahren umstritten. Ihre Abschaffung stand schon in zwei Gesetzentwürfen, die aber wieder zurückgezogen wurden, weil es dafür keine Mehrheit gab. Eine Garantie dafür, dass sie noch viele Jahre lang fließen wird, gibt es nicht.

bis ein Mindestguthaben angespart und eine bestimmte Bewertungszahl erreicht ist. Für eine frühe Zuteilung muss der Bausparer allerdings Nachteile in Kauf nehmen, zum Beispiel einen hohen Tilgungsbeitrag oder ein reduziertes Bauspardarlehen.

Nachteil des Bausparvertrages ist, dass die Monatsraten, mit denen ein Bauspardarlehen getilgt werden muss, trotz niedriger Zinsen relativ hoch sind. Grund dafür ist, dass das Darlehen in einer relativ kurzen Zeit – meist sieben bis elf Jahre – zurückgezahlt werden muss. Deshalb eignet sich der Bausparvertrag in der Regel nur für einen Teil der Finanzierung. Es sollten nicht mehr als 40 Prozent der gesamten Kauf- oder Baukosten über einen Bausparvertrag finanziert werden.

Die vermietete Immobilie

Der Gedanke, eine eigene Immobilie zu vermieten und aus den regelmäßigen Zahlungen eine kleine Zusatzrente zu beziehen, kann verlockend sein. Doch Vorsicht: Wollen Sie selbst zum Vermieter werden, sollten Sie die Risiken nicht unterschätzen. Die Wohnung kann mehrere Monate leerstehen, weil kein Nachmieter gefunden wird. Die Mieten können insgesamt sinken, oder unvorhergesehene Reparaturarbeiten reißen ein Loch in Ihre Kasse.

Ohne eine finanzielle Reserve kann es da für den Vermieter mitunter eng werden. Aufgrund dieser Risiken eignet sich die vermietete Eigentumswohnung nicht als Basiselement der Altersvorsorge. Sie eignet sich nur für aktive Anleger mit finanziellen Rücklagen, die – nachdem sie ihr Eigenkapital in die Finanzierung der Immobilie gesteckt haben – noch über weitere Vorsorgeanlagen verfügen.

Eine bequeme Altersvorsorge für jedermann ist die vermietete Wohnung auf keinen Fall. Doch wer über den finanziellen Rückhalt verfügt oder beispielsweise das Haus der Eltern geerbt hat und nun vermieten kann, hat die Chance, ordentliche Nebeneinkünfte und einen Wertzuwachs zu erzielen.

Welchen Vorteil haben Vermieter von Eigentumswohnungen?

Solange die Zinsen für den Bau oder Kauf einer Immobilie niedrig sind, kann sich diese Form der Geldanlage langfristig lohnen. Doch auch hier gilt wie beim Bau für den Eigengebrauch: 20 bis 30 Prozent Eigenkapital sollten vorhanden sein, ehe der Vertrag für die Baufinanzierung unterzeichnet wird. Wenn die Immobilie nur mit wenig oder sogar ohne Eigenkapital komplett auf Kredit finanziert wird, muss der Investor in den ersten Jahren oft viel Geld zuschießen, ehe er langfristig von den Überschüssen aus der Vermietung profitieren kann.

Ob und wann Überschüsse erwirtschaftet werden, ist eine Rechnung mit mehreren Unbekannten: Wie entwickeln sich die Mieten, wie die Zinsen und wie die Immobilienpreise? Um langfristig von der vermieteten Immobilie zu profitieren und keine böse finanzielle Überraschung zu erleben, sollten sich Investoren gut vorbereiten. Wichtige Anhaltspunkte für das Risiko, aber auch die Rendite des Objekts sind, wo es sich befindet und in welchem Zustand es ist.

Käufer von Eigentumswohnungen sollten vorab prüfen, wie das Umfeld aussieht:

- Gibt es in der Nähe Unternehmen, die Arbeitsplätze bieten?
- Wie ist die Anbindung an öffentliche Verkehrsmittel und Autobahnen?
- Wie steht es mit Freizeitmöglichkeiten sowie Schulen und Kindergärten?

All diese Faktoren haben einen Einfluss darauf, ob und wie leicht sich eine Wohnung vermieten lässt. Wer sich für eine Neubauwohnung oder einen sanierten Altbau entscheidet, schränkt das Risiko kostspieliger Sanierungsarbeiten ein.

Ein entscheidender Anhaltspunkt für den finanziellen Erfolg des Objekts ist, welche anfängliche Mietrendite es hat: Wie viel Prozent der Investitionskosten holt der Anleger über die Jahresmiete wieder herein? Die Mietrendite sollte nach Abzug einmaliger und laufender Nebenkosten mindestens bei 4 Prozent liegen.

Um sich ein Bild von den möglichen Renditen machen zu können, ist es wichtig, die Mietentwicklung in der Region genau zu beobachten. Hilfestellung bieten der örtliche Mietspiegel und die Wohnungsanzeigen in Zeitung oder Internet.

Nicht vergessen sollten künftige Vermieter allerdings den Aufwand für die Verwaltung der Wohnung: Nebenkostenabrechnung, Suche der Mieter, Wohnungsübergabe – das kostet Zeit und Mühe. Natürlich könnte sich auch eine Hausverwaltung gegen Bezahlung darum kümmern, doch selbst dann sollten sich die Vermieter nie ganz aus der Verwaltung zurückziehen.

Verluste senken die Steuerlast

Gerade in der Anfangszeit werden die Vermieter einer Immobilie oft mehr ausgeben als sie einnehmen. Sie müssen die Zinsen für den Kredit bedienen, den Notar bezahlen und das Haus oder die Wohnung instand setzen. Die gute Nachricht: An all diesen Kosten können sie das Finanzamt beteiligen.

Jeder, der Einkünfte aus der Vermietung einer Wohnung oder eines Hauses hat, muss diese in der Steuererklärung abrechnen. Von den eingenommenen Mieten darf er aber zahlreiche Posten als Werbungskosten abziehen. Wohnungs- oder Hauskäufer können 50 Jahre lang jährlich 2 Prozent der Gebäudeanschaffungskosten inklusive Nebenkosten absetzen.

Außerdem erkennt das Finanzamt die Ausgaben an, die rund um die Finanzierung der Immobilie anfallen: also zum Beispiel die Zinsen, die Vermieter für Kredite für den Immobilienkauf bezahlen oder für Kredite, mit denen sie die Sanierung eines Gebäudes finanzieren. Auch Finanzierungsnebenkosten wie die Notar- und Grundbuchgebühren für die Grundbuchbestellung erkennt das Finanzamt an. Das Gleiche gilt für Instandhaltungs-, Betriebs- und Verwaltungskosten.

Ziehen Immobilienbesitzer all diese Posten von den Mieteinnahmen ab, können ihre Einkünfte unter Null rutschen. Sie machen also Verluste, die das Finanzamt mit anderen Einkünften verrechnet.

Die Aussicht auf Steuerersparnisse sollte aber nicht das Hauptkriterium für den Kauf einer zu vermietenden Immobilie sein. Wichtiger ist, ob das Kaufobjekt günstig ist, die Finanzierung langfristig über niedrige Kreditzinsen möglich ist und mit der Wohnung oder dem Haus dauerhaft angemessene Mieten zu erzielen sind.

Erzielt der Eigentümer bei einem Verkauf der Immobilie einen Wertgewinn, bleibt dieser steuerfrei, wenn zwischen An- und Verkauf mindestens 10 Jahre liegen. Wer vorher verkauft, muss den Veräußerungsgewinn allerdings voll versteuern. Achtung: Die Spekulationssteuer kann selbst dann anfallen, wenn der Verkaufspreis unter dem Kaufpreis liegt. Denn das Finanzamt zieht die vom Anleger bisher in Anspruch genommenen Abschreibungen vom ursprünglichen Kaufpreis ab. Der Veräußerungsgewinn wird dann als Differenz zwischen Verkaufserlös und dem um die tatsächlich in Anspruch genommenen Abschreibungen reduzierten Kaufpreis (inklusive Nebenkosten) ermittelt. Bei diesen Regelungen bleibt es auch nach 2009: Die neue Abgeltungsteuer gilt nicht für Immobilien.

TIPP

Vermietete Einliegerwohnung

Wenn Sie vorhaben, in Ihrem Eigenheim gleich eine Wohnung mit einzurichten, die sie vermieten wollen, sollten Sie die Finanzierung des Kaufs oder Baus genau planen. Trennen Sie die Ausgaben für Eigenheim und Mietwohnung. Denn Sie können unter anderem die Herstellungskosten für die Mietwohnung auf die Jahre der Nutzung verteilt absetzen – für die selbst genutzte Wohnung nicht. Trennen Sie die beiden Bereiche von Anfang an. Gestalten Sie unter anderem separate Finanzierungspläne und lassen Sie sich separate Rechnungen ausstellen. Fragen Sie beim Steuerberater nach.

Finanzen im Alter:
Auszahlpläne für Ihr Vermögen

Es ist so weit, der letzte Arbeitstag ist gekommen: Im Beisein der langjährigen Patienten wird die Arztpraxis an den Nachfolger übergeben, der Handwerksmeister verkauft einige seiner Maschinen an einen Kollegen, der Restaurantbesitzer feiert gemeinsam mit seinem Nachfolger ein riesiges Abschiedsfest.

Selbstständige, die bis zu diesem Zeitpunkt regelmäßig etwas für ihre Altersvorsorge getan haben und beispielsweise in eine klassische ansparende private Rentenversicherung, einen Riester- oder einen Rürup-Vertrag eingezahlt haben, können sicher sein, bis an ihr Lebensende Geld aus diesen Verträgen zu bekommen. Die regelmäßigen Zahlungen werden Ergänzung oder gar Ersatz für die Leistungen aus einem gesetzlichen Alterssicherungssystem sein.

Doch das muss nicht alles sein. Wenn es Selbstständigen gelingt, ihren Betrieb, ihre Praxis oder zumindest einen Teil des Inventars aus dem eigenen Unternehmen zum Rentenbeginn zu verkaufen, steht ihnen im Ruhestand zusätzlich ein größeres Vermögen zur Verfügung. Andere verkaufen vielleicht zu Rentenbeginn ihre Aktienfondsanteile und Bundeswertpapiere oder bekommen ihre Kapitallebensversicherung ausbezahlt.

Was wird aus diesem Vermögen? Soll es einfach auf dem Girokonto oder auf einem Sparbuch lagern, und der Ruheständler bedient sich davon, wenn er etwas braucht? Möglich ist das natürlich, aber mehr wird es ihm bringen, wenn er das Geld auch im Alter sinnvoll anlegt. So kann er eine ansehnliche Rente erzielen.

So viel bringen 100 000 Euro für … Jahre

Je höher der Zins und je kürzer die Laufzeit, desto mehr Geld kann ein Anleger, dem 100 000 Euro zur Verfügung stehen, monatlich entnehmen.

Jahre	Monatlich zur Verfügung stehende Rate (Euro) bei einem Zins (Prozent) von …									
	0	2,5	3,0	3,5	4,0	4,5	5,0	5,5	6,0	7,0
5	1667	1773	1795	1817	1838	1860	1882	1904	1926	1970
10	833	941	964	986	1009	1032	1055	1079	1102	1150
15	556	665	689	712	736	760	785	810	835	887
20	**417**	529	**553**	577	602	628	**654**	680	707	762
25	333	447	472	498	524	551	578	606	635	693
30	278	394	419	446	473	501	530	559	589	651
35	238	356	383	410	438	468	498	528	560	624
40	208	328	356	384	414	444	475	507	539	606
ewig	–	206	247	287	327	367	407	447	487	565

Wie lange reicht ein Vermögen von 250 000 Euro?

Vermögen	250 000
Gewünschte Rente	1 000

So lange reichen 250 000 Euro für 1 000 Euro Rente

	Rendite (Prozent p. a.)					
	3	4	5	6	7	8
Rente für … (auf volle Monate abgerundet)	32 Jahre und 5 Monate	43 Jahre und 5 Monate	ewig	ewig	ewig	ewig

8,0	9,0	10,0
2 014	2 059	2 104
1 199	1 248	1 298
940	993	1 048
819	877	937
753	815	878
714	779	846
690	758	827
674	744	815
643	721	797

Auch im Alter vom Zinseszinseffekt profitieren

Angenommen, jemand hat durch Maschinenverkauf und Lebensversicherung zu Rentenbeginn eine Summe von 100 000 Euro zur Verfügung. Würde er das Geld unverzinst auf dem Girokonto lagern und sich regelmäßig davon bedienen, könnte er 20 Jahre lang jeden Monat 417 Euro entnehmen, bis die Summe aufgebraucht ist. Ließe er das Geld hingegen weiter für sich arbeiten, könnte er auch im Alter noch vom Zinseszinseffekt profitieren.

Legt er das Geld mit einer Verzinsung von 3 Prozent an, kann er 20 Jahre lang 553 Euro entnehmen, bis die ehemals 100 000 Euro aufgebraucht sind. Bei einer Verzinsung von 5 Prozent wären es sogar 654 Euro (→ Tabelle links).

Bei einem höheren Privatvermögen werden die Unterschiede noch größer sein. 250 000 Euro reichen bei einer Verzinsung von 3 Prozent länger als 32 Jahre, wenn der Sparer monatlich 1 000 Euro entnimmt (→ Tabelle oben). Ohne jegliche Verzinsung würde die Summe nicht einmal 21 Jahre reichen. Es lohnt sich also, sich auch im Alter noch Gedanken über die Geldanlage zu machen.

Vorbereitungen treffen

Die Variationsmöglichkeiten für die Geldanlage im Rentenalter sind vielfältig, doch nicht alle Varianten sind für jeden ehemaligen Selbstständigen geeignet. Umso wichtiger ist es deshalb, auch im Ruhestand die wichtigsten Regeln für die Geldanlage zu beachten. Sie sind denen der Geldanlage im Erwerbsleben sehr ähnlich.

Ein Kassensturz kurz vor dem Rentenbeginn ist unverzichtbar. So bekommen Sie einen Überblick, was an gesetzlicher Rente und eigenen Vermögenswerten tatsächlich vorhanden ist. Gleichzeitig lässt sich zu diesem Zeitpunkt absehen, welche regelmäßigen

Ausgaben wie etwa für Miete, Telefon- und Stromkosten sowie Krankenversicherung auf Sie zukommen. Welche Wünsche bestehen darüber hinaus, um sich ab und zu einfach mal etwas gönnen zu können? Welche Ausgaben lassen sich über die gesetzliche Rente und andere regelmäßige Zahlungen wie Riester-Rente oder Mieteinnahmen decken, und wie viel benötigen Sie regelmäßig zusätzlich, um alle Fixkosten zu decken? Gemessen an diesen Vorgaben sollten Sie Ihr Geld so anlegen, wie es Ihren individuellen Bedürfnissen und Vorlieben entspricht.

Wichtig ist allerdings, dass Sie nicht alles auf eine Karte setzen, sondern auch im Alter versuchen, Ihr Vermögen variabel anzulegen und Vorsorgeprodukte sinnvoll kombinieren.

Private Rentenversicherung: Die sichere Variante

Selbstständige, die kurz vor dem Rentenalter eine größere Summe zur Verfügung haben, können ihr Geld beispielsweise in eine private Rentenversicherung mit Sofortrente investieren. Dann bekommen sie bereits kurz nach der Einzahlung eine monatliche Rente ausgezahlt.

Der große Vorteil der Investition in eine private Rentenversicherung liegt auf der Hand: Der Kunde muss nicht damit rechnen, dass sein investiertes Kapital zu einem bestimmten Zeitpunkt aufgebraucht ist, sondern der Versicherer muss auch noch zahlen, wenn sein Kunde seinen 90. oder gar 100. Geburtstag feiert.

Eine private Rentenversicherung rechnet sich jedoch nicht für jeden: Wenn der Versicherte nur wenige Jahre nach Beginn der Rentenzahlung stirbt, macht der Versicherer das große Geschäft. Berechnungen der Stiftung Warentest haben ergeben, dass der Versicherte mindestens 18 Jahre lang die *garantierte* private Rente beziehen muss, um sein eingezahltes Kapital komplett wieder herauszubekommen. Bei Frauen sind es sogar 20 Jahre, da die Versicherer bei ihnen eine längere Lebenserwartung voraussetzen. Erwirtschaftet der Versicherer gute Überschüsse, wirkt sich das auch auf die Höhe der Rentenzahlung aus, sodass der Kunde schon etwas früher sein eingezahltes Kapital komplett herausbekommt. Danach macht er Gewinn.

Schutz für Angehörige kostet extra

Die private Rentenversicherung lohnt sich somit vor allem, wenn der Kunde sehr alt wird. Wer sich für eine solche Versicherung entscheidet, sollte eine volldynamische Beitragsauszahlung wählen, um sicherzugehen, dass die monatlichen Leistungen nicht im Laufe der Zeit gekürzt werden.

Er sollte allerdings nur so viel in den Vertrag stecken, wie ihm zur Deckung des finanziellen Grundbedarfs wie etwa für Miete oder Unterhalt des Hauses, Lebensmittel oder Krankenversicherung fehlen. Denn die Versicherung hat den Nachteil, dass sie nur denjenigen absichert, der den Vertrag abschließt. Stirbt der Kunde, gehen die Angehörigen leer aus, es sei denn, der Kunde hat eine Rentengarantie vereinbart und diese ist noch nicht abgelaufen. Beträgt die Rentengarantie beispielsweise zehn Jahre und stirbt der Versicherte drei Jahre nach Rentenbeginn, so wird die Rente noch sieben Jahre an seine Angehörigen ausbezahlt. Diese Leistung kostet jedoch extra und schmälert die monatliche Rente.

Eine sichere Alternative, um zumindest den Ehe- oder Lebenspartner abzusichern, wäre eine Partnerpolice. Die Rentenzahlungen dieser gemeinsamen Rente sind zwar geringer als wenn beide Partner zwei Einzelverträge abschließen würden. Allerdings besteht die Gewissheit, dass der eine Partner nach dem Tod des anderen weiterhin bis zu seinem Lebensende die Partnerrente bezieht.

Steuervorteil

Die Leistungen einer privaten Rentenversicherung sind nur zu einem vergleichsweise geringen Anteil steuerpflichtig. Der Rentenempfänger muss nur den Ertragsanteil versteuern. Wird die Rente erstmals im Alter von 65 gezahlt, beträgt der Anteil 18 Prozent. Bei Rentenbeginn mit 61 Jahren sind es 22 Prozent (→ Tabelle, Seite 156).

Bankauszahlpläne

Eine Alternative zur Versicherung ist, zumindest einen Teil des Geldes zur Bank zu bringen und einen Entnahmeplan zu vereinbaren. So kann der ehemalige Selbstständige von den Zinsen seines Vermögens eine zusätzliche Rente beziehen. Interessenten werden jedoch bei der Suche nach einem Entnahmeplan nicht bei jeder Bank oder Sparkasse fündig werden, denn ein solches Produkt bieten nicht alle Institute an.

Wer sich für einen Bankauszahlplan entscheidet, hat die Wahl zwischen Zinsauszahlungen mit Kapitalverzehr oder mit Kapitalerhalt. Das bedeutet: Entweder der Kunde bekommt neben den Zinsen auch nach und nach sein investiertes Kapital mit ausgezahlt, oder er erhält regelmäßig nur die anfallenden Zinsen. Wenn jemand nur von den Zinsen lebt, hält das Kapital ewig. Im Todesfall könnten somit die Angehörigen von dem profitieren, was noch übrig ist.

Worauf bei einem Entnahmeplan zu achten ist

Wenn Sie sich dafür entscheiden, von Ihren Zinsen zu leben, sollten Sie sich vorher genau ausrechnen, wie hoch die regelmäßig ausgezahlte Rate sein soll, denn sie lässt sich in der Regel während der Vertragslaufzeit nicht mehr ändern. Sie sollten insgesamt Ihr Geld nicht zu lange festlegen, selbst wenn die versprochenen Renditen bei längerer Laufzeit höher sind. Sonst nehmen Sie sich die Chance, flexibel auf veränderte Lebensumstände zu reagieren – wenn beispielsweise der Partner pflegebedürftig wird und die Betreuung immense Kosten verursacht. Die Entnahmepläne sind während der vereinbarten Laufzeit nicht kündbar.

Auch aus diesem Grund ist es besser, nicht das gesamte Vermögen in einem solchen Entnahmeplan zu binden. Wer einen Teil des Geldes, das nicht für den täglichen Bedarf benötigt wird, beispielsweise in Bundeswertpapiere oder Sparbriefe investiert, kann erst einmal abwarten, wie sich das Zinsniveau insgesamt entwickelt, und in ein paar Jahren immer noch überlegen, wie er weiter vorgeht.

Wichtig ist zudem, eine finanzielle Reserve für Notfälle zu behalten. Eine Reparatur des Daches am Haus kann ein enormes Loch in die Kasse reißen. Wenn das Geld dann nicht kurzfristig verfügbar ist, ist es umso ärgerlicher. Deshalb ist zu empfehlen, auf einem Tagesgeldkonto eine Barreserve zu halten, die jederzeit abgerufen werden kann.

Bankentnahmeplan und Steuern

Die erwirtschafteten Zinsen belasten den Sparerfreibetrag. Alle Kapitalerträge, die über dem Sparerfreibetrag (801 Euro für Alleinstehende / 1602 Euro für Ehepaare inklusive Werbungskosten) liegen, müssen Rentner zum persönlichen Steuersatz beim Finanzamt abrechnen. Ab 2009 wird die Abgeltungsteuer eingeführt. Dann werden alle Kapitalerträge über dem neuen Sparerpauschbetrag von ebenfalls 801/1602 Euro pauschal mit 25 Prozent versteuert werden.

Fondsauszahlpläne: Etwas Risiko für Wohlhabende

Jeden Monat geht die gesetzliche Rente oder die Zahlung aus dem berufsständischen Versorgungswerk auf dem Konto ein, die ehemaligen Büroräume sind vermietet, das Eigenheim ist gut in Schuss, und auch die private Rentenversicherung schafft ein sicheres Polster. Ehemalige Selbstständige, die aus ihren regelmäßigen Einnahmen ihren Grundbedarf und ein bisschen mehr decken können, müssen auch im Alter nicht vor der Investition in Fonds zurückschrecken. Sie können aus Fonds sogar – ähnlich wie aus einem Bankauszahlplan – Monat für Monat eine feste Summe entnehmen. Der Anleger verkauft dann jeden Monat genau so viele Fondsanteile, wie er für eine bestimmte Rentensumme benötigt.

Diese Variante sollte ein Ruheständler aber wirklich nur unter ganz bestimmten Voraussetzungen wählen. Da die Wertsteigerungen insbesondere bei Aktienfonds sehr unterschiedlich ausfallen, kann es bei einem unerwartet schlechten Kursverlauf sein, dass das Kapital früher als angenommen aufgezehrt ist. Ein Ruheständler, der sich mit einem Fondsauszahlplan ein Zusatzeinkommen in gleich bleibender Höhe verschaffen möchte, sollte es also verkraften können, falls diese Einkommensquelle vorzeitig versiegt. Wenn ein ehemaliger Selbstständiger auf andere Weise seinen Grundbedarf gedeckt hat, ein Börsentief aussitzen und der Entwicklung seiner Fondsanteile Zeit geben kann, kann sich diese Form der Investition jedoch auch im Alter lohnen.

TIPP

So finden Sie den richtigen Fonds

Die Stiftung Warentest bewertet die Fonds regelmäßig im Dauertest. Bei der Fondsauswahl werden Sie entweder in den Ausgaben der Zeitschrift Finanztest oder im Internet unter **www.finanztest.de** unter der Rubrik „Geldanlage + Banken" fündig.

Am chancenreichsten sind Aktienfonds. Um die Risiken zu begrenzen, sollten Anleger darauf achten, dass es sich um einen breit gestreuten Fonds handelt. Geeignet sind daher Aktienfonds Welt oder Europa (→ Seite 166), nicht aber Länder- oder Spezialitätenfonds. Auszahlpläne gibt es auch für Mischfonds oder Rentenfonds. Je geringer der Aktienanteil eines Fonds ist, desto geringer sind auch Renditechancen und Verlustrisiken. Die Auszahlpläne für Rentenfonds liegen in punkto Rendite fast auf dem Niveau einer privaten Rentenversicherung.

Trotz Risikobereitschaft ist es nicht sinnvoll, das gesamte freie Vermögen in einen Fondsentnahmeplan zu investieren. Wichtig

Fondsinvestment und Steuern

Noch profitieren Anleger, die in Aktienfonds investieren. Die Kursgewinne, die sie erzielen, sind nach Ablauf der einjährigen Spekulationsfrist steuerfrei. Nur die Ausschüttungen aus Dividenden müssen sie zur Hälfte beim Finanzamt abrechnen, wenn der Sparerfreibetrag überschritten wird. Wird ab 2009 die Abgeltungsteuer eingeführt, ändert sich das. Dann entfällt die einjährige Spekulationsfrist: Die Gewinne aus den Verkäufen von Wertpapieren, die nach Silvester 2008 gekauft werden, werden zu 25 Prozent steuerpflichtig – unabhängig davon, wie lange die Fondsanteile im eigenen Depot lagen.

ist zunächst, eine sichere finanzielle Basis zu haben: Wenn es keine gesetzliche Rente ist, dann ein Rürup-Vertrag oder eine private Rentenversicherung. Außerdem sollte das Fondsinvestment mit sicheren Varianten wie einem Bankentnahmeplan, Sparbriefen oder Bundesanleihen kombiniert werden. Dann können die Anleger zunächst auf dieses Kapital zurückgreifen, ehe sie ihr Fondsvermögen antasten müssen, und sie haben die Sicherheit, ihr finanzielles Polster erhalten zu können, auch falls es an der Börse zwischenzeitlich kriselt.

Service

Literatur und Adressen

Weiterführende Literatur (eine Auswahl)

Die Bücher erhalten Sie im Buchhandel, direkt bei der STIFTUNG WARENTEST und bei den Verbraucherzentralen. Die FINANZtest SPEZIAL-Hefte können Sie im Zeitschriftenhandel erwerben oder direkt über die STIFTUNG WARENTEST bestellen (Bezugsadressen → Seite 224).

Versicherungen

Berufsunfähigkeit gezielt absichern, Ratgeber der STIFTUNG WARENTEST und der Verbraucherzentrale NRW, 2. Auflage 2005, (3. Auflage in Vorbereitung)

Versicherungen. Der richtige Schutz für Beruf und Familie, FINANZtest SPEZIAL, 2007

Richtig gut versichert, Ratgeber der STIFTUNG WARENTEST und der Verbraucherzentrale NRW, 1. Auflage 2005

Kündigung von Versicherungsverträgen, Ratgeber der Verbraucherzentrale NRW, 1. Auflage 2006

Immobilienfinanzierung und -kauf

Die Baufinanzierung, Ratgeber der Verbraucherzentrale NRW, 2. Auflage 2006

Eine Eigentumswohnung kaufen, Ratgeber der STIFTUNG WARENTEST und der Verbraucherzentrale NRW, 1. Auflage 2007

Kauf eines gebrauchten Hauses, Ratgeber der Verbraucherzentrale NRW, 3. Auflage 2007

Wege zum Wohneigentum, Ratgeber der Verbraucherzentrale NRW und des ARD-Ratgebers Geld, 2. Auflage 2007

Rente

Betriebliche Altersvorsorge, Ratgeber der Verbraucherzentrale NRW, 2. Auflage 2007

Die Riester-Rente, Ratgeber der Verbraucherzentrale NRW, 1. Auflage 2005 (2. Auflage in Vorbereitung)

Gesetzliche Rente, Ratgeber der Verbraucherzentrale NRW und des ARD-Ratgebers Recht, 1. Auflage 2007

Geldanlage

5 000 Fonds im Dauertest, FINANZtest SPEZIAL, 2007

ABC der Geldanlage, Ratgeber der Verbraucherzentrale NRW, 1. Auflage 2007

Aktien & Co., Ratgeber der STIFTUNG WARENTEST, 2. aktual. Auflage 2007

Fonds, Ratgeber der STIFTUNG WARENTEST, 2. aktual. Auflage 2007

Zinsanlagen, Ratgeber der STIFTUNG WARENTEST, 2. aktual. Auflage 2007

Zeitschrift

Die Zeitschrift FINANZtest erscheint monatlich. Sie hat sich auf Themen wie Versicherungen, Geldanlage, Steuern und Recht spezialisiert: Ein umfassender Serviceteil vergleicht Monat für Monat Aktien und Anlagefonds im Dauertest. Mehr dazu finden Sie unter **www.finanztest.de**.

Adressen und Kontakte (eine Auswahl)

Versicherer und Vorsorgeeinrichtungen

Deutsche Rentenversicherung Bund
(Zusammenschluss BfA und Verband Deutscher Rentenversicherer)
Ruhrstraße 2
10709 Berlin
Service-Telefon: 08 00/1 00 04 80 70 (gebührenfrei)
www.deutsche-rentenversicherung-bund.de
Hier finden Sie auch eine Info-Broschüre (Rente) im pdf-Format als Download (gebührenfrei): **Die gesetzliche Rente: Gut gesichert in die Selbstständigkeit**

Arbeitsgemeinschaft berufsständischer Versorgungseinrichtungen e. V. (ABV)
Geschäftsstelle Köln
Marienburger Straße 2
50968 Köln
Tel. 02 21/3 76 10 71
Fax 02 21/3 76 10 73
www.abv.de

Künstlersozialkasse
Postfach
26380 Wilhelmshaven
Tel. 0 44 21/75 43-9
Fax (Versicherte) 0 44 21/75 43-5 86
www.kuenstlersozialkasse.de

Weitere Adressen

Bundesministerium für Arbeit und Soziales (BMAS)
Wilhelmstraße 49
10117 Berlin
Tel. 0 30/1 85 27-0
Fax 0 30/1 85 27-18 30
www.bmas.bund.de

Bundesministerium für Wirtschaft und Technologie
Scharnhorststraße 34–37
10115 Berlin
Tel. 0 30/1 86 15-0
Fax 0 30/1 86 15-70 10
www.bmwi.de
www.existenzgruender.de

Bundesrepublik Deutschland – Finanzagentur GmbH
Lurgiallee 5
60295 Frankfurt/Main
Servicetelefon: 08 00/22 25 51 0
www.deutsche-finanzagentur.de

Deutscher Industrie- und Handelskammertag
Breite Straße 29
10178 Berlin
Tel. 0 30/20 30 8-0
Fax 0 30/2 03 08-10 00
www.dihk.de

Kreditanstalt für Wiederaufbau (KfW)
Palmengartenstraße 5–9
60325 Frankfurt am Main
Tel. 0 69/7 43-10
Fax 0 69/74 31-28 88
www.kfw.de

Zentralverband des Deutschen Handwerks
Mohrenstraße 20/21
10117 Berlin
Tel. 0 30/20 61 90
Fax 0 30/20 61 94 60
www.zdh.de

→

Verbraucherzentralen

Verbraucherzentrale Bundesverband e.V.
Markgrafenstraße 66
10969 Berlin
Tel. 0 30/2 58 00-0
www.vzbv.de

Verbraucherzentrale Baden-Württemberg e.V.
Paulinenstraße 47
70178 Stuttgart
Tel. 07 11/66 91-10
www.verbraucherzentrale-bawue.de

Verbraucherzentrale Bayern e.V.
Mozartstraße 9
80336 München
Tel. 0 89/5 39 87-0
www.verbraucherzentrale-bayern.de

Verbraucherzentrale Berlin e.V.
Bayreuther Straße 40
10787 Berlin
Tel. 0 30/2 14 85-0
www.verbraucherzentrale-berlin.de

Verbraucherzentrale Brandenburg e.V.
Templiner Straße 21
14473 Potsdam
Tel. 03 31/2 98 71-0
www.vzb.de

Verbraucherzentrale des Landes Bremen e.V.
Altenweg 4
28195 Bremen
Tel. 04 21/1 60 77-7
www.verbraucherzentrale-bremen.de

Verbraucherzentrale Hamburg e.V.
Kirchenallee 22
20099 Hamburg
Tel. 0 40/2 48 32-0
www.vzhh.de

Verbraucherzentrale Hessen e.V.
Große Friedberger Straße 13–17
60313 Frankfurt/Main
Tel. 0 69/97 20 10-0
www.verbraucher.de

Neue Verbraucherzentrale in Mecklenburg-Vorpommern e.V.
Strandstraße 98
18055 Rostock
Tel. 03 81/2 08 70-50
www.nvzmv.de

Verbraucherzentrale Niedersachsen e.V.
Herrenstraße 14
30159 Hannover
Tel. 05 11/9 11 96-0
www.vzniedersachsen.de

Verbraucherzentrale Nordrhein-Westfalen e.V.
Mintropstraße 27
40215 Düsseldorf
Tel. 02 11/38 09-0
www.vz-nrw.de

Verbraucherzentrale Rheinland-Pfalz e.V.
Ludwigstraße 6
55116 Mainz
Tel. 0 61 31/28 48-0
www.verbraucherzentrale-rlp.de

Verbraucherzentrale des Saarlandes e.V.
Trierer Straße 22
66111 Saarbrücken
Tel. 06 81/5 00 89-0
www.vz-saar.de

Verbraucherzentrale Sachsen e.V.
Brühl 34–38
04109 Leipzig
Tel. 03 41/6 88 80 80
www.vzs.de

Verbraucherzentrale Sachsen-Anhalt e.V.
Steinbockgasse 1
06108 Halle
Tel. 03 45/2 98 03 29
www.vzsa.de

Verbraucherzentrale Schleswig-Holstein e.V.
Bergstraße 24
24103 Kiel
Tel. 04 31/5 90 99-0
www.verbraucherzentrale-sh.de

Verbraucherzentrale Thüringen e.V.
Eugen-Richter-Straße 45
99085 Erfurt
Tel. 03 61/5 55 14-0
www.vzth.de

Glossar

Abgeltungsteuer: Sie wurde im Zuge der Unternehmenssteuerreform beschlossen: Gewinne aus Wertpapierverkäufen sowie Kapitalerträge wie Zinsen und Dividenden werden ab 2009 pauschal mit 25 Prozent versteuert. Es bleibt eine Steuerfreigrenze – der Sparerpauschbetrag – von 801 Euro für Alleinstehende und 1 602 Euro für Ehepaare.

Abschlag: Jemand, der vorzeitig in den Ruhestand geht, büßt Rente ein. In der gesetzlichen Rentenversicherung gilt derzeit: Wer vor dem 65. Geburtstag in Rente geht, büßt 0,3 Prozent pro Monat ein, also 3,6 Prozent pro Jahr.

Alterseinkünftegesetz: Dieses seit 2005 geltende Gesetz hat die Altersvorsorge komplett umgekrempelt. Wichtigste Neuerung war die Einführung der nachgelagerten Besteuerung: Einnahmen im Alter wie die Renten aus der gesetzlichen Rentenversicherung oder einem berufsständischen Versorgungswerk müssen zu einem Großteil oder komplett versteuert werden, während ein stetig steigender Anteil der Beiträge zur Altersvorsorge steuermindernd als Sonderausgaben geltend gemacht werden kann.

Altersgrenzen: Für den Bezug von Altersrenten aus der gesetzlichen Rentenversicherung, der landwirtschaftlichen Alterskasse oder aus einem berufsständischen Versorgungswerk müssen Versicherte eine Altersgrenze erreichen. Anspruch auf die Regelaltersrente aus der gesetzlichen Rentenversicherung haben Versicherte, wenn sie das 65. Lebensjahr vollendet haben. Die Altersgrenze steigt ab 2012 stufenweise auf 67 Jahre.

Arbeitseinkommen: Gewinn aus einer selbstständigen Tätigkeit. Diese Differenz aus Betriebseinnahmen und -ausgaben ist unter anderem Grundlage für die Berechnung zur gesetzlichen Rentenversicherung, wenn einkommensgerechter Beitrag vereinbart wurde.

Assetklasse: Jede Anlageform lässt sich einer Vermögensklasse zuordnen („asset", engl.: Vermögensgegenstand). Zu den wichtigsten Assetklassen zählen Aktien, Anleihen und andere Zinsanlagen, Währungsinvestments, Immobilien sowie Bargeld.

Ausgabeaufschlag: Diese Gebühr kassiert der Verkäufer von Fondsanteilen, also zum Beispiel die eigene Bank oder Sparkasse. Sie ist der Preis für die Dienstleistung des Kreditinstituts, dass es für die Fondsgesellschaft die Fondsanteile an den Anleger verkauft.

Beitragsbemessungsgrenze: Höchstbetrag des Bruttoarbeitseinkommens, für das Versicherte Beiträge zur Rentenversicherung zahlen müssen. Einnahmen, die darüber hinausgehen, bleiben bei der Beitragsberechnung unberücksichtigt. Im Jahr 2007 liegt die Beitragsbemessungsgrenze in den alten Bundesländern bei 63 000 Euro, in den neuen Bundesländern bei 54 600 Euro.

Beitragsfreie Zeiten: In der gesetzlichen Rentenversicherung müssen auch bestimmte Zeiten berücksichtigt werden, in denen der Versicherte aufgrund einer besonderen Lebenssituation keine Beiträge einzahlen konnte. Sie werden bei der Berechnung der Renten einbezogen oder zumindest auf die Wartezeit angerechnet. Dazu gehört zum Beispiel eine Phase der Arbeitslosigkeit ohne Bezug von Arbeitslosenunterstützung.

Beitragssatz: Bestimmter Anteil des Bruttoarbeits einkommens des Versicherten, den er als Beitrag zur Rentenversicherung zahlen muss. Derzeit beträgt der Beitragssatz 19,9 Prozent. Versicherungspflichtige Selbstständige haben in der Regel die Wahl, ob sie diesen Beitragssatz bezogen auf ihr Einkommen zahlen wollen oder den → Regelbeitrag beziehungsweise den halben Regelbeitrag. In den berufsständischen Versorgungswerken kann der Beitragssatz von diesen Werten abweichen: Jedes Versorgungswerk hat je nach Satzung sein eigenes Beitragssystem entwickelt. Häufig bietet es auch die Möglichkeit, zum Beispiel in der Anfangszeit der Selbstständigkeit einen geringeren Beitrag zu zahlen.

Beitragszeiten: Monate, in denen der Versicherte Beiträge in die gesetzliche Rentenversicherung eingezahlt hat. Als Beitragszeiten gelten auch Zeiten, in denen der Versicherte Arbeitslosengeld oder -hilfe, Krankengeld oder Unterhaltsgeld bezogen hat. In diesen Phasen hat die Stelle, die die Sozialleistung gezahlt hat – beispielsweise Arbeitsagentur oder Krankenkasse – Pflichtbeiträge an die Rentenversicherung abgeführt.

Berufsständisches Versorgungswerk: Öffentlich-rechtliche Institutionen, die auf Landesebene organisiert sind: Hier sind die Selbstständigen Pflichtmitglieder, die einen kammerfähigen Beruf ausüben, zum Beispiel Ärzte, Apotheker oder Rechtsanwälte. Als Pflichtmitglieder sind sie versicherungsfrei in der gesetzlichen Rentenversicherung.

Berufsunfähigkeit: Berufsunfähig ist, wer seinen Beruf, ärztlich nachgewiesen, dauerhaft nicht mehr ausüben kann. In Abgrenzung zu einer Erwerbsunfähigkeit, die eine vollständige Unfähigkeit zu jeglicher beruflichen Tätigkeit bedeutet, geht es hier um die Fähigkeit, den erlernten beziehungsweise den zuletzt ausgeübten Beruf nicht mehr ausüben zu können. Schutz für den Fall der Berufsunfähigkeit bietet die Deutsche Rentenversicherung nur, wenn die Mitglieder vor dem 2. Januar 1961 geboren wurden – für jüngere Mitglieder besteht nur ein Schutz für den Fall der Erwerbsminderung. Die berufsständischen Versorgungswerke bieten ihren Mitgliedern hingegen Berufsschutz – allerdings zahlen sie erst Renten bei einer 100-prozentigen Berufsunfähigkeit.

Selbstständige, die zusätzlichen Berufsunfähigkeitsschutz wünschen, müssen dafür bei einem privaten Versicherer einen Vertrag abschließen. Diese Versicherung ist äußerst sinnvoll.

Bezugsgröße: Jährlich festgelegte Einkommenshöhe, auf deren Basis der Regelbeitrag für Selbstständige in der gesetzlichen Rentenversicherung festgelegt wird (19,9 Prozent der Bezugsgröße). Die Bezugsgröße 2007 liegt bei 2 450 Euro im Monat in den alten Bundesländern und 2 100 Euro in den neuen Bundesländern.

Bonität: Die Kreditwürdigkeit eines Anleiheherausgebers.

Deutsche Rentenversicherung Bund: Zur Deutschen Rentenversicherung Bund haben sich im Oktober 2005 die Bundesversicherungsanstalt für Angestellte (BfA) und der Verband Deutscher Rentenversicherer zusammengeschlossen. Die früheren Landesversicherungsanstalten (LVA) heißen seitdem Deutsche Rentenversicherung mit dem jeweiligen regionalen Zusatz, zum Beispiel Deutsche Rentenversicherung Westfalen.

Durchschnittseinkommen: Einkommen, das Versicherte in Deutschland im Durchschnitt in einem Jahr verdienen. Wer genau dieses Durchschnittseinkommen in einem Jahr erreicht, erhält einen Entgeltpunkt gutgeschrieben. Die Zahl der Entgeltpunkte ist entscheidend für die Höhe der Rentenansprüche. 2006 lag das Durchschnittseinkommen bei 29 304 Euro.

Entgeltpunkt: Entscheidend für die Höhe einer Rente aus der gesetzlichen Rentenversicherung ist, wie viele Entgeltpunkte ein Versicherter im Lauf seines Arbeitslebens erworben hat. Wer in einem Jahr so viel verdient wie der Durchschnitt aller Versicherten, erhält einen Entgeltpunkt. Verdient er mehr oder weniger, bekommt er entsprechend mehr oder weniger Entgeltpunkte gutgeschrieben.

Erwerbsminderung: Voll erwerbsgemindert ist derjenige, der weniger als drei Stunden am Tag arbeiten kann. Teilweise erwerbsgemindert ist, wer mehr als drei und weniger als sechs Stunden arbeiten kann. Unter diesen Umständen können auch Selbstständige einen Anspruch auf eine Rente wegen voller Erwerbsminderung oder wegen teilweiser Erwerbsminderung haben. Weitere Voraussetzung ist jedoch, dass sie in den fünf Jahren vor Eintritt des Versicherungsfalls mindestens drei Jahre lang Pflichtbeiträge in die gesetzliche Rentenversicherung eingezahlt haben. Nur unter bestimmten Voraussetzungen reichen auch freiwillige Beiträge für den Rentenanspruch.

Fondsvermittler: Eine Art freier Handelsvertreter für Fonds, der seinen Kunden Fonds lediglich vermittelt, aber keine Beratung bietet und Fonds nicht selbst initiiert.

Generationenvertrag: Ungeschriebener Solidaritätspakt der drei Generationen: Kinder, aktiv Beschäftigte und Alte. Die aktiv Beschäftigten zahlen ihre Beiträge in die Rentenversicherung ein. Davon werden die Renten der heute Älteren ausbezahlt. So stützt die Generation der Berufstätigen die Generation der Ruheständler. Um den Generationenvertrag weiter aufrechtzuerhalten, ist eine ausreichende Zahl an Nachwuchs notwendig.

Grundsicherung: Sie soll den Lebensunterhalt von Rentnern sichern, deren Einkünfte keinen ausreichenden Lebensstandard ermöglichen. Im Unterschied zur Sozialhilfe bittet der Staat bei der Grundsicherung die Kinder des Bedürftigen nicht automatisch zur Kasse. Sie werden nur in die Pflicht genommen, wenn sie ein Einkommen von mehr als 100 000 Euro im Jahr haben.

Index: Eine Art Marktbarometer, das die durchschnittliche Kursentwicklung einer bestimmten Zahl gleichartiger Wertpapiere widerspiegelt. Das kann ebenso eine Gruppe von Aktien sein wie eine bestimmte Zahl von Anleihen.

Kindererziehungszeiten: Sie sollen Nachteile in der Rentenversicherung ausgleichen, die durch fehlende oder niedrige Beiträge aufgrund von Kindererziehung entstanden sind. Diese Zeiten wirken sich sowohl bei der Wartezeit als auch bei der Rentenhöhe aus. So erhält beispielsweise eine Mutter für ein Kind, das nach dem 1. Januar 1992 geboren wurde, drei Jahre Beitragszeiten auf Basis des → Durchschnittseinkommens gutgeschrieben, sie bekommt also drei Entgeltpunkte.

Kontenklärung: Klärung aller für die Rente bedeutsamen Daten beim Rentenversicherungsträger. Lücken auf dem Konto, beispielsweise weil Ausbildungszeiten fehlen, sollen durch eine Kontenklärung geschlossen werden. Der Versicherte ist selbst dafür verantwortlich, dass alle notwendigen Daten auf seinem Versicherungskonto verzeichnet sind. Wenn es Lücken aufweist, muss der Versicherte einen Antrag auf Kontenklärung stellen, um später seine volle Rente beziehen zu können.

Krankengeld/Krankentagegeld: Selbstständige, die sich in einer Krankenkasse gesetzlich versichert haben, können ab einem bestimmten Krankheitstag einen finanziellen Ausgleich für den Verdienstausfall bekommen. Durch die Wahl des Beitragssatzes beeinflussen die Versicherten, ab wann das Krankengeld bezahlt wird. Selbstständige, die sich privat krankenversichern, können mit ihrem Versicherer ein sogenanntes Krankentagegeld vereinbaren.

Künstlersozialkasse (KSK): Versicherungseinrichtung für selbstständige Künstler und Publizisten. Wer zum Beispiel als Schriftsteller, Bildhauer oder Maler seinen Lebensunterhalt bestreitet, ist nach dem Künstlersozialversicherungsgesetz versicherungspflichtig in der gesetzlichen Kranken-, Pflege- und Rentenversicherung. Als Mitglied der Künstlersozialkasse zahlt er die Beiträge allerdings nicht komplett aus eigener Tasche, sondern nur die Hälfte: Den Rest übernehmen der Bund und Medienverwerter wie Verlage, Galerien und Musikgesellschaften.

Landwirtschaftliche Alterskasse: Alterssicherungseinrichtung für selbstständige Land- und Forstwirte. Von ihren monatlichen Einkünften zahlen sie unter anderem Beiträge für ihre Altersvorsorge. Sind sie vorübergehend nicht in der Lage, die Leistungen komplett allein aufzubringen, können sie einen Zuschuss erhalten.

Langjährig Versicherte: Rentenversicherte, die mindestens 35 Versicherungsjahre auf ihrem Versicherungskonto haben. Sie können vorzeitig in Rente gehen und müssen dafür keinen Abschlag in Kauf nehmen.

Nachgelagerte Besteuerung: Beiträge für den Aufbau einer Altersvorsorge bringen Steuervorteile, die Alterseinkünfte müssen zum Teil oder komplett versteuert werden.

Nachhaltigkeitsfaktor: Faktor, der 2005 in die Rentenformel eingefügt wurde. Er berücksichtigt das Verhältnis zwischen der Zahl der Rentner und der Zahl der Beitragszahler. Gibt es mehr Beitragszahler, führt er zu Rentensteigerungen. Gibt es mehr Rentner, steigen die Renten weniger stark.

Nullrunde: Die Renten werden nicht erhöht. Die erste Nullrunde seit Einführung des jetzigen Rentensystems gab es im Jahr 2004.

Pflichtbeiträge: Nicht nur Arbeiter und Angestellte müssen Pflichtbeiträge in die gesetzliche Rentenversicherung einzahlen, sondern auch bestimmte Gruppen von Selbstständigen, die der Gesetzgeber als besonders schutzbedürftig eingestuft hat: zum Beispiel selbstständige Lehrer, Hebammen oder Handwerksmeister. Andere Selbstständige können auf Antrag Pflichtbeiträge in die gesetzliche Rentenversicherung einzahlen.

Policendarlehen: Kann ein Selbstständiger die Beiträge zu seiner Kapitallebensversicherung nicht mehr aufbringen, hat er die Möglichkeit, seinen Versicherer um ein Policendarlehen zu bitten. Er beleiht somit seinen Versicherungsvertrag – allerdings werden die Kreditzinsen höher sein als die Zinsen, die er aus seinem Vertrag bekommen sollte.

Regelaltersrente: Derzeit haben Versicherte noch einen Anspruch auf Regelaltersrente, wenn sie mindestens fünf Jahre Beiträge in die gesetzliche Rentenversicherung eingezahlt und das 65. Lebensjahr vollendet haben. Diese Grenze soll ab 2012 stufenweise auf 67 ansteigen.

Regelbeitrag: Pflichtversicherte Selbstständige können entweder einen einkommensgerechten Beitrag in die Rentenversicherung einzahlen (19,9 Prozent ihres Bruttoeinkommens) oder den Regelbeitrag. Er beträgt 2007 in den alten Bundesländern 487,55 Euro und in den neuen Bundesländern 417,90 Euro. Er errechnet sich auf Basis der → Bezugsgröße. Wer als Selbstständiger den Regelbeitrag einzahlt, erwirbt in einem Jahr in etwa einen → Entgeltpunkt. In den ersten drei Jahren der Selbstständigkeit ist es möglich, nur den halben Regelbeitrag zu zahlen.

Rentenantrag: Um Rente zu bekommen, muss der Versicherte bei der gesetzlichen Rentenversicherung einen Antrag stellen. Möglich ist ein formloser Brief, doch es ist besser, die Antragsformulare der Rentenversicherer zu benutzen. Wer ab Ende seines Geburtsmonats, nach dem er erstmals Rente beziehen möchte, mehr als drei Monate verstreichen lässt, ohne einen Rentenantrag zu stellen, büßt Rente ein. Ist vorher keine Kontenklärung mehr notwendig, reicht es, den Antrag drei bis vier Monate vor dem Rentenbeginn zu stellen.

Rentenartfaktor: Er ist Teil der Rentenformel und steht für die jeweilige Rentenart, etwa Altersrente oder Erwerbsminderungsrente. Bei der Altersrente beträgt der Rentenartfaktor 1,0 bei der Rente wegen teilweiser Erwerbsminderung 0,5.

Rentenberater: Unabhängiger, gerichtlich zugelassener Fachmann, der in Rentenangelegenheiten berät. Für die Beratung muss der Klient nach der Gebührenordnung für Rechtsanwälte zahlen.

Rentenbescheid: Nachdem er einen Rentenantrag gestellt hat, bekommt der Versicherte einen Rentenbescheid, aus dem hervorgeht, wann die Rente beginnt, wie hoch sie ist und welche Zeiten bei der Berechnung berücksichtigt wurden.

Rentenformel: Nach ihr wird die Höhe der monatlichen Rente aus der gesetzlichen Rentenversicherung errechnet. Die Zahl der persönlich erworbenen Entgeltpunkte wird unter anderem mit dem Rentenartfaktor und dem aktuellen Rentenwert multipliziert. Zudem wird berücksichtigt, ob der Versicherte wegen frühzeitiger Rente Abschläge hinnehmen muss beziehungsweise Anspruch auf Zuschlag hat, weil er die Regelaltersrente nicht gleich mit Erreichen der Altersgrenze in Anspruch genommen hat.

Rentenwert: Der aktuelle Rentenwert ist der von Jahr zu Jahr angepasste Wert eines → Entgeltpunktes. Er beträgt derzeit in den alten Bundesländern 26,27 Euro und in den neuen Bundesländern 23,09 Euro.

Riester-Förderung: Pflichtversicherte in der gesetzlichen Rentenversicherung haben Anspruch auf eine geförderte Altersvorsorge mittels eines Riester-Vertrags. Selbstständigen, die keine Pflichtversicherten sind, bleibt eine Ausweichmöglichkeit, um in den Genuss der Förderung zu kommen:

Ist ihr Ehepartner förderberechtigt und hat auch einen Vertrag abgeschlossen, hat der Selbstständige ebenfalls eine Chance auf den Zuschuss.

Sparerfreibetrag: Er liegt derzeit inklusive Werbungskostenpauschale von 51 Euro für Alleinstehende/102 Euro für Ehepaare bei 801 Euro für Alleinstehende und 1 602 Euro für Ehepaare pro Jahr. Kapitalerträge wie Zinsen und Dividenden sind bis zu dieser Obergrenze steuerfrei. Ab 2009 wird der Sparerfreibetrag durch den Sparerpauschbetrag ersetzt. Dieser gilt dann auch für Kursgewinne.

Statusfeststellungsverfahren: Möglichkeit, um bei der Deutschen Rentenversicherung klären zu lassen, ob jemand tatsächlich selbstständig oder doch abhängig beschäftigt ist.

Umlageverfahren: Nach diesem Verfahren funktioniert die gesetzliche Rentenversicherung. Die Beiträge der Erwerbstätigen sowie der Zuschuss aus dem Bundeshaushalt (Bundeszuschuss) werden verwendet, um die laufenden Rentenzahlungen zu finanzieren. Im Gegenzug erhalten die Versicherten für ihre Beiträge einen verfassungsrechtlich geschützten Anspruch auf Rente. Anders als in der Kapitallebensversicherung bauen die Versicherten mit ihren Rentenbeiträgen also kein Kapital auf, aus dem später ihre Renten gezahlt werden.

Versicherungskonto: Hier sind alle Daten gespeichert, die für die Berechnung der Rentenhöhe entscheidend sind – beispielsweise Beitragszeiten oder die Höhe der gezahlten Versicherungsbeiträge.

Versicherungspflicht: Gesetzlich verordnete Pflicht des Einzelnen, einer Rentenversicherung beizutreten. Arbeiter und Angestellte sind stets versicherungspflichtig. Auch ein Teil der Selbstständigen ist kraft Gesetzes versicherungspflichtig (zum Beispiel freiberufliche Lehrer oder Künstler). Andere Selbstständige können auf Antrag versicherungspflichtig werden. Bestimmte Personen können sich aber auch auf Antrag von der Versicherungspflicht befreien lassen. Diese Möglichkeit haben unter anderem selbstständige Handwerksmeister nach 18 Jahren Pflichtmitgliedschaft sowie Selbstständige mit einem Auftraggeber während der ersten drei Jahre ihrer Selbstständigkeit.

Versorgungsausgleich: Er findet statt, wenn eine Ehe geschieden wird. Mithilfe des Versorgungsausgleichs sollen Rentenansprüche, die während der Ehe erworben wurden, gleichmäßig auf die beiden Expartner verteilt werden. Ausgleichspflichtig ist der Partner, der die höheren Ansprüche erworben hat (→ Seite 106).

Wartezeit: Anspruch auf eine Rente hat nur, wer eine bestimmte Zeit lang versichert war. Diese Mindestversicherungszeit wird auch als Wartezeit bezeichnet. Sie ist für die einzelnen Rentenarten unterschiedlich und beträgt beispielsweise fünf Jahre für die → Regelaltersrente.

Zinstreppe: Festzinsvariante, die von Banken bei Einmalanlagen und Sparplänen mit vorzeitiger Kündigungsmöglichkeit angeboten wird. Der Nominalzins steigt während der Laufzeit jährlich. Damit werden die Anleger mit einer steigenden Rendite belohnt, die die Anlage halten oder weiter besparen. Bekanntestes Produkt dieser Art ist der Bundesschatzbrief.

Zuschlag: Derzeit liegt die Altersgrenze für die Regelaltersrente noch bei 65 Jahren. Für jeden Monat, den ein Versicherter länger arbeitet, bekommt er einen Zuschlag von 0,5 Prozent auf seine Rente. Wer also nach seinem 65. Geburtstag ein Jahr länger arbeitet, bekommt danach lebenslang 6 Prozent mehr Rente.

Zweitmarkt: Möglichkeit, hier eine bestehende Kapitallebensversicherung zu verkaufen. Der Versicherte führt seinen Vertrag nicht selbst fort, sondern verkauft ihn an einen Policenaufkäufer, der die Beiträge weiterzahlt und die Versicherungsleistungen kassiert.

Stichwortverzeichnis

A

Abgeltungsteuer **16**, 18, 73, 87, 166, 173, 187, 202, 208, 210, 215
Abschlag von der Rente 9, 36, 37, **215**
Aktien 16, **164**
Aktienfonds/-Anteile 18, 58, 69, 72, 79, 101, 127, 133, 139, **164**, 166, 194, 204
– Sparplan 18, 84, 114, 164
Alterseinkünftegesetz 13, 16, 124, 161, 124, 215
Altersgrenze 215
Altersrente 24, **33**, 81
– auf Antrag 34
Altersvorsorgeaufwendungen 16
Änderungsantrag 106
Angestellte mit selbstständiger Nebentätigkeit 136
Anleihen 169
Anwartschaften 33, 85
Anwartschaftsdeckung, modifizierte 47
Apotheker 11, 16, 22, 45
Arbeitseinkommen 215
Arbeitsgemeinschaft berufsständischer Versorgungseinrichtungen (ABV) 47, 125
Arbeitslosengeld I 31
Arbeitslosenversicherung 94, 66, 122
Arbeitslosigkeit 20, 30, 34
Architekt 11, 22, 45, 51, 63, 128, 142, 198
Arzt 11, 22, 45, 63, 123
Assetklasse 215
Ausgabeaufschlag 168, 176, **215**
Auslandsaufenthalt 102
Auszahlpläne 203

B

Bafög-Empfänger 86
Bankentnahmeplan 210
Bankschuldverschreibungen 170
Banksparplan 96, 164, 179, **180**, 199
Basisrente 10, 141
→ auch Rürup-Rente
Baufinanzierung 88, 125, 196, 200
Bauingenieur 129
Bausparvertrag 198
Befreiung von der Versicherungspflicht 27, 43, 108, 111
Beiträge, freiwillige 113
Beitragsbemessungsgrenze 119, 124, 135, **215**
Beitragsfreie Zeiten 215
Beitragsfreistellung 122, 163
Beitragsrückgewähr 158
Beitragssatz 215
Beitragszeiten 216
Berufsgenossenschaft 65, 112
Berufsschutz 49
Berufsständische Kammer 45
berufsständisches Versorgungswerk 11, **45**, 209, **216**
Berufsunfähigkeit 48, 216
Berufsunfähigkeitsversicherung, private 38, 62, 81, 86, 112
Besteuerung, nachgelagerte 14, 217
betriebliche Altersvorsorge 10, 11, **12**, 141
Betriebsausgaben (Nebentätigkeit) 136
Betriebshaftpflichtversicherung 77
Betriebshilfe 41
Betriebsprüfung 26
Bezugsgröße 32, **216**
Bildhauer 22, 24, 42
Bonität 216
Börse 164, 168
Buchprüfer, vereidigter 22, 45
Bundesagentur für Arbeit 91
Bundesanleihen 169, 210
Bundesobligationen 188, **190**
Bundesschatzbriefe 105, 164, 186, **188**
Bundeswertpapiere 105, 114, 120, 139, **188**, 204, 208
Bundeswirtschaftsministerium 8

D

Deckungsplanverfahren, offenes 47
Depotkosten 165
Deutsche Rentenversicherung Bund 21, 216
Direktbank 105, 166, 176
Direktemission 171
Discountbroker 176
Dividende 164
Durchschnittseinkommen 216

E

Eigenheim 18, 74, 191 → auch Immobilie
Eigenkapital bei Immobilienerwerb 125, 194, 197
Eigentumswohnung vermieten 120, 200 → auch Immobilie
einkommensgerechter Beitrag 21, 32
Einkommensschwankungen 101
Einmalanlagen 186
Einstiegsgeld für Existenzgründer 92
Emittent 170
Entgeltpunkte 36, **216**
Entnahmeplan 207
Ersatzzeiten 38
Erwerbsminderung 36, 111, **216**
Erwerbsminderungsrente **33**, 64
– Ansprüche 89
– Beiträge 38
– Ersatzzeiten 38
– gesetzliche 82
– Handwerksmeister 112, 116
– Kindererziehungszeiten 38
– Pflicht- und freiwillige Beiträge 38
– Wehrdienst 38
Erwerbsminderungsschutz 36
Erwerbsunfähigkeitsversicherung 64
Euribor 181
Exchange Traded Funds (ETF) 168
Existenzgründung 8, **91**, 92, **96**
– Zuschüsse 30, **31**, 92, **96**

F
Familienangehörige, mitarbeitende **29**, 40
– Erwerbsunfähigkeit 29
Festgeldkonto 102
Finanzagentur 190
Finanzierungsschätze 188, **189**
Fliesenleger 25, 109
Fonds
→ auch Investmentfonds
Fonds, geschlossene 128
Fondsauswahl 209
Fondsauszahlpläne 209
Fondsbewertungen 168
fondsgebundene Rentenversicherung 159
Fondsgesellschaft 168, 176
Fondsmanager 172, 175
Fondssparplan 120, 199
Fondsvermittler 166, **176**, 216
Förderhöchstgrenze (Riester) 133
Freiberufler 22, 117
Freibetrag für die Rente 15
Freistellungsauftrag 166

G
Garantiezertifikate 177
geförderte Altersvorsorge 69, 141
→ auch Riester-/Rürup-Rente
Geldanlage, Produkte 137
Geldmarktfonds 185
Generationenvertrag 217
Geringfügigkeitsgrenze 26, 43
gesetzliche Rentenversicherung
→ Rentenversicherung
Gewerbesteuer 8, 10
Girokonto 204
grauer Kapitalmarkt 74
Grundbedarf 209
Grundfreibetrag 86
Grundsicherung **51**, 217
Grundzulage 104
Günstigerprüfung 16, 148

H
Halbeinkünfteverfahren 73
Handwerk, zulassungspflichtiges 24
– Nebenbetrieb 25, 109
Handwerkskammer 8, 114, 116
Handwerksmeister, pflichtversicherte 24, **109**
Hartz IV 73
Hausgewerbetreibender 28
Haushaltshilfe 41
Hebamme **27**, 99, 103
Heil- und Pflegeberufe 26
Hinterbliebenenrente 54
Hypothekendarlehen 193, 195

I, J
Ich-AG 30, 91, **96**
Immobilien **191**
– als Altersabsicherung 69
– vermietete 18, **200**
Immobilienfonds
– geschlossene 74, 175
– offene **174**
Index 168, 172, **217**
Indexfonds 168
Indexzertifikate 177
indirekte Förderung 84
Industrie- und Handelskammer (IHK) 8
Industrieanleihen 170
Inflation 58, 102
Ingenieur 22, 45, 46
Insolvenz 73
– geschützte Rücklagen 84
– Insolvenzschutz 78
Invalidität 36, 81
– Kapitallebensversicherung 161
Invaliditätsschutz 97, 134
Investmentfonds 84, **164**
Journalist 22, 25, 42, 121, 135

K
Kabarettist 22, 42
Kammer, berufsständische 45
Kammerberuf 123
Kammerbezirke 50
Kammerfähiger Freier Beruf 11
Kapitalerhalt 208
Kapitalertragsteuer 166
Kapitallebensversicherung 9, 11, **70**, 122, 139, 152, 204, **160**
– Abgeltungsteuer/Fristen 18
– Alterseinkünftegesetz 161
– Beitragsfreistellung 163
– beleihen 141
– Besteuerung 13
– Invalidität 161
– Kreditrate 141
– Policendarlehen 162
– Rückkaufswert 161, 163
– Steuernachteile 161
– Unfalltod-Zusatzversicherung 161
– Zweitmarkt 113, 163, **219**
Kapitalverzehr 208
Kapitalwahlrecht 73, 78, 155, 157
Kassensturz 55, 205
KfW-Mittelstandsbank 8, 196, 197
Kinderberücksichtigungszeiten **35**, 89, 95, 105
Kindererziehungszeiten 20, 34, 38, **35**, 95, 105, **217**
Kinderzulage 104
Komponist 22, 42
Kontenklärung 217
Krankengeld/-tagegeld 62, **217**
Krankenkasse 61
– Mindestbeitrag 93
– Nebentätigkeit 131, 132
Krankenversicherung, private 61, 81, 86
Krankheit 20
Kreditfinanzierung 191
Kredittilgung 77
Künstler 22, 41, **117**
Künstlersozialkasse (KSK) 25, **41**, 117, 118, **217**
– Einkommensschätzung 118
– Geringfügigkeitsgrenze 43
– Nebentätigkeit 135
Kursgewinne 166, 170
– Abgeltungsteuer 18
Kursindex 178
Kursschwankungen 170
Kursverluste 165
Küstenfischer 23, **27**

L
Land- und Forstwirte 22, 40
– mitarbeitende Familienangehörige 40
Landwirtschaftliche Alterskasse 10, 13, 22, **40**, 70, **217**
Langjährig Versicherte 35, **217**
Laufzeit der Geldanlage 114
Lehrer 23, 25, 31, 94, 99, 132, 147
Logopäde 26, 89

M

Maler 22, 24, 42
Meisterbrief 25
Meisterzwang 25, 109
Mieteinnahme 191, 202
→ auch Immobilie
Mietersparnis 192
Mietrendite 201
Mietwohnung 191
→ auch Immobilie
Mindestanlagesumme 188, 190
Mindestbeitrag in gesetzliche Rentenkasse 97, 113
Mindesteinlage (Riester) Förderung 133
Minijobs 43, 86, 89, 100, 109
– Studenten 86
Mischfonds 96, 139, **173**

N

nachgelagerte Besteuerung 14, **217**
Nachhaltigkeitsfaktor 217
Nachhilfeunterricht 25
Nebenbetrieb, handwerklicher 109
Nebentätigkeit, selbstständige 130, 131
Nennwert 189
Niedrigzinsphase 125, 197
Notar 22, 45, 48,
Nullrunde 218

O

Obstbauer 22, 40
Öffnungsklausel 124

P

Partnerpolice 207
Performanceindex 178
Pfändungsschutz 78
Pflegeberufe 26
→ auch Heilberufe
Pfleger 99
Pflegeversicherung 62, 132
Pflichtbeiträge 218
Pflichtmitgliedschaft, Antrag auf 81
pflichtversichert per Gesetz 21, **24**
Policendarlehen 218
– Kapitallebensversicherung 162
Presseversorgungswerk 121
private Altersvorsorge 9, 10
Private Rentenversicherung
→ Rentenversicherung 18, 139, **153**, 204
Privathaftpflichtversicherung 60
Psychologischer Psychotherapeut 22, 45, 46
Publizisten 22, 25, 41, 68, **117**, 134, 147

R

Rating-Agenturen 170
Raumausstatter 25, 109
Rechtsanwalt 22, 31, 45, 49
Regelaltersrente (Rentenbeginn) 34, **218**
Rehabilitation vor Rente 39
Rehabilitationsmaßnahmen 33, 94
Rente 20 → auch Rentenversicherung, gesetzliche
– bei teilweiser Berufsunfähigkeit 97
– bestehende Ansprüche 80
– Ich-AG 98
Rentenantrag 218
Rentenanwartschaft 46
Rentenartfaktor 37, **218**
Rentenauskunft 54
Rentenberater 21, 218
Rentenbescheid 218
Renteneintrittsalter 9
Rentenerhöhung 12
Rentenfonds 96, 139, **169**, 171
Rentenformel **37**, 218
Rentengarantie 207
Rentenhöhe 36
Rentenindexfonds 172
Renteninformation 54
Rentenversicherung, fondsgebundene 159
Rentenversicherung, gesetzliche 8, 10, **19**
– Antrag auf Pflichtmitgliedschaft 81
– freiwillige Beiträge 83
– langjährig Versicherte 35
– Leistungen **33**
– Nachzahlung (Nebentätigkeit) 132
– Regelbeitrag 21, 32, 110, **218**
Rentenversicherung, private 18, 69, 140, 152, **153**, **206**
– Abruf- und Aufschuboption 158
– Beitragsrückgewähr 158
– Berufsunfähigkeitsschutz 158
– dynamische Beitragssteigerungen 158
– Garantierente 155
– Inflation 155
– Insolvenz 157
– Kapitalwahlrecht 155, 157
– Sofortrente 154
– Überschussbeteiligung 155
– volldynamische Variante 155
– Zuzahlungsoptionen 158
Rentenversicherungszeiten bei Erwerbsminderung 38
Rentenwert 218
Riester-Rente/-Vertrag 10, 69, 139, 140, **147**, 204
– Banksparpläne 148, **151**
– Fondssparpläne 120, 148, **150**
– Fördergrößen 149
– Förderhöchstbeitrag 149
– Förderung 218
– für Ehepartner 90
– Geringverdiener 149
– Grundzulage 149
– Günstigerprüfung 148
– Höchstbeitrag 149
– indirekte Förderung 147
– Kammerberufe 126
– Kinderzulage 149
– Künstler 119
– Pfändungsschutz 78
– Rentengarantiezeit 152
– Rentenversicherungen 148, **151**
– Steuererklärung/-vorteil 148
– Vererben 151
– Zulagen 90, 148
Risikobereitschaft 77, 138, 140, 210
Risikolebensversicherung 60, 81, 86, 113
Rückkaufswert einer Kapitallebensversicherung 162, 163
Rürup-Rente/-Vertrag 10, 40, 69, 139, **141** → auch Basisrente
– Anbieterwechsel 143
– Ansparphase 144

Rürup-Rente *Fortsetzung*
– Arbeitslosengeld 144
– Beitragsbefreiung 146
– Beitragsrückgewähr 144, 146
– berufsständisches Versorgungswerk 142
– Berufsunfähigkeitsrente 146
– Bonusrente 143
– fondsgebundene Versicherung 143
– Hartz IV 144
– Hinterbliebenenrente 146
– Ich-AG 98
– Insolvenz 84
– Investmentfonds 84
– Kammerberufe 126
– klassische Rentenversicherung 143
– Laufzeit 144
– Pfändungsschutz 78
– Risikolebensversicherung 146
– Sonderausgaben 142
– Steuersatz 144
– Überschussbeteiligung 143

S

Sänger 22, 42
Schauspieler 22, 25, 42
Scheidung 106
Scheinselbstständigkeit 28
Schriftsteller 22, 42, 136
Seelotse 23, **27**
Selbstständige
– mit einem Auftraggeber 107
– Versicherungspflicht 28
Sonderausgaben 16
Sondertilgungen 197
Sozialgesetzbuch VI 25
Sozialversicherungsabkommen 103
Sparangebote der Banken 84, 114, 139
Sparbriefe 120, 180, **187**, 208, 210
Sparbuch 179
Sparerfreibetrag 17, 73, 105, 166, 180, 187, 189, 208, **219**
Sparerpauschbetrag 17, 73, 87, 166, 208
Sparvertrag 102, 186
Spekulationsfrist/-steuer 18, 166, 202, 210
Spesen 168, 169, 177
Staatliche Zuschüsse 141
Statusfeststellungsverfahren **29**, 219
Steuerberater 11, 22, 45, 46, 63,
– als Ansprechpartner 82, 126, 198, 202
Steuerbevollmächtigter 22, 45
Steuererklärung **13**, 101, 124, 133, 136
– Kapitaleinnahmen **16**, 166, 180, 202
– Riester **14**, 91, 115, 120, 148
– Rürup **14**, 84, 127, 142, 144
Steuernachteile 16, 161
Steuervorteil 141, 148, 192, 207
Studentenjob 86

T

Tagesgeld/-konto 78, 85, 102, 180, **183**, 208
– Einlagensicherungsfonds 183
– Post-Ident-Verfahren 184
Teichwirt 22, 40
Teilmarkt 168
Tierarzt 22, 45, 48
Tilgungsrate 125, 197
Tischlermeister 8, 24, 110

U

Überbrückungsgeld 31, 91
Übungsleiterpauschale 133
Umlageverfahren 20, 47, **219**
Umlaufrendite 181
Unfalltod-Zusatzversicherung 161
Unfallversicherung
– Berufsgenossenschaft 65
– private 64, 96, 112

V

Verkaufsgewinn 164
Verluste steuerlich absetzen 201
Versicherte, langjährige 217
Versicherungen 152
Versicherungskonto 219
Versicherungspflicht **27**, 43, 108, 111, **219**
Versicherungsschutz 78, 93
Versicherungsverträge bei Nebentätigkeit 135
Versorgungsausgleich 106, **219**
– Änderungsantrag 106
Versorgungswerk, berufsständisches 15, 22, **45**, **123**, **216**
– Altersrente 48
– Berufsschutz 49
– Berufsunfähigkeit 48
– freiwillige Mitgliedschaft 129
– Gesundheitsprüfung 49
– Kammerbezirke 50
– Leistungen 48
– Pflichtmitglied 123
Vertrauensschutz 37, 97
Verweisung, abstrakte 112
volldynamische Beitragsauszahlung 155, 158, 207
Vorerkrankungen 63, **115**
Vorsorgeaufwendungen für das Alter 16
Vorsorgestrategien 67
– Basisabsicherung **70**, 113, **139**

W

Wartezeit 219
Wehrdienst 38
Werbungskosten 17, 180, 202, 208
Wertpapiere des Bundes
→ Bundeswertpapiere
Wertpapiere, festverzinsliche 47, 91, 120, 128, 181, 194
Wertsteigerung
– bei Fonds 209
– einer Immobilie 192
Wirtschaftsprüfer 22, 45
Witwen-/Waisenrente 33, 39, 52
Wohnungsbauprämie 88, **199**

Z

Zahnarzt 22, 45
Zertifikate 18, **177**
Zinsabschlagsteuer 173
Zinsbindung 125, 195
– Kredit für Immobilienkauf 197
Zinsen 16, 87, 162, 166, 169, **179**, **180**, 207
Zinserträge 73, 189
Zinseszinseffekt 58, 186, 189, **205**
Zinstreppe 181, 186, **219**
Zugangsfaktor (Rentenformel) 37
Zuschlag (zur Rente) 219
Zweitmarkt 113, 163, **219**

Impressum

Herausgeber und Verlag
STIFTUNG WARENTEST
Lützowplatz 11–13; 10785 Berlin
Tel. 0 30 / 26 31-0; Fax 0 30 / 26 31-25 25
www.stiftung-warentest.de

Vorstand
Dr. jur. Werner Brinkmann

Weitere Mitglieder der Geschäftsleitung
Hubertus Primus (Publikationen)
Dr.-Ing. Peter Sieber (Untersuchungen)

Verbraucherzentrale Nordrhein-Westfalen e. V.
Mintropstraße 27; 40215 Düsseldorf
Tel. 0180 5 / 00 14 33
(14 Cent pro Minute aus dem Festnetz)
Fax 02 11 / 38 09-235
www.vz-nrw.de

Vorstand
Klaus Müller

Mitherausgeber
Verbraucherzentrale Hamburg e. V.
Verbraucherzentrale Hessen e. V.
Verbraucherzentrale Niedersachsen e. V.
Verbraucherzentrale Bundesverband e. V.
(Adressen → Seite 214)

Autorin
Isabell Pohlmann, *Finanzjournalistin*

Lektorat
STIFTUNG WARENTEST
Dr. med. vet. Ines George (Leitung)
Ursula Rieth
Heike Plank
Verbraucherzentrale Nordrhein-Westfalen
Wolfgang Starke

Fachliche Beratung
Johann L. Walter, *Renten- und Firmenberater, München und Leipzig* (Hauptgutachter)
Franz-Josef Herter, *Sozialversicherungs- und Rentenberater der Handwerkskammer Wiesbaden*
Dipl.-Kfm. Michael Jung, *Arbeitsgemeinschaft berufsständischer Versorgungseinrichtungen e. V. (ABV), Köln*
Heinz-Josef Nüssgens, *Hennef*
Sabine Warns, *Steuerberaterin, Hamburg*

Fachliche Unterstützung
Theodor Pischke (redaktionelle Mitarbeit)
Karin Baur, Beate-Kathrin Bextermöller, Thomas Bieler, Uwe Döhler, Stephan Kühnlenz, Ariane Lauenburg, Susanne Meunier, Jörg Sahr, Martin Schulz, Michael Sittig, Ulrike Steckkönig, Elke Weidenbach, Marion Weitemeier, Stephanie Zipp, Rainer Zuppe

Verifikation
Sabine Koch

Titel und Bildauswahl
Anne-Katrin Körbi

Bildnachweis
Titel: P. Winbladh/zefa/Corbis; Getty Images
Innenteil: Romilly Lockyer (S. 7), Alois Upitis (S. 19), Somos/Veer (S. 53), Wolly Owned Cayman (S. 67), Howard Grey (S. 137), George Doyle (S. 203)

Grafiken
Kati Hammling

Layout und Satz
Oxana Rödel,
PTP-Berlin Protago-TEX-Production GmbH

Produktion
Vera Göring

Verlagsherstellung
Rita Brosius, Kerstin Uhlig

Litho
tiff.any GmbH, Berlin

Druck
Rasch Druckerei und Verlag GmbH & Co. KG, Bramsche

Einzelbestellung
STIFTUNG WARENTEST
Vertrieb, Postfach 81 06 60; 70523 Stuttgart
Tel. 0 180 5 / 00 24 67; Fax 0 180 5 / 00 24 68
(jeweils 14 Cent pro Minute aus dem Festnetz)
www.stiftung-warentest.de
und bei allen Verbraucherzentralen
(Adressen → Seite 214)

Redaktionsschluss
Juli 2007